「ベンベン石」。アメンホテプ三世のピラミッド。カイロにあるエジプト考古学物館に展示されている。ピラミッド石の中央にある「眼」に注意。昔は黄金の泊がはられていたという。

ルーヴルの三〇号室の天井画「守護神が古代エジプトのベールをはずし、女神アテナから学ぶ」。一八二七年にフランソア・エドアール・ピコが描いた。ベールを外されたイシスはライオンを従え玉座に座り、ピラミッド群とオベリスクの風景を眺めている。

ジョルダーノ・ブルーノの銅像。
ローマのカンポ・デ・フィオーリにある。

聖堂の屋根から見たサンピエトロ広場の「八角楕円形」。

この部屋はアンヌ・ドートリッシュとルイ一三世の聖なる契りを象徴している。部屋の木製パネルは彼女のヴァンセンヌ城の部屋から運ばれている。東の壁には王妃の肖像画が飾られているが、女神ミネルヴァの姿だ。王妃の向かい側にはルイ一三世の肖像画がある。この二つの肖像画の間には、最近になってエジプトの神アムン（テーベ／ルクソール）の彫像が置かれている。この神はアレキサンダー大王の父だとされている。奇妙なことにアムン像はアレキサンダー大王として描かれた乗馬姿のルイ一四世の彫像とほぼ完璧な配列になっている。つまり一六六三年から一六六七年にかけて、ルノートルが太陽王のために定めたパリの歴史軸の上に置かれているのだ。テーベのルクソール神殿の中には「マミシ」と呼ばれる特別な部屋がある。この部屋は「太陽王」を懐妊するため、統治する王妃と「アムン」が会う場所とされている。

テンプル騎士。パテ十字はこの騎士団のシンボルだが、それが八角形の中に入れられている。

一五世紀のエッチング画だが「これはエジプト人の非常に古代の女王であり女神だ」と書かれている。船と犬に注目して欲しい。犬はいぬ座のシリウスを示して

一五世紀のパリの紋章。

ナポレオンが一八一一年に制定したパリの紋章。船首には女神イシスが座り、女神の星シリウスが道案内をしている。「シャルルマーニュ」の三匹の蜂は、太陽王の家系を象徴している。帝国の鷲を支える王冠を貫く、ヘルメス的使者の杖にも注意のこと。

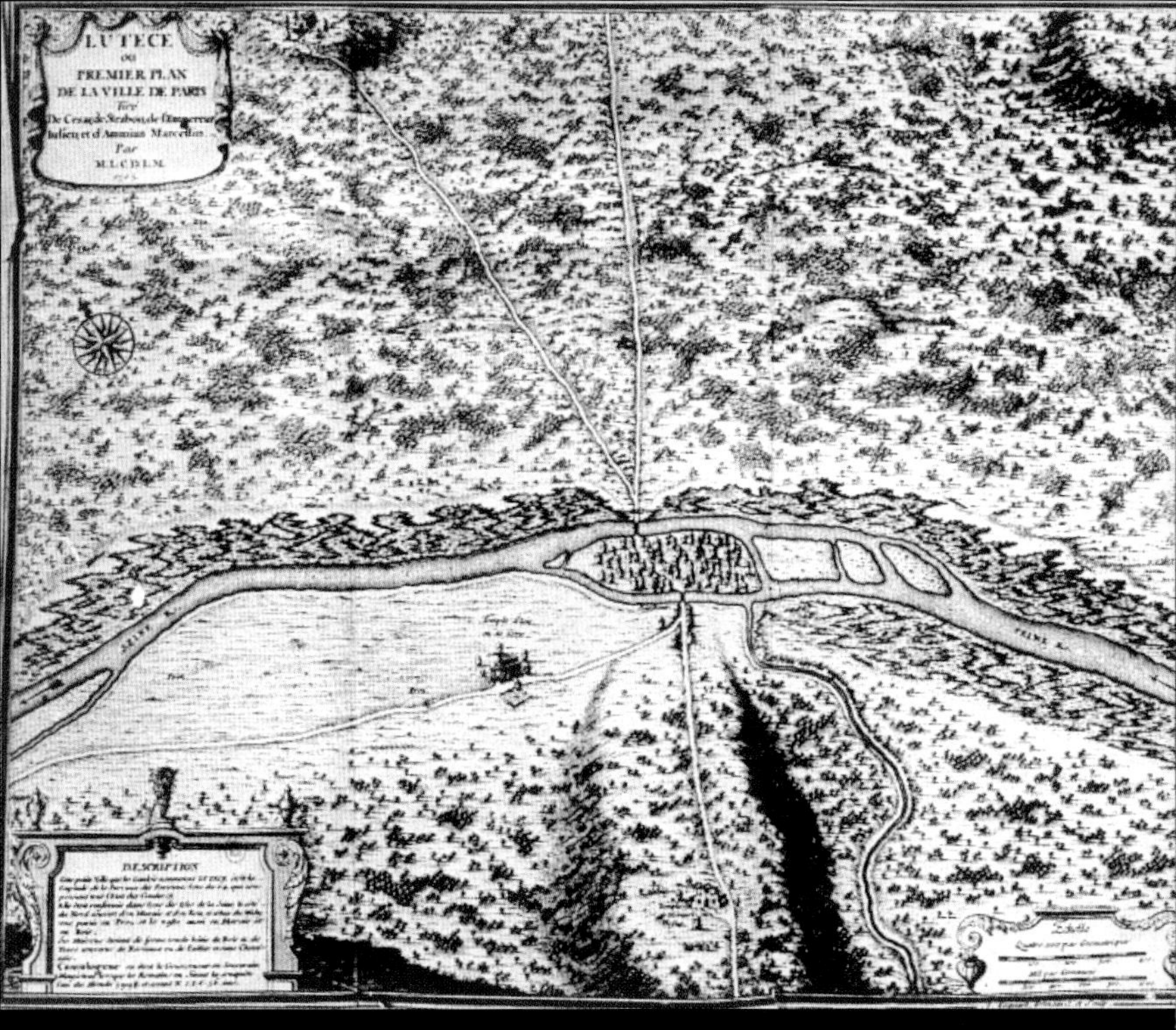

パリの町が造られる前のパリ地区を再構築した地図。イシスの神殿の位置が示されている（現在はここにサン・ジェルマン修道院がある）。一六世紀の歴史家によると、この地域は「イシス神殿の近隣」として知られていた。

ルーヴルの東方向を空から見ている。歴史軸がルイ一四世の騎乗姿の彫像（アレキサンダー大王）の上を通り、前庭の南側から地平線でシリウスが昇る地点にいくことに注意。右側のシテ島が船の形をしている。現在の大聖堂の下からはイシスの神殿が見つかっている。つまりこの島はセーヌ川に浮かぶ「イシスの船」なのだ。

パリの歴史軸を空から眺めている。ルーヴルから西方の地平線にある新凱旋門を望んでいる。軸の違いに注意。

歴史軸（シャンゼリゼ大通り）での八月六日の日没。この日にキリスト変容のお祭りが開催される。この天界のシンボリズムは太陽王ルイ一四世にも結びついており、彼の統治の時代に歴史軸が作られている。

テーベのカルナック神殿の主軸に沿って、冬至の日に太陽が昇る。八月六日にシャンゼリゼ大通りに沿って沈む太陽の写真（上）と比べて欲しい。どちらの場所も、緯度から見て軸の方向は二六・五度だ。

歴史軸（グラン・ダルメ大通り）に沿った八月六日の日没。新凱旋門は真西から三二度の方向を向いている。そこで太陽が新凱旋門の真ん中にくるのは六月二四日だ。二四日は聖パウロの日であり、フリーメイソンたちはこの日を「新年」とする。

新凱旋門を東から西に向かって見たところ。新凱旋門の軸が歴史軸から六度偏向していることがよくわかる。そこで新凱旋門の軸の方向は西の北側三二度になっている。太陽がこの軸に沿って沈むのは六月二四日。

アレキサンダー大王を模した、騎乗姿のルイ一四世の彫像。伝説ではアレキサンダーは、テーベ（現代のスクソール）の至高の太陽神アムンの息子。この伝説は一七世紀の古典学者たちにはよく知られていた。そこで太陽王を自称していたルイ一四世が、アレキサンダー大王やアポロ神に模されるのは、不思議でない。この彫像のオリジナルはベルニーニによって一六六八年に考案され、彼の生徒たちが大理石を彫刻し、ヴェルサイユに置いた。後に銅像も作られている。

タリズマン

上

秘められた知識の系譜

TALISMAN

本書を母イボンヌ・ボーヴァルに捧げる。母の底抜けに明朗なラテン気質と家族に対する断固たる愛が明るい炎となり、私たちのエジプトからの移住を導いてくれた。またかけがえのない兄弟ジャン・ポールと双子の姉妹テレーゼにも捧げる。二人は成功したときも悲しみにあるときも、争いがあるときにも、長年にわたり、いつでも私を支えてくれた。

ロバート・G・ボーヴァル

父へ。あなたの温かさと賢い助言をひどく懐かしく思います。

グラハム・ハンコック

謝辞

この本の制作には長い紆余曲折した歴史がある。一九九二年に始めたが、終わりを迎えたのは二〇〇四年だった。この異常に長い期間は主題の複雑さを反映している。だが、それだけではない。優れた作家で共著者のグラハム・ハンコックとの辛抱強い共同作業と友情のためでもあった。その結果はチームワークの力を示すものとなった。二つの頭は一つより優れているという格言は古いが正しいのだ。

いつものように、包容力と忍耐力に優れた、愛する妻ミッシェルに大変に助けられた。私が原稿で迷宮に迷い込んで方向を見失っているときにも、砦を守ってくれた。二人の子供、キャンディスとジョナサンにも感謝している。私が仕事に没頭し、二人のことを忘れがちでも、それほど気にしないでいてくれた。このような状態になるのは、歴史の謎に取り組む作家に共通するのではないかと思う。

他にも多くの友人や親戚にも感謝しなければならないが、とてもこの短い文の中では書ききれない。それでも数名には特別に謝辞を捧げなくてはならない。ユリ・ストヤノフ、ジョン・ゴードン、ウイリアム・ホースマン、ジャン・ポール・ボーヴァル、ダイアナ・ルーカス、ロエル・オーストラ、アフメト・オスマン、デニス・セイサン、ジョン・オーハンディス、フェドラ・カンポス、ホダ・ハヒム、サンドラ・マイナーディ、アンドレア・ヴィッセイ、ジュリオ・マグリ、リチャード・フサニク、ローマのアドリアーノ・フォルギオネと彼の雑誌『ヘラ』の人々、カイロのモハメッド・ナズミとその旅行代理店クエスト・トラベルの人々、そしてスターズ&サインズ、ヘラ・アンド・パワープレース旅行の愛すべき人々。

リタラシー代理人のビル・ハミルトンとサラ・フィッシャーとA・Mヒース社の人々には多くの恩恵をこうむっており、深く感謝している。彼らの支援と勇気づけには永遠に感謝する。さらにトム・ウエルドン、ジェネヴィエブ・ペグ、ジェームス・ケロウ、エリザベス・メリーマン、ステッフ・ヒンリッチ、ジェーン・オポク、それに英国ペンギン・ブックス社の人々。おおきな「グラチエ」を愛らしいセシリア・ペルーチ、ルイザ・アゾリニとイタリアはミランのコルバッシオ社の人々へ。さらには米国の新しい出版社にも感謝しなければならない。ソールソン・パブリッシャー社(ハーパーコリンズ)だ。入念な仕事をしてくださったコピー・エディターのデーヴィッド・ワトソンは、最後の段階で、プロとしての貢献をしてくださったが、深く感謝している。最後になるが、読者の人々に感謝したい。皆様がいなければ、これまでの苦労はできなかったし、意味もなかったことになる。

ロバート・G・ボーヴァル

バッキンガムシャー、二〇〇四年

妻サンサと六人の子どもたち、ショーン、シャンティ、ラヴィ、レイラ、ルーク、ガブリエルに感謝する。彼らはタリズマンが生まれるまでの一二年間、強い連帯感と愛と支持を与えてくれた。父にも深く感謝している。父は原稿を通読して多くのコメントと助言を与えてくれたが、それが父にとって最後の夏となった。キリスト教会に対する私の見解に、父は情熱的に不同意を示した。だが人生には霊的な意味があり、墓で終わらないことには、同じくらい情熱的に同意してくれた。

グラハム・ハンコック
ロンドン、二〇〇四年二月

著述の責任範囲について

ロバート・ボーヴァルが調査して書いたのは七章、九章、一〇章、一三章、一五章、一六章、一七章、一八章。

グラハム・ハンコックが調査して書いたのは、一章、二章、三章、四章、五章、六章、八章。一一章、一二章、一四章は二人が同じ程度の貢献をしている。

七章、一〇章、一三章にはグラハム・ハンコック が加筆。最後にグラハム・ハンコックが文体を統一した。

『目次』タリズマン 秘められた知識の系譜 上

第1章 —— 13

失われた世界
分かれ道での迷い
「オック」が「Yes」を意味する言語
オクシタニアの鉄拳
大いなる異端の糸を織る
「完徳者」と「信じる者」
迷信や地獄への恐怖を捨てて
早すぎたルネサンス?
国際都市
カタリ派とトルバドゥール
天の半分は女たちが支えている
革命と新たな世界秩序
抵抗
古代の敵

第2章 —— 51

善と悪が出会う場所
権力の源泉に迫る
異端教皇ニケタス
社会改革
異端の学校
ドリアン・グレイの肖像
魂の遍歴
エホバ（またの名を悪魔）と旧約聖書
泥の生きものと天国の穴
異質な神の領域における幻影としてのキリストの使命
パラレルワールドへの短い寄り道
古代の遺産か中世の発明か
異端と異端狩り：それぞれの言い分

第3章 ―― 87

大いなる異端の連鎖
殲滅されたのは何か
「パウリキアノス派と呼ばれる、あのけしからぬ連中の最も邪な教団……」
「祈る人々」と魂の中の悪魔
光の使者マニ
双子との出会い
マニとマギ
マニの宇宙観
姿がアヒルで泳ぎ方もアヒル、鳴き声もアヒルなら……
それはたぶんアヒルだ
カタリ派と紀元一世紀のつながり

第4章 ―― 121

物事の本質の知識
ナグ・ハマディ文書：タイムカプセルか爆弾か
「組織」（一）グノーシス派秘密結社の痕跡
公共の工作者
「組織」（二）一〇世紀に再び目覚めた？
グノーシス派・ボゴミール派・カタリ派：多くの共通点（一）
グノーシス派・ボゴミール派・カタリ派：多くの共通点（二）
グノーシス派・ボゴミール派・カタリ派：多くの共通点（三）
大神官
火刑台への最初の一歩
威圧が学習されたとき
コンスタンティヌス以前の権力志向
罪なき者の大量虐殺
異端審問のはしりと古い敵

第5章――161
宿敵
伝統を手中に収める
信頼できる目撃者がいない
それでも秘密の宗教は存続した
キリストと反キリスト
「サラセン人より邪悪な…」
地獄の軍団
「すべて殺せ」…
マグダラの聖マリアの祭日と天罰のしくみ
究極の真実

第6章――187
剣と炎
偽の夜明け前の、真っ暗闇
教皇、仕上げにフランス人を雇う
銀のかけら
密告文化
ドミニコ会機動部隊
スペインではないスペイン異端審問所
矛盾
この世という地獄をつくる
生者も死者も火あぶりに
モンセギュール陥落
最後のカタリ派
穏やかな自然死?
ルネサンス

第7章 ―――― 223

もう一つの秘教
肉体は墓
霊の根拠なき独占と暴力的強制
行動力を備えた哲学者
コンスタンティノープルのすべての学問と
新プラトンアカデミー
モーゼより古く、プラトンより偉大
プラトンはやめてヘルメスを訳せ
全集
教会の中のヴェールをかぶったヘルメス（一）
教会の中のヴェールをかぶったヘルメス（二）
ピコとヘルメス的魔術とカバラ
ボルジア家、ヴァティカンの乱交パーティ、
天井のイシスとオシリス
ピカトリクスと「星の民」の謎
世界の神殿
都市アドセンティン

第8章 ―――― 271

二羽の不死鳥
本質を保存する
「神の都市」の建設
天と地
分裂した生き物
知識、理性、知性…
星や天使が地上に落ちる
永遠をコピーで再現
ヘルメス的風景
原型の美
世界の変革

第9章——299
神王の都
ドドナ、オリュンピアス、エジプト、ペルシャ人
ネクタネボ、オシリス、アレキサンダーの血筋
雷の種とシリウス星
アムン神の息子
アレクサンドリアの知的ルーツ
世界都市の建設
トロイのヘレン、エジプトのアフロディテ、イシス=ファリア
パリへの寄り道
カノープス通り
普遍神の誕生
セラピスの迷宮
アレキサンダーの帰還
特殊なグノーシス
変化の時
変容
三つの主役

第10章——353
ヘルメスの預言者
カトリーヌ・ド・メディシスの大出世
聖バルテルミーの虐殺
パリとミサを引き換えに
ジョルダーノ・ブルーノのヘルメス主義的使命
ブルーノの遍歴
フランス宮廷のブルーノ
ロンドンとオックスフォードのブルーノ
シドニーとディー
勝ち誇る獣の追放
天のように地にも
ブルーノの致命的な決断
花咲く野原
またも「組織」の仕業?
カンパネッラ登場

第11章――385
ヘルメスの預言者
カトリーヌ・ド・メディシスの大出世
聖バルテルミーの虐殺
パリとミサを引き換えに
ジョルダーノ・ブルーノのヘルメス主義的使命
ブルーノの遍歴
フランス宮廷のブルーノ
ロンドンとオックスフォードのブルーノ
シドニーとディー
勝ち誇る獣の追放
天のように地にも
ブルーノの致命的な決断
花咲く野原
またも「組織」の仕業?
カンパネッラ登場

第一章

失われた世界

フランス革命の原動力として知られている潮流や勢力にはいろいろあるが、パワフルな宗教的・霊的エネルギーも働いていた。このエネルギーが目に見えるかたちで現れたのが、強引な非キリスト教化運動だ。この運動で、有名なパリのノートルダムをはじめとする大聖堂が、「至高存在」の神殿に転用されている。フランス全土で、古代エジプトなどの異教の図像がキリスト教の図像、特に十字架に取って代わり、女神イシスをはじめとする古代エジプトの神々が礼拝された。したがって、一七九四年に国民公会が「フランス国民は、至高存在の存在と魂の不滅を受け入れる」と宣言したのは、キリスト教の神やキリスト教思想の来世のことではない。

この展開は奇妙で驚くべきことだが、キリスト教に真っ向から反対する宗教が現在のフランス地方に根を下ろすのは、一八世紀後半が初めてではない。この宗教もまた、古代エジプトに影響されており、魂の運命に大きな関心を寄せていた。フランス革命より六〇〇年以上前の一二世紀にも、まさにそういった宗教が、プロヴァンス地方やラングドック地方にどこからともなく姿を現している。それも、その時点で既に人口のかなりの部分の心と精神をしっかりと捕らえていた。この宗教は、隣接するスペイン東部や北イタリアの一部にも多くの信者を持ち、遠くベルギーやフランス北部、ドイツにも、信者の共同体が散在した。

ローマカトリック教会の本拠地のすぐそばで、急速かつ成功裏にカトリックに取って代わった宗教の名は……キリスト教だ。

少なくとも、この宗教の信者たちは「善きキリスト教徒」を自称したが、カトリック教会のほうは、存在に気づいた瞬間から、彼らを異端だと決めつけた。一二世紀から一四世紀の同時代人は、彼らをしばしば「マニ教徒」と呼んだ（古代の二元論的宗教であるマニ教は、これより何百年も前にヨーロッパから一掃されたはずだった）。他にもさまざまな呼び名があり、特に「アルビジョワ派」（ラングドック地方の主要都市アルビにちなむ）と「カタリ派」（ギリシャ語で「純粋」を意味するカタロスから）という名はよく使われた（1）。

カタリ派（本書はこの名称で統一する）は、イエス・キ

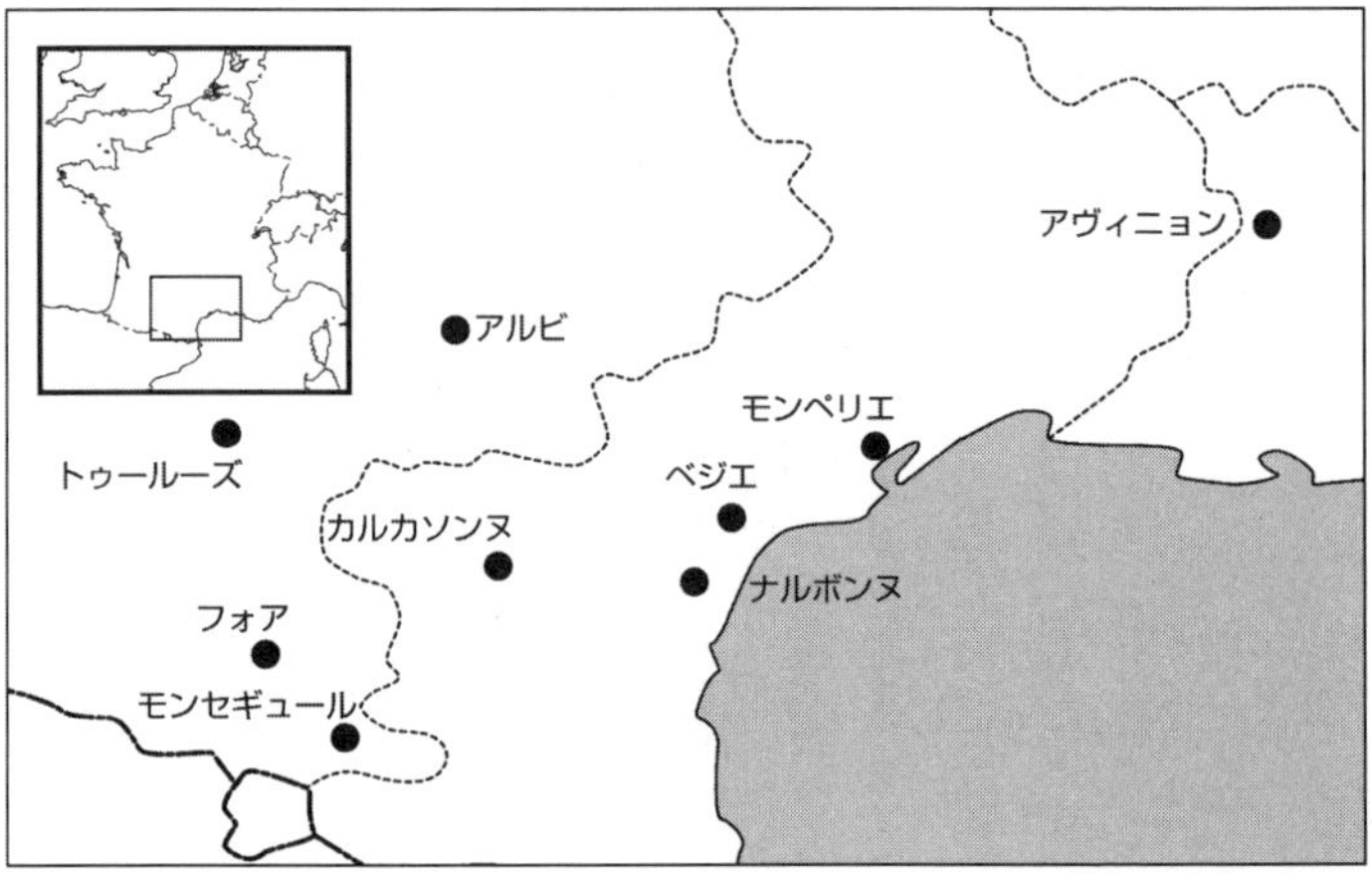

一三世紀のオクシタニア

リストを崇めるという点では、カトリック教徒と少しも違わなかった。だから自らを「善きキリスト教徒」と呼んだのだが、キリストが占める位置は劇的に異なった。カトリックでは、キリストは「肉となった言葉」であり、「われわれの間で暮らした」とされる（2）。カタリ派はこれを全く認めず、キリストを純粋な霊の存在とした。「善き神」から発散された投影あるいは幻影であるとして崇拝した。神の「子」キリストが肉体を持った人間として生まれ、「われわれの間で暮らした」という考えは、絶対的に否定した。さらに、キリストはわれわれの罪をあがなうために十字架にかけられたというカトリックの教えも、カタリ派は断固拒絶した。もともと肉体を持たない者をどうすれば十字架にかけられるのか、というわけだ。だから、キリスト教の重要な霊的シンボルである十字架も、カタリ派は尊ぶどころか意味あるものとすら認めなかった。カタリ派にとって十字架は忌まわしい拷問道具であり、ローマ教会は十字架という偶像を拝ませることで大勢の人々を誤った道に引き込んだ、と考えたのだ。

カタリ派は、キリスト教の重要なシンボルや教理・教義をこうして逆手に取るのが得意で、それが中世のカトリック教会を激怒させ、しばしば対立を招いた。

問題の根底にあったのは、主流キリスト教徒の神が全能かつ善良な唯一神であるのに対し、カタリ派は善神と悪神が同時に存在するという「二元論」を信じていたことだ。善神と悪神にはそれぞれ勢力範囲があり、相手の領域では無力に近い。善神の領域はまったく霊的で、触れることもできず、非物質的だが光に満ちている。人間の魂が生まれたのはここだ。善神が創ったのだ。一方、悪神の領域は地上そのものであり、その上の物質世界や肉体生命のすべてだ。こちらは暗黒と邪悪に満ちた、苦痛と刑罰の地獄のような場所だ。カタリ派の世界観では、物質世界を創造し支配している悪神が、人間の肉体（魂は別）を「泥と水」からこしらえた。そして、ローマカトリック教会が神と崇めているのはこの悪神だと、カタリ派は主張したのだ。

つまり教皇は善神のしもべではなく、地上における悪魔の代理人ということになる。さらに、カトリック教会の目的は、死後に私たちの魂を光に満ちた天の霊界に送り届けることではないという。そうではなく、われわれを騙して何度も人間として生まれ変わらせ、繰り返し物質世界という地獄へ戻らせることだという。私たちの救いの道は、一生欲望を断って、カタリ派信仰の最高の奥義を取得し、啓示によって授けられる知識である特別なグノーシスの最高点に達することにあるという。

これは革命的な教えだったが、一二世紀のヨーロッパにおいては極めて危険な思想でもあった。

分かれ道での迷い

記録が残る世界の歴史は五〇〇〇年だ。だがその間、文明の性格や方向づけに宗教が極めて重要な役割を果たしてきたことに、真剣に異議を唱える学者はいないだろう。おなじように、人類はこの期間、常に、言語や文化だけでなく、さまざまな宗教対立によって分断されてきたことにも、反対する人は少ないと思う。古代に広大な地域で絶対的な勢力を誇った宗教が、その後衰退し、姿を消したこともある。逆に、取るに足りない存在から一大勢力となったものもある。さらに、発祥の地ではほとんど忘れられたのに、遠く離れた場所で繁栄している例もある。最近は、多くの豊かな国で世俗主義が広がり、多くの貧しい国では宗教熱が高まるという現状がある。しかしそれでも、現代人の一〇人中ほぼ九人までが、世界の四大宗教のうちどれかを信じており、その各々が、社会的・地理的にはっきりと区別された勢力圏を持っている。

ヒンドゥー教の勢力圏はインド亜大陸に限られるが、八億人の信者を擁する。

仏教は、スリランカからチベット、中国から東南アジアや日本にまで広がっている。

イスラム教は、インドネシア、バングラデシュ、パキスタン、イラン、トルコ、地中海東岸諸国および北アフリカに何億人もの信者を持つ。しかしその中心はアラビア半島であり、歴史的にもここが発祥の地である。

キリスト教は、過去五〇〇年間に新世界の土着信仰をすべて押しのけて、現在、南北アメリカ大陸をほぼ独占している。オーストラリア、ニュージーランド、サハラ以南のアフリカや、かつて欧州諸国の植民地だった地域でも圧倒的優位を占めている。発祥地は東地中海沿岸だが、一〇〇〇年以上前に中東や北アフリカでイスラム教との闘争に敗れた後、中心地はヨーロッパに移っている。

その結果、今日のヨーロッパは、長いことキリスト教の確固たる勢力下にあり、他にヨーロッパを方向づけた信仰などない、と思いがちだ。もちろん専門家がよく見れば、キリスト教以前の異教の痕跡はヨーロッパの伝統の中にかすかに残っている。しかしそれは、流れに逆行する珍しい存在で、大勢に影響を与えない風変わりな異国風のものにすぎない。オーストラリア、ベルギー、英国、フランス、ドイツ、ギリシャ、オランダ、アイルランド、イタリア、ポルトガル、スペイン、スイスなど、ヨーロッパを旅すると、どこへ行っても、非常に長く途切れのないキリスト教の伝統に直面するのが現実だ。こうした伝統は、コンスタンティヌス帝がキリスト教をローマ帝国の国教とした四世紀より、ずっと前までさかのぼる例もある。たとえば新興勢力だったカトリック教会が本拠地としたローマには、その二五〇〇年前からキリスト教徒の共同体が存在し、迫害の対象となっていた（3）。

キリスト教が皇帝のお墨付を得たとたん、迫害を受けていた教会の教父たちは、迫害する側に回った。彼らは、ローマ帝国内の全キリスト教徒を支配下に収め、他派を抑圧し、既存のさまざまな宗派の教えの中から普遍的に同意できる教理と教義を抽出した。詳しくは次章以降で見ていくが、彼らはそのために独断的な教理を広め、次々と他派を異端と称して排斥した。こうして他の宗派は、その後三世紀にわたって組織的に弾圧され、姿を消すことになる。

禁止された宗派の中には、偉大な二元論の異端であるマニ教もあった。最も尊敬される「教会博士」の一人である聖アウグスティヌスは、三八六年にキリスト教に改宗するまでの九年間マニ教徒だった（4）。個人が直接、神聖な知識に至ることを重視するグノーシス主義の諸派も、すべて弾圧されてほぼ姿を消した。古代エジプトの宗教やアジア・中東の神秘主義、ギリシャ哲学やユダヤ教、さらにキリスト教の非主流的解釈の影響を受けたグノーシス主義は、マニ教と同じく徹底的な二元論宗教であり、覇権を狙うローマカトリックにとって数世紀にわたって最大の敵だった（5）。

しかし七世紀になると、マニ教は遠い東洋に追いやられ、初期のカトリック教会の前に立ちはだかったグノーシス主義諸派も、消えうせたように見えた(6)。競合する組織化された宗派をすべて片付けたカトリック教会は、その後、西洋の暗黒時代を安穏として過ごした。その結果、一一世紀はじめになると教会には異端と直面した経験を持つ者がいなくなり、改めて異端の危険を知りたいと思えば書物に頼るほかなかった。その中には、聖アウグスティヌスが七〇〇年前に「マニ教徒」として犯した「過ち」を綴った、苦悩に満ちた告白もあった(7)。

こういう状況だったので、一二世紀になって(マニ教によく似た)異端カタリ派が突然、西欧文化のまさに中心地に再浮上したのは、衝撃だった。しかもこの宗派は、少数のカリスマ的指導者と結びついた短命な運動ではなく、それまでにカトリックが直面した最大の、存続に関わりかねない脅威だった。一見どこからともなく現れたカタリ派は、よくまとまった「反教会」組織であり、起源はカトリックよりも古いと主張した。また、当のカトリック教会から新メンバーを勧誘する大胆さも持ちあわせていた。

だが、カタリ派が非常な脅威となりカトリック教会を憤激させたのは、カタリ派への改宗が相次いで面目を潰されたからでも、過激な教義で挑戦されたからでもない。あるいは過去のものになったはずの二元論の異端が、幽霊のように突如出現したショックでもない。あるいはカタリ派の明らかな活力でもなければ、一二世紀の間にその影響圏が急速に広がり、どんどんローマに近づいてくることに不安を覚えたからでもない。本当の問題は、カタリ派が一般大衆の心をつかんだだけでなく、南西ヨーロッパで最も有力な貴族の一部が密かに、あるいは公然と、カタリ派を支持していたことだった。

これにはトゥールーズ伯、フォワ伯、アルビ、ベジエ、カルカソンヌといった城塞都市を支配するトランカヴェル家の子爵らが含まれていた。ラングドック地方とその周辺に集中する多くの騎士や城という武力を持つこうした男たちの存在によって、カタリ派は性格を変え、ローマ教会がそれまでに遭遇したことのない相手となった。この異端派は反撃力を備えている。世俗の力を利用して簡単に潰すこともできない。放っておけばさらに成長を続け、カトリックのほうがヨーロッパから追い出される事態も考えられる。

こうして一世紀以上にわたって、ヨーロッパ文明は対立する二つの霊的システムの交差点でしばし立ち止まり、二つの全く異なる未来のどちらへ進むか選択を迫られることになった。その影響は今日まで続いている。だが、まずは歴史を決定的に変えたこの期間にどんな人物が関与し、何が起こったのか、詳しく見てみることにしよう。

「オック」が「Yes」を意味する言語

一二世紀のラングドックは、南フランスというカラフルなモザイクの一部となっている。東はプロヴァンス、西はピレネー山脈を挟んでスペインと接するこの地方は一二世紀から一三世紀にかけて、ロマンティックな詩を歌い上げるトルバドゥール（吟遊詩人）と「宮廷恋愛」(8)、そして独立心旺盛な人々による独特の文化でよく知られていた。

この異質性には理由があった。プロヴァンスやラングドックの人々は一度もフランスの臣民であったことがなく、そもそもフランス語すら話さなかったからだ。当時「フランス」と聞いて大多数の人が思い浮かべるのはイル・ド・フランス、つまりパリ周辺部のみだった。より広い意味での「フランス」は、ロワール川とムーズ川・エスコー川（スケルト川）の中流に囲まれた地域を指したが、それでもロワール川や中央高地《マシフ・サントラル》より南、それに地中海沿岸全域は含まれない。一四世紀になってもまだ、トゥールーズやアヴィニョンから北へ向かって旅する人は、フランスを旅するのではなくフランスへの旅をするという認識だった(9)。

中世には、ラングドックやプロヴァンスは、リムーザン地方、旧アキテーヌ地方、アルプスのフランス側南部と併せて「オクシタニア」と呼ばれていた。といっても、今日のような意味で一つの「国」を形成していたわけではない。それどころか住民の大多数にとって、家族や友人、隣人以外に忠誠を捧げる相手といえば、主として住んでいる町や都市であり、耕す畑を所有する貴族だった。それでもオクシタニア地方の共通点は多く、当時「フランス」となる途上にあった北方の政治的・文化的諸共同体との共通点は少なかった。何より、「オクシタニア人」は共通の言語であるオック語で結ばれていた。この言語では、yesを「オック」と言った。（これに対し、現代フランス語のもととなった一二世紀の言語はオイル語と呼ばれる。オイル語でyesを意味する「オイル」が、現代フランス語の「ウイ」に変化した。）

中世を専門とする学者ジョセフ・ストレイヤーによれば、北のフランス語と南のオクシタニア語の違いはロマンス語族の中でも著しく、互いに理解不可能であるという。オクシタニア語はカタルーニャ語（バルセロナを中心とするスペイン・カタルーニャ地方の言葉）にきわめて近く、カスティーリャ語（マドリード周辺のカスティーリャ地方で話される、いわゆる標準スペイン語）ともかなり似ている。そのため一二世紀には……。

ナルボンヌからの商人の言うことは、バルセロナなら簡単に理解されたが、パリでは通訳が必要だった……イル・ド・フランスの男爵は、トゥールーズより、ロンドンやケルンのほうが、話のできる相手を大勢見つけられただろう。言葉の壁は乗り越えられない障害ではないが、障害には違いなく、誤解や不信感のもとになる。(10)

オクシタニアの鉄拳

オクシタニアでは封建貴族が権力を握っており、中でもフォワ、トランカヴェル、トゥールーズの三家の力は強大だった。

当時「王と肩を並べ、公・伯に勝る」(11)と評されたトゥールーズ家の歴代当主は、お膝元トゥールーズから東はニーム、北のカオールから南は地中海沿岸のナルボンヌまでを領地とした(12)。彼らは、諸国と有効な同盟関係を結び、ときには力を借りることもできた。たとえばトゥールーズ伯レーモン六世（一一九四～一二二二年）は、フランス王のいとこで、イングランド王やアラゴン王とも婚姻を通じて義兄弟だった(13)。彼はカタリ派を黙認、ときには奨励し、旅にはカタリ派の聖者を同行した（14）。

スペイン国境沿いのオート・ピレネーの領主フォワ伯は代々、武勇と頑固なまでの無慈悲さと、カタリ派との強い結びつきで知られていた。フォワ伯レーモン・ロジェ（一一八八〜一二二三年）の妹で寡婦のエスクラルモンダは一二〇四年に、カタリ派の最高位であるペルフェクティ＝完徳者（「完全な者」の意）となった（15）。二年後には六人の子をもうけたフォワ伯の妻も俗世を離れて完徳者となり、女子修道院にあたるカタリ派施設の長を務めた（16）。レーモン・ロジェ本人はカタリ派信者であると認めたことはないが、死ぬまで筋金入りの反カトリックだった。お抱えの兵士たちがカトリックの教会法令集を切り刻み、「十字架の縦と横の棒を乳棒代わりにして香辛料を挽いた」（17）という話も伝わっている。フォワ伯と同時代のカトリック派の年代記作者は、「フォワ伯の蛮行と悪辣」と題した長文に次のように記している。「彼の悪事はとどまるところを知らない……修道院を略奪し、教会を破壊し、残酷さにおいて誰よりも勝っている」（18）。

名門トレンカヴェル家はタルヌからピレネー山脈までを支配し、その財力、世襲の影響力、軍事力、カタリ派への共感で、ラングドックにおける権力構造の一端を担った。レーモン・ロジェ・トレンカヴェルは一一九四年から、カトリック教徒に捕まって殺される一二〇九年まで領主の地位にあったが、家庭教師はカタリ派の有名な学者ベルトラン・ド・セサックだった。ベルトランがどれほどカトリックの決まりを侮蔑していたかを示す逸話がある。気に入らない僧がサント・マリー・アレの修道院の院長に選ばれたとき、ベルトランは、前修道院長の墓を掘り返し、腐りかけた遺体を院長の椅子に座らせて、その前で選挙をやり直させたという。当然ながら、こうして選ばれた新院長はベルトランに気に入られた(19)。

カタリ派に肩入れしてカトリック教会を拒絶したのは、貴族社会の上層に限らなかった。トゥールーズとカルカソンヌの間にローラゲという人口の多い地域があるが、ここの小貴族はほぼ全員がカタリ派信者だった。カルカソンヌとナルボンヌの間のコルビエールも同様だ(20)。ちなみに、カタリ派完徳者の三割は貴族の生まれだったという計算がある(21)。しかもオクシタニアでは、カトリック教徒の貴族もカタリ派に対して少なくとも好意的で、公然と支援することすらあった。彼らのジレンマは、たとえばロデイユのポン・アデマールというカトリック騎士の発言から伺える。トゥールーズ司教フルクから、あなたたちはカトリック教徒なのになぜ領地からカタリ派を追放しないのかと質問されたアデマールは、こう答えた。「それはできない。われわれはあの者たちと共に育ち、彼らの中には親類もいる。それにわれわれの見るところ、彼らは善良でまっとうな、完璧な生活を送っている」(22)。

大いなる異端の糸を織る

このように分裂する宗教の双方の貴族から庇護を受けたカタリ派は、オクシタニア社会の他の全階層からも強く支持されていた。カタリ派信者には技術を身に付けた職人が多かった。一二〇九年の都市ベジエのカタリ派名簿には、次のように記載されている。

貴族（男爵）一人、医師四人、下着屋五人、鍛冶屋二人、革屋二人、靴屋二人、羊の毛刈り職人一人、大工一人、機織り一人、馬具屋一人、小麦商一人、刃物師一人、仕立屋一人、酒場の主人一人、パン屋一人、毛梳き職人一人、反物商一人、両替屋一人。（23）

英国のレディング大学の歴史学教授マルコム・バーバーは、ベジエの名簿に織物業関係者が一〇人も含まれていること、そして、この時代の一次資料には、機織り工とカタリ派を結びつけているものが非常に多いことを指摘している（24）。

このことはオクシタニア地域の中でも外でも当てはまった。フランスではカタリ派は単に「テクストレス」と呼ばれるのが一般的だったが、これは機織り工を意味する（25）。フランスの有名な聖職者クレルヴォーの聖ベルナールは一一四五年、「機織り工たちの異端」について警告するため説教の旅に出た（26）。この異端は、完成された形で「堕落させる霊の入れ知恵や策略から」生まれ（27）、布教があまりに成功して改宗者が続出したために、「妻は夫を捨て、夫は妻を捨て……修道司祭や司教が……しばしば教会や信徒を捨てて、機織り人の男女と群れているのが見られる」（28）ほどだった。

一一五七年にランスの大司教サムソンが、フランドルの大部分を「マニ教という疫病」が冒していると嘆いたが、これもほぼ間違いなくカタリ派の布教活動のことだ（29）（先に指摘したとおり、一二世紀の聖職者はカタリ派を、数百年前に一掃されたはずの二元論教団の名前をとってマニ教と呼ぶことが珍しくなかった)。新たに発生したこの異端は旅の機織り工や布地屋によって広められていると、サムソンは述べている(30)。

説明は簡単だ。機織り工など中世の織物業界は、国際的なつながりが強いので、カタリ派完徳者が「隠れみの」として選んだのだ。彼らはカトリック当局に布教の初期に発見されないために、隠れみのが必要だった。というのも彼らは、大規模な布教作戦としか呼べない用意周到な活動を進めていたからだ。彼らが地元民の信頼を得ていずれは改宗に導くために用いた、穏やかで気長で計画的なやり方を、カナダの歴史学者スティーヴン・オシアが巧みに描写している。

一一五〇年のラングドックで道や川を通っていたのは、商人や吟遊詩人だけではなく、二人組の旅の聖者もいた。彼らは、黒い長衣と腰に巻いた細い革ひもでそれとわかる、彼らは村や町に入ると商売を始める。機織りの仕事であることが多い。彼らは正直な働き者として知られるようになり、時が来ると語り始める……まずは月の光を浴びながら壁の外で、それから堂々と、貴族や有力者の暖炉の前や商家の中や、市場の屋台のかたわらで。彼らは何一つ要求しない。喜捨も敬意も求めずに、ただ話を聞いてもらう。こうしたカタリ派の宣教師たちは一世代とかからずに、何千人もの人々をカタリ派に改宗させた。ラングドックは、後に「大いなる異端」と呼ばれることになる信仰の本拠地になった。(31)

「完徳者」と「信じる者」

宣教をしたのはカタリ派の完徳者だった。歴史学者オシアが指摘したとおり、彼らは二人組で布教の旅をする習慣があった(32)。現代のモルモン教徒やエホバの証人と同じだ。黒い長衣という格好は一見、キリスト教の僧や司教に見えなくもなかっただろう。だが外見を除けば、カタリ派の完徳者と当時の典型的なカトリックの聖職者の生き方は少しも似ていない。強硬な反カタリ派ですら認めざるを得なかったのは、完徳者の顕著な特質だった。カタリ派の登場から滅亡までの全期間を通じて、完徳者は純潔・謙遜・清貧・簡素を旨とする模範的な生活を送ったのだ(33)。一方、一一世紀から一二世紀のカトリック教会は、すでに退廃し評判を落としていた。女遊びにふける聖職者が多すぎて広く嫌悪され、場所によっては、莫大な富・堕落・強欲の不必要な誇示があり、あからさまに憎まれていた。広大な土地を所有する封建領主でもあった多くの司教は、金に飽かせてあきれるほど贅沢な生活を送り、貧しい人々の窮状には無関心だった。だから彼らが教区で人気がなかったのも無理はない(34)。

完徳者の有名な極度の禁欲主義は、カタリ派二元論の核となっている教えから理解できる。彼らにとって物質世界はとことん邪悪な神が創造した、とことん邪悪なものなのだ。したがって物質との接触はすべて悪であり、カタリ派の一番大事な事業にとって、妨げにしかならない。その事業とは、不滅の魂を徐々に純化して、滅びる肉体に何度も生まれ変わるサイクルから、魂を解放することだ。「主よ、肉体の不完全を裁き、お責めください」とはカタリ派の祈りの一つだ。「肉体を憐れまないでください、それは堕落から生まれたものなのですから。囚われの身である霊にこそ、慈悲をおかけください」(35)。

カタリ派の思想では、宇宙は正反対の二つの勢力……霊と物質、善と悪の戦いの場であり、完徳者はその戦いの積極的参加者だった(36)。この戦いに勝つため、完徳者は信仰と教えを厳しく守って暮らさなくてはならない。肉体は「堕落から生まれた」ものなので、性交や生殖に由来すると考えられる食べ物は全面的に禁じられた。つまり、獣や鳥の肉も、獣や鳥から採れる卵や牛乳・チーズ・クリーム・ラード等も食べてはいけなかった(37)。彼らの食事はパン・野菜・豆・果物・木の実からなっていた。現代人から見ると矛盾するが、魚は食べてもかまわない。これは中世において、魚は生殖行為によって生まれるのではなく、水や泥から自然発生すると誤解されていたからだ(38)。

生殖や性交を忌み嫌うのだから、完徳者は当然、純潔を守らなくてはならない。「慎みのない」キスをしただけでも純潔が破られると考えられていた。他の肉体的要求や欲望も、同じ危険をもたらすとして避けられた(39)。食欲に対する抵抗を強めるために、前述の貧しい食生活を守るだけでなく、しばしば長期間食を断ち、パンと水だけで過ごした。この断食は年七〇日以上に及んだ(40)。こうした習慣はすべて、魂を肉体に閉じ込めている枷《かせ》を緩めることが目的だった(41)。

同じ目的で、物質世界の罠や誘惑との接触を最小限に抑えるため、完徳者は身に付けた衣服だけを残して、財産も持ち物もすべて放棄した（42）。他にも多くの犠牲が要求されたが、それでも志望者は後を絶たなかった。だが、カタリ派の完徳者になるのは非常にむずかしかった。志望者には修業期間があり、この間に完徳者の生活の厳しさを直接体験する。この修業はその名もアブスティネンシア（禁欲）といい、普通は三年間、古参の完徳者と生活を共にする。アブスティネンシアを問題なく終えると、ようやくコンソラメントゥム（救慰礼。「慰める」の意）という儀式を受ける資格ができ、コンソラメントゥムによって完徳者への昇進が完了する（43）。

完徳者は、よくカタリ派の「司教」にあたると言われるが、実は禁欲や行動、教派内での役割という点から見ると「東方の禁欲的な教師、たとえば中国の仏教僧やヒンドゥー教の行者、秘教オルフェウス教の熟達者や、グノーシス派の教師にはるかに近い」と、複数の研究者が指摘している（44）。この印象を強めるのが、完徳者が忘我の境地あるいは瞑想状態にあったようだと述べる、同時代の史料があることだ。ある目撃者がカタリ派の完徳者の「驚くべき光景」について述べている。椅子に座った完徳者が「周囲に無関心で、まるで木の幹のようにじっと動かない」のだ（45）。

だがカタリ派の上層部がよく知っていたのは、物質世界から退いて瞑想や完全な純潔、禁欲の生活を送るのは、普通の人間には難しいことだ。それに、完徳者と完徳者志願者だけでは社会が成り立たない。彼らは子供を作らないから、後継者がいなくなってしまう。もっと大きな地盤が必要なのだ。その地盤となったのが完徳者よりずっと数が多い、クレデンテ（信じる者＝帰依者）と呼ばれる第二の位階あるいは階層だ。彼らが、カタリ派の大多数を占める一般信徒だった。彼らが社会的・経済的活力、そして、言うまでもなく軍事力を生み出していた。彼らの存在があったのでカタリ派はローマのカトリック教会にとって大きな脅威だったのだ。

帰依者も、二神の存在、物質がもつ悪の性質、肉体に閉じ込められた魂といった、二元論の根本教義を信じていた。彼らも、いつかは完徳者となって伝道の旅に出ようと考えることもあったかもしれない。だが実際のところ、ほとんどの帰依者は挑戦をしていない。カタリ派が確立された地域ではどこでも、帰依者はさほど禁欲的でない、普通の生活をしていたことがわかっている。彼らは結婚もすれば子も作り、財産を所有し、おいしいものを食べて人生を楽しんだ。完徳者が音頭を取って日常的に行う簡素な礼拝や集会には、帰依者ももちろん参加した。また、すべての帰依者には旅の貧しい完徳者の世話をする義務があったが、きわめて真剣にこの務めを果たし、強力なネットワークと支援体制を提供していた。帰依者のもう一つの義務は、完徳者に会ったら必ず決まったやり方で挨拶をすることだった。これはメリオラメントゥム（至善礼）と呼ばれ、完徳者に向かって片ヒザを三回曲げて、次のような言葉を交わす。

帰依者：罪人である私のために、神に祈ってください。神が私を善きキリスト教徒とし、善き終わりに導いてくださいますように。

完徳者：祈りを神が聞き届けられ、あなたを善きキリスト教徒にしてくださるように。

中世史の研究家マルコム・ランバートによれば、この受け答えはどこでも同じ内容で、特別な意味を持っていたという。

善きキリスト教徒、つまりキリスト教徒になるということは、カタリ派の信仰では完徳者になることを意味した。善き終わりに達するというのは、うっかり救慰礼《コンソラメントウム》を受けそこなうことなく、救慰礼の効力が保たれた状態で死ぬという意味だった。この受け答えと、ヒザを折る礼を通じて、完徳者と信者は互いの立場を確認した。一方は、まだサタンから解放されていない、待機の状態にあること。もう一方は、サタンの力の及ばない、独自の地位にいること(46)。

帰依者が教えられていたのは、何らかのかたちでカトリックの害毒に当たってしまったら、完徳者を探して至善礼を行うことが特に重要なことだった。その理由の一つは、お辞儀が完徳者を崇める(文脈によっては「敬愛」とされる)ことになり、公の場で真っ向からカトリック教会を否定することを意味したからだ(47)。サン・ミシェルのフィダスという有名な帰依者の貴婦人は、トゥールーズ伯夫人エレアノールと連れ立ってローマを訪れた際、茶目っ気を発揮してわざわざ完徳者を一人同伴したという。「教皇の本拠の礼拝堂で完徳者を崇める」ためだ(48)。

貴族でも農民でも、大多数の帰依者は救慰礼を後回しにした。完徳者を呼んでカトリックの洗礼にあたる救慰礼を授けてもらうのは、死の床に就いてからだった。救慰礼は、受けた者を聖霊の力で満たす極めて重大な行為で、これによって天国への道が開かれる者もいる。表面的には祈りと頭に手を置く短い儀式にすぎないが、その効果は絶大で、これだけで何年も旅と禁欲の生活を送らなくても、死を目前にした帰依者を完徳者の階位に引き上げることができると考えられていた。救慰礼を受けた者はその後、邪悪な物質世界の害毒に汚されないように、パンと水しか口にしない。だが、「浄められた」状態で死んだからといって、必ずしも人間としての転生のサイクルから解放されるわけではない。しかし少なくとも「解放へと向かう鎖の前に進む」ことはできる(49)。病人が救慰礼を受けた後に予想外の回復を遂げたときは、再び帰依者として、世俗の普通の生活に戻ることができた。ただし、この場合は死の直前に改めて救慰礼を受けて食を断たないと、せっかく今回の生で前進した分が無駄になってしまう。

次に生まれ変わったとき、魂がカタリ派の教えを受けられる体に入れる保証はない(カタリ派どころか、人間に生まれ変わるとも限らない。たとえばロバとして生まれる可能性もある)。だから帰依者にしてみれば、生きているうちに救慰礼を受けたい気持ちが強くなる(間違いなく機会があるのだから)。しかし、受けるのは死の床に就いてからでもよいことになる。一二世紀後半において、これは別に難しいことではなかった。旅の完徳者が大勢いたし、オクシタニアの村や町にも完徳者が何人も住んでいたからだ。ところが、一三世紀になるとカタリ派はヨーロッパ中で迫害され、オクシタニアは特に目の敵にされた。オクシタニアでは地獄のような光景が展開され、都市の住民が一人残らずローマ教会の兵の剣にかかって命を落とすこともあった。続いて教皇庁による異端審問がはじまり、集団火刑が執行される度に、完徳者の数はさらに激減した。一四世紀初頭には、信仰の中心地だったラングドック地方で活動している完徳者は、全体で三人しか知られていないというありさまになった。生き残った帰依者たちは、死ぬ前に救慰礼を受けられるだろうかという、深刻な不安に直面した。カタリ派の終わりが近づいていたこの時期、老い先短い信徒の多くは苦肉の策として「エンドゥラ（耐忍）」を選んだ。オクシタニア語で「食を断つ」「飢える」という意味で、パンと水だけの食事制限を指し、普通は死の床で救慰礼を受けた後に行う（50）。しかしこのときは、いったん救慰礼を受けた人は、たとえ回復の兆しが現れても食事を取らなかった。その結果、エンドゥラは「専門用語として、救慰礼の後で死ぬまで断食するという意味を持つようになった」（51）。

迷信や地獄への恐怖を捨てて

一三世紀にカタリ派への大規模な迫害が始まった当初、救慰礼を受けた者とまだの者、つまり完徳者と帰依者の生活が全く異なることを利用して、帰依者がカタリ派ではないと言って迫害を逃れようとすることがときどきあった。たとえばトゥールーズのジャン・テセールという帰依者は、まだ働き盛りで救慰礼を受けていなかったので、一二三三年に異端の告発を受けて逮捕されたとき、こう抗議した。「俺は女房持ちで、女房と寝ている。息子たちもいるし、肉は食べるし、嘘もつけば誓いの言葉も口にする」（52）（嘘をついたり、みだりに誓いの言葉を口にすることは、結婚・セックス・生殖・肉食と並んで、完徳者は禁止されていた（53））。テセールは目撃者たちの証言によって有罪とされ、その主張は無視された。彼は火刑の判決を受けて、司教の牢で刑の執行を待つ身となった。信仰を捨てれば釈放される決まりだったが、テセールは頑として罪を認めず、死刑房に留まった。獄中で、彼は数人の完徳者と話すようになり、数日後、彼らから救慰礼を受けた。そして、カタリ派であることを認め、信仰を守って「残りの者らと共に焼き殺された」(54)。

迫害時代からは、勇気と極度の自己犠牲の話が数多く報告されている。それを読むと、カタリ派という宗教が、魂の進化や死後の魂がどうなるかについて、信者に確固たる信念を抱かせる力を持っていたことがよくわかる。実際、この信念は極めて固く、苦痛に満ちた死を選ぶテセールのような帰依者や完徳者が続出した。信仰を捨てれば、邪悪な物質世界から解放される機会を失うことになる。彼らはそれを避けたのだ。

刑を宣告された者たちが集団で用意された薪の山に駆け寄り、ごうごうと燃えさかる炎に喜んで身を投じたという、信頼できる証言がいくつもある。彼らを騙されやすい愚か者と見るか、気高い殉教者と見るかは人それぞれだろう。だが、一つ確かなことがある。カトリック教会は何世紀にもわたり、地獄を脅しの道具に使って中世ヨーロッパ人の思考をマヒさせ、その精神を閉ざしてきたが、カタリ派はそうした地獄の恐怖から人々を解放したことだ。実は、カタリ派の二元論を信じれば、地獄が怖くなるのはごく自然なのだ。カタリ派にとっては、この地上こそ「われわれが沈みうる、最も低い意識の段階」(55)であり、これよりほかに地獄は存在しない。地上は試練と苦痛の場所であり、人間の魂は数えきれないほどの転生を経て、なおも地上に捕らわれて苦行を課せられている。別の言い方をすれば地獄とは、カトリック教会が定義した罪によって送られる、見知らぬ場所ではないのだ。われわれがよく知っている現世こそが地獄であり、そこから脱け出すことが人間の使命なのだ。

こうしてカタリ派は、信者から死への恐怖を一掃しただけでなく、中世の暗黒時代を通じて西欧文明の進歩を妨げていた迷信や悪魔といったしがらみを、一刀のもとに断ち切った。彼らは宗教的慣習のあらゆる面から、クモの巣を払おうとした。彼らは、教会での詠唱は「素朴な人々を騙す」とし、煉獄にある魂のため喜捨をするカトリックの習慣を、理屈に合わない浪費だと笑いものにした(56)。

歴史上のほんの一時期ではあったにせよ、カタリ派のこのような思想が広まり、力を持ったことから、新たな思想の自由や柔軟な精神、変化を受け入れる気風が生まれた。心理学者アーサー・ガーダムはこのことを、「普通人の解放という面でカタリ派が果たした、おそらく最も重要な貢献だ」と考えている(57)。

これを理解しないと、カタリ派が啓蒙的な宗教だっただけでなく、楽観的な宗教でもあったという事実を見逃すことになる。現代のカタリ派を擁護する人々の中には、カタリ派を、カルヴィン主義的で陰気で、基本的に悲観的な宗教だと見る者もいる。スティーヴン・ランシマン卿は、全体としてはカタリ派に対して非常に公平な評価を下しているが、内在する悲観主義ゆえに最初から失敗する運命にあったと考えている。このような見方をする人々が説明できないのは、そのように抑圧的で悲観的な教派が、なぜ、ヨーロッパで最も洗練され、かつ懐疑的な地域で爆発的に広がったかだ……。(58)

早すぎたルネサンス？

カタリ派が突然開花したのは、十字軍のもたらした東方との接触をきっかけにヨーロッパが暗黒時代の眠りから覚め、古典文献に記された古代の叡知を再発見している時期だった。歴史家がよく「一二世紀のルネサンス」と呼ぶ、この「変化と実験と視野の拡大」の時代によって(59)、数百年にわたる知的停滞は終わりを告げた。この時代に新たな哲学や科学思想が数多く生まれ、天に向かってそびえるゴシック様式の大聖堂が初めて登場し、社会や経済に大変化が起こった。

オクシタニアに隣接し、やはりカタリ派が力を持っていたスペイン東部や北イタリアの一部も含めて、一二世紀のオクシタニア文明は洗練された国際色豊かな都市文明であり、「間違いなくヨーロッパのどこよりも進んでいた」(60)。この地域を震源地として、西洋の価値観に大変動が起こる兆しもあった。その特徴は探求精神とより穏健で国際的で寛容な世界観だ。さらに、カタリ派が目的のすべてを達成していたら、この新時代にカトリック教会は居場所をなくしていただろう。悪魔の教会として、長いあいだ、多くの魂を惑わしていたからだ。だが成功を収めるどころか、異端カタリ派は一三世紀前半にカトリック教会が次々と送り込んだ暴力的な「十字軍」による虐殺で潰されてしまった。抵抗は、教皇庁が一二三三年にカタリ派の弾圧と根絶を目的に設立した異端審問によって、ゆっくりとだが確実に息の根を止められた(61)。いわゆる「アルビジョワ十字軍」によって滅亡に追いやられなかったら、ラングドックでは、二世紀以上はやく、ルネサンスが起こっていたという人もいる(62)。

こうした憶測は、正統派の歴史学者の眉をひそめさせる(63)。その結果、「もしカタリ派がカトリック教会との闘争に勝利を収めていたら、西洋はどうなっていただろう」という疑問を真剣に検討する学者は滅多にいない。その例外が、フランスの社会哲学者で活動家でもあったシモーヌ・ヴェイユだ。ヴェイユはドイツ占領下の同胞に対する共感からハンガーストライキを行い、一九四三年に亡くなっている。断食で命を落としたときまだ三四歳だったヴェイユは、人生最後の数年間、一二世紀オクシタニアの独特な文化に対して深い関心を抱くようになった。彼女は、この文化はカタリ派によって触発されたと考えた。彼女によれば、二〇〇〇年以上前にローマ帝国がギリシャに壊滅的な打撃を与えたことで、「地中海沿岸は不毛の地となった」。それ以降、この地域で「古代ギリシャに匹敵する自由と創造的精神のレベル」に達し得る素質を備えた別の文明が頭をもたげたことは一度しかない。一三世紀にカトリック教会によって消し去られたその文明こそ、カタリ派による失われたオクシタニア文明だとヴェイユは言う。彼女の分析によれば、それは非常に古い思想の潮流につながっていたという……。

私たちはカタリ派についてほとんど何も知らない。だが、彼らが何らかのかたちで地中海や近東を席巻していたプラトンの思想や、ローマ以前の文明の持っていた神秘思想や密儀を受け継いでいるこ

とは明らかだ……。(64)

ヴェイユは、一二世紀から一三世紀のオクシタニア文明はその胎内に真のルネサンスを宿していたと考える一人だ。その潜在力は、一五世紀のイタリア・ルネサンスをはるかに上回っていた。ラングドックは、この早熟な文明の中心地だった。従ってアルビジョワ十字軍という残忍な兵器が叩き潰したのはカタリ派だけではなかった。インドやペルシャ、エジプト、ギリシャの古代の叡知の伝統と、ヨーロッパをつなぐ最後の生きた絆も断ち切られてしまった。それどころか、ラングドックの崩壊に続く数世紀は、「全体主義的精神の見本だった」(65)。

国際都市

カタリ派の影響下にあったオクシタニア社会は、全体主義ではまったくなかった。都市化の面で、オクシタニアはヨーロッパの他の地域よりはるかに進んでいた。ナルボンヌ、アヴィニョン、トゥールーズ、モンペリエ、ベジエ、カルカソンヌといった都市は急速に成長しつつあり、誇りをもって市民に思想の自由と経済的・政治的自立を保証していた。例えばトゥールーズ伯は、領地の市民に対する行政上の法的権威を持っていなかった。市民はトゥールーズ伯が地元の慣習法に従っているときだけ命令に従えばよかった(66)。ナルボンヌ、アヴィニョン、モンペリエ、ベジエは知的活動が活発で、大学が正式に創設される前からあらゆる意味で大学都市だった。当時のヨーロッパでアリストテレスに関する最も高度な講義が行われていたのはトゥールーズ大学で、アラブの学者による最新の研究成果も教えられていた(67)。

アラブ商人やアラブ人医師は昔から、イスラム教徒の支配下にあったスペインの一部からピレネー山脈を越え、あるいは東方から海路でオクシタニアに入ってきた。カタリ派は彼らを歓迎した。カタリ派の天敵は、「非キリスト教徒」より、むしろローマカトリック教会だったからだ。それにカタリ派にとって人間の肉体は、イスラム教徒であろうがキリスト教徒やユダヤ人であろうが、魂を閉じこめている牢屋にすぎない。誰もが等しく物質世界の試練を受けて苦しんでいる身であり、そこから抜け出す道はカタリ派の信仰しかないのだから、人を人種や宗教で差別するのはバカげていると考えられていた。

こうした考え方は市民生活にも波及し、オクシタニアの諸都市に住む外国人は国籍や宗教にかかわらず、誰でも他の市民と全く同じ権利を享受できた(68)。さらにカタリ派はローマカトリックこそ徹底的に嫌ったが、それ以外の宗教については、カタリ派との平和共存に努める限り寛容だった。当時の北フランスでは、キリスト教徒以外が土地を所有するのは犯罪とされた。また、ユダヤ人に対する偏見からカトリック教徒が暴徒化する事件がヨーロッパ各地で起こった時代だった。だがオクシタニアには古くからのユダヤ人共同体があり、一二世紀を通じて土地を所有し、シナゴーグで公然と礼拝し、誰に煩わされることもなく繁栄を謳歌していた(69)。彼らもまたカタリ派同様、知的・霊的な創造と探求の時期にあったようだ。事実、ユダヤ教の神秘主義哲学「カバラ」が発達し、その用途が研究されるようになったのはこの時代であり、ラングドックの海沿いの諸都市でのことだった(70)。カバラとは古代ユダヤの伝統に根差した神秘思想の体系で、秘密の知識と神の啓示を重視する。また、宇宙の「左側」と「右側」が対立し、絶え間ない抗争を続けているとする、強い二元論的傾向もあった(71)。

注目すべきは、一二世紀のナルボンヌ、ルネル、ボーケールではタルムード法を教える有名校が活況を呈しており、一一六〇年に、「遠い国」から来たユダヤ人の学生たちが、そこで学んでいた記録があることだ(72)。興味深いことに、記録者であるトゥデーラのベンジャミンというラビは、ルネルで「世俗の事をすべて捨て、昼夜を問わず学び、断食を守り、決して肉を食べない」ユダヤ人に会ったと述べている(73)。これが示唆するのは、現世でのわれわれの役目は何か、いかに生きるべきといったカタリ派の思想が、大勢の元カトリック教徒を地獄への恐怖から解放しただけでなく、他の宗教の信者にも影響を与えていた可能性だ。

カタリ派とトルバドゥール

カタリ派がオクシタニアで短期間だが、人々の精神に光を投げかけたのは、一二世紀から一三世紀にかけてだった。同じ時期に、現在の南フランス、スペイン東部、北イタリアという全く同じ地域で、もう一つの特異な知的現象が起こってから消えた。同時に起こった現象とは、トルバドゥールと呼ばれる詩人がうたう叙情詩であり、オクシタニア語で発明され、オクシタニア語で作られた。この詩は、今日の文学者から「かつて存在した最高の芸術様式の一つ」との評価を受け、その後のヨーロッパのすべての叙情詩に影響を与えたと認められている(74)。だがそれよりはるかに重要なのは、トルバドゥールの詩が社会に与えた影響だ。それは「思想や感情に革命」をもたらし、「その影響は今日の西洋文化の中にはっきりと見て取れる」のだ(75)。

この革命とは、社会における女性に対する姿勢だった。トルバドゥールは多くのオクシタニア貴族の宮廷で厚遇され、高い地位と例外的な言論の自由を享受した(時には政治に口を出すこともあった)。この高い地位で書かれる彼らの詩は、女性一般に敬意に満ちた視線を向けた(ときには羊飼いのような身分の低い女にも)。特に宮廷の貴婦人に対しては、ほとんど神聖視といっていいほど賛美した。トルバドゥールの詩によって、男性が特定の貴婦人を崇拝し、その婦人に忠誠を尽くすという「宮廷恋愛」の概念が広まった。女性はたいてい人妻なので、その意味では不倫の関係だが、肉体交渉を伴わないという意味では純愛だった(76)。宮廷恋愛の真髄は、自己犠牲、障害、遠くからの思慕、貞操の気高さといったものだ。この過程で、愛するが相手に触れず、欲望を覚えるが満たされることはない男こそ、優れた男とされた(77)。ここで本当に賛美されているのは、「意思の強さの勝利宣言にほかならない」と、ゾーエ・オルデンブールは示唆する(78)。

これは偶然だろうか？　カタリ派の完徳者もやはり、あらゆる肉体的要求や欲望を意思の力で抑え込もうと努め、苦痛や不眠の行、感覚の遮断に耐え、何度も死を経験して初めて目標に到達できると考えていた。このような理由からオルデンブールは、トルバドゥールの流行とカタリ派にはかなり重なり合う部分があったに違いないと考えた。多くの場合「トルバドゥールが……神やイエス・キリストの名を口にすれば、それはカタリ派として言ったのであり、彼らの神はマニ教の善の神だった可能性が高い」(79) とまで彼女は主張している。

ただしオルデンブールは主流ではない。中世を専門とする歴史学者や文学者は一致して、一二世紀から一三世紀にトルバドゥールがオクシタニアに広めた思想は、カタリ派とはほとんど、あるいは全く関係がないという見方を取っている (80)。私たちは、アーサー・ガーダムの言葉を借りて、この意見は理屈に合わないと指摘するだけに留めよう。

これほど目覚ましい二つの文化現象が、限られた地域で同時に起こり、それが互いに無関係だなどということがあり得るだろうか。そんな意見は、フロイト理論が一九二〇年代のロンドンを席巻したが、医学や文学になんの影響も与えなかった、と言うのに等しい。(81)

天の半分は女たちが支えている

トルバドゥールの詩と並んで、カタリ派の基本的な組織と教義も、オクシタニア社会における女性の地位向上に影響を与えた。中世ヨーロッパでは一般に女性蔑視が甚だしかったが、カトリックは不平等解消のために何一つせず、女性が聖職に就くことも明確に禁じていた。一方、カタリ派は男女の魂を全く平等だと見なした。魂が閉じ込められてしまう物質である肉体は、偶然に男でも女でもありうるので、不平等に扱う意味はないと考えたのだ。

このため、カタリ派の完徳者には性別による制限はなく、男女どちらでもなることができたし、実際、女性の完徳者も多かった。この危険な時代にあって、布教の旅をする女性完徳者は男性ほど多くなかったが（82）、身の安全というもっともな理由があったからだ。また、カタリ派は単純で維持が楽な上下関係の薄い組織で活動し、上に立つ「司教」や「助祭」の数も少なく、その中に女性は見当たらなかった。とはいえ、女性完徳者が大いに敬われ、共同体の中で強い影響力を振るっていたのは間違いなく（83）、「地元の小貴族や職人階級の子女や寡婦」向けに施設を開くこともよくあった（84）。

実際のところ、オクシタニアで活動した完徳者は、常に男性が女性より多かったと考えられている（おそらく六対四ぐらいの割合）。だが、これは方針ではなく個人の選択の結果であり、また帰依者は女性のほうが多かったので、バランスはとれていた（85）。

つまりカタリ派ではカトリック教会とは対照的に、女性の地位が高く、その役割は重要だと認められていた。こうした女性の解放も、一二世紀のオクシタニアで起こった思想や人間の潜在能力の「大いなる目覚め」に一役買ったのは間違いないだろう。

革命と新たな世界秩序

ここで強調しておきたいのは、カタリ派は霊的な知識を呼び覚ます仕組みであり、あらゆる意味で宗教だったが、それだけではなかったことだ。

既に見たとおり、カタリ派には社会運動の側面もあった。カタリ派はこの意味で、人間の潜在能力をフルに活かすためには「女性解放」が欠かせないという近代の認識を数世紀も先取りしていた。また、どの魂も同じ苦境に置かれている、したがって、それがたまたま閉じ込められている肉体の性別や人種や宗教が何であろうが、基本的には意味がないという教義は、自然と、オクシタニア社会の快活で自由な気風、寛容な精神、国際性、民主主義的傾向につながった。

カタリ派はまた、反物質主義の総合哲学でもあった。すべての信者は、現世で前進する方法として、二種類の分かりやすい道のどちらかを選べた。「高い」道と「低い」道だ。高い道とは、俗世を捨てて独り瞑想し、意志の力で肉体的な要求や執着、欲望を抑え込む完徳者の道だ。低い道とは、一生俗世で暮らし、臨終の床で救慰礼を受ける帰依者の道だ。カタリ派の人々は、物質という罠から魂を解放するという大仕事を現世で確実に進めたいと願ったが、その目標を達成するにはまだ何回も物質世界に戻るかもしれないことも理解していた。

この哲学がもっと広がり、カトリック教会を抑えてヨーロッパ全土を勢力下に収めていたら、長期的に見て、政治経済にどのような影響を及ぼしただろう？　素朴な理屈で考えれば、一九世紀から二〇世紀にかけて人間社会を支配した二大政治経済体制である資本主義と共産主義は、どちらも存在しなかった可能性が高い。両者とも物質主義に根差した体制であり、世界の富をどのように集めて分配するかという方法が異なるに過ぎない。カタリ派の関心はそれとは全く別のところにあり、物質という罠を毛嫌いしたことから考えても、「生産」や生産手段の「所有」、大衆の利用や搾取といったものは、全く違う歴史をたどっていたのではないだろうか。

一二世紀のオクシタニアでカタリ派が中世の封建的な経済秩序に干渉しはじめていた証拠がある。これは成人教育や、貧しい者や土地を持たない者に対する職業訓練のかたちで行われた。たとえば、技能を持った完徳者が工房を開き、革細工や紙漉き、織物交易などを教えた(86)。このような工房の目的の一つが、食いぶちを稼ぎつつ町から町へ布教の旅を続けることのできる宣教師の養成だったのは間違いない(既に述べたとおり、カタリ派が盛んな地域では、織工など織物業に携わる者が非常に多かった)。だが、こうした教育プログラムは職人階級の形成につながり、そのまま続けていたら、長期的には文字どおり革命的な影響をもたらした可能性もある。したがって、フランスの哲学者ヴォルテールが、教会の悪行や抑圧的な封建制度に対して立ち上がれと大衆を扇動した際、カタリ派弾圧の記憶を利用したのも不思議ではない(87)。ヴォルテールは一七七八年にフリーメイソンに入会したが、その思想は一七八九年のフランス革命の起爆剤の一つとなった。

完徳者の倫理システムのもう一つの中心的価値観は平和主義だった。断固とした非暴力は完徳者に要求される自制心の一部であり、肉体の下劣な本能や欲望をコントロールすることが求められた。異端審問の際、カタリ派でないことを証明するために動物を殺せと言われ、それがニワトリ一羽であっても、火あぶりになるほうを選んだ完徳者の話がいくつも残っている（88）。だが、己の命や死の苦痛には明らかに無頓着だった完徳者も「人生の現実そのものは絶対的に尊重した。また救済の道を歩む魂の運命への、人間の意図的な（カタリ派はこれを、邪悪で気まぐれと見なした）暴力による干渉を許さなかった」（89）。

同じ理屈から完徳者が、死刑に断固反対した理由がわかるだろう。どんな大罪を犯した者でも殺してはいけないという。また、軽い罪を犯した者に対しては、刑罰ではなく、よい市民となるよう教育を受けさせるべきだと主張した（90）。このような進歩的な教義は、当然ながら、カトリック教会からは言語道断だと非難された（91）。

物議を醸したことは、まだあった。カタリ派が当時の風潮とカトリックの教えに逆らって、十字軍の提唱者たちは「人殺し」だと耳障りな主張をしたことだ（92）。もしカタリ派がオクシタニアでと同じペースで改宗者を増やし続け、（十字軍の手で）滅亡に追いやられていなかったら、どんな結果になっていただろう？　中世の国際情勢は一変し、その後の世界の歴史は非常にいい方向へ進んだ可能性が高いのではないだろうか。

抵抗

だが世界は仮定ではなく現実で成り立っており、カタリ派は勝たなかった。彼らはすべてを失った。

土地も、文化も、自由も、生命も、血に染まった戦慄の中、アルビジョワ十字軍によって奪われた。アルビジョワ十字軍は一二〇九年から一二四四年にかけてオクシタニアを蹂躙した（93）。この三五年間、オクシタニアではほぼ絶え間なく戦争が続いた。それは包囲戦と火あぶりと大量虐殺の情け容赦ない戦いだった。三五年もの間、教皇の軍勢に抵抗したという事実からわかるとおり、「いかなる人間にも暴力をふるわない」「愛の教会」（94）に属するベジタリアンの平和主義者たちは、攻撃を受けて素直に降伏したわけではない。彼らは抵抗した……あらゆる手段を尽くして。

カタリ派のパラドックスは他にもある。カタリ派の教義はセックスを嫌悪したが（転生のたびに魂を閉じ込める肉体という罠の供給源だから）、だからといってカタリ派全盛期のオクシタニアで性行動が変化したということはない。それどころかカタリ派の家族は子だくさんで、オクシタニアの人口は急増した。一見理屈に合わない現象だが、この謎を解く鍵は、信徒が守るべき行動規範が帰依者と完徳者では大きく違っていた点にある。同じカタリ派信者であっても、前者は完徳者ほど厳しい戒律を守る必要はなかった。

一般信徒の帰依者は自由に結婚し、子供も作り、好きなように肉も食べた。同じ理由で、平和主義の帰依者が迫害に抵抗し、武器を取って国や信仰を守ることも自由だった。そのために、「他の魂の運命に暴力で干渉」することになってもしかたがなかった。完徳者は決して騒ぎに加わらず、敵と直接戦う役は帰依者に任せた。だが証拠によると、カトリック側の無慈悲で不当な攻撃と、カタリ派に対する残虐行為が増える状況に直面し、完徳者ですら、絶対的平和主義と非暴力の哲学を限定する理由を見いだしている。この世は悪神の創造物であり、物質世界は完全に悪神の手中にある。ということは、カタリ派の善男善女を抹殺するために、外見は人間だが魂を持たない純粋に邪悪な生きものを創りだすことも可能だろう。十字軍や異端審問官の中にはそんな邪悪な生き物が山ほどおり、これと戦うのは罪ではないというわけだ(95)。

古代の敵

というわけで、アルビジョワ十字軍の凶暴な攻撃から身を守るうち、カタリ派は自分たちの教義の正しさが証明されたと感じるようになった。カトリック教会は悪神の手先であり、悪神は物質世界を創造し、そこを苦悩と恐怖、苦痛と悲嘆の場所にして君臨している。現にオクシタニアで毎日起こっていること……繰り返される一般市民の虐殺、異端審問による拷問や密告の奨励、とどまるところを知らないカタリ派信者の集団殺害が、動かぬ証拠ではないか。

もちろん、十字軍の規模や獰猛さ、その徹底ぶりは、教会がそれだけカタリ派を恐れていたという証拠だ。私たちはすでに、オクシタニアの大貴族がカタリ派を軍事的に支援したことが、カトリック教会が危機意識を抱くきっかけになったことは知っていた。しかし、異端に関する当時の文献を読みあさるうちに、何か別の、しかしそれに劣らず重要な要因も働いていたことに気づかざるを得なかった。

というのも、この時の教会の反応は前代未聞であり、カトリックは明らかにカタリ派を、古くからの不倶戴天の敵と見なしていた。カタリ派をたびたび「マニ教徒」と、何世紀も前に殲滅したはずの異端の名で呼んだのはそのためだ。当のカタリ派は、「マニ教徒」だとはまったく思っておらず、カタリ派の宗教は、太古から「善人から善人へと受け継がれてきた」ものだ、と主張した。彼らによれば、カタリ派こそ真の信仰であり、キリスト教初期にカトリック教会がその地位を不当に奪ったのだという。

今日、中世を専門とする学者のほとんどは、カタリ派はそれまで存在しなかった新しい現象で、時代の産物だったと考えている。だが当事者であるカトリックとカタリ派は、どちらもそうは考えていなかった。彼らは、人類の未来に深遠な結果を残す、古代からの戦いの新たな一幕に巻き込まれた、と信じていたのだ。

第二章

善と悪が出会う場所

ルシファー（魔王）に騙されて、天国から落ちた者たちもいた……ルシファーはこう言って誘いをかけた。神はお前たちに善しか許さないが、私なら（芯まで嘘つきなので）善と悪の両方を楽しませてやれる。お前たちを心から愛する妻も与えよう。お前たちは互いに力を振るい、王侯や皇帝になる者もいるだろう。鳥で鳥を、獣で獣を狩ることも覚えるだろう。

（カタリ派の祈りの言葉）（1）

ここまではカタリ派を、まるで孤立した異端のように扱ってきた。もちろん、それは事実とは違う。彼らがカトリック教会にとって大きな脅威となったのは、オクシタニアや北イタリアという、ローマに近い地域で成功したためだ。だが実のところ彼らは、ヨーロッパ全土の正統派キリスト教会を脅かす、もっと大きな異端の一部だった。

つまり、西のローマカトリックだけでなく、コンスタンティノープル（古代のビザンティウム、現イスタンブール）に本拠を置いた東方正教会を脅かす異端が存在したのだ。

カトリックと東方正教会の不和は何世紀も前から深まり、一〇五四年に正式に分裂した。この頃すでに、コンスタンティノープルの大司教（旧称）は「エキュメニカル総主教」、つまり「人間の住む

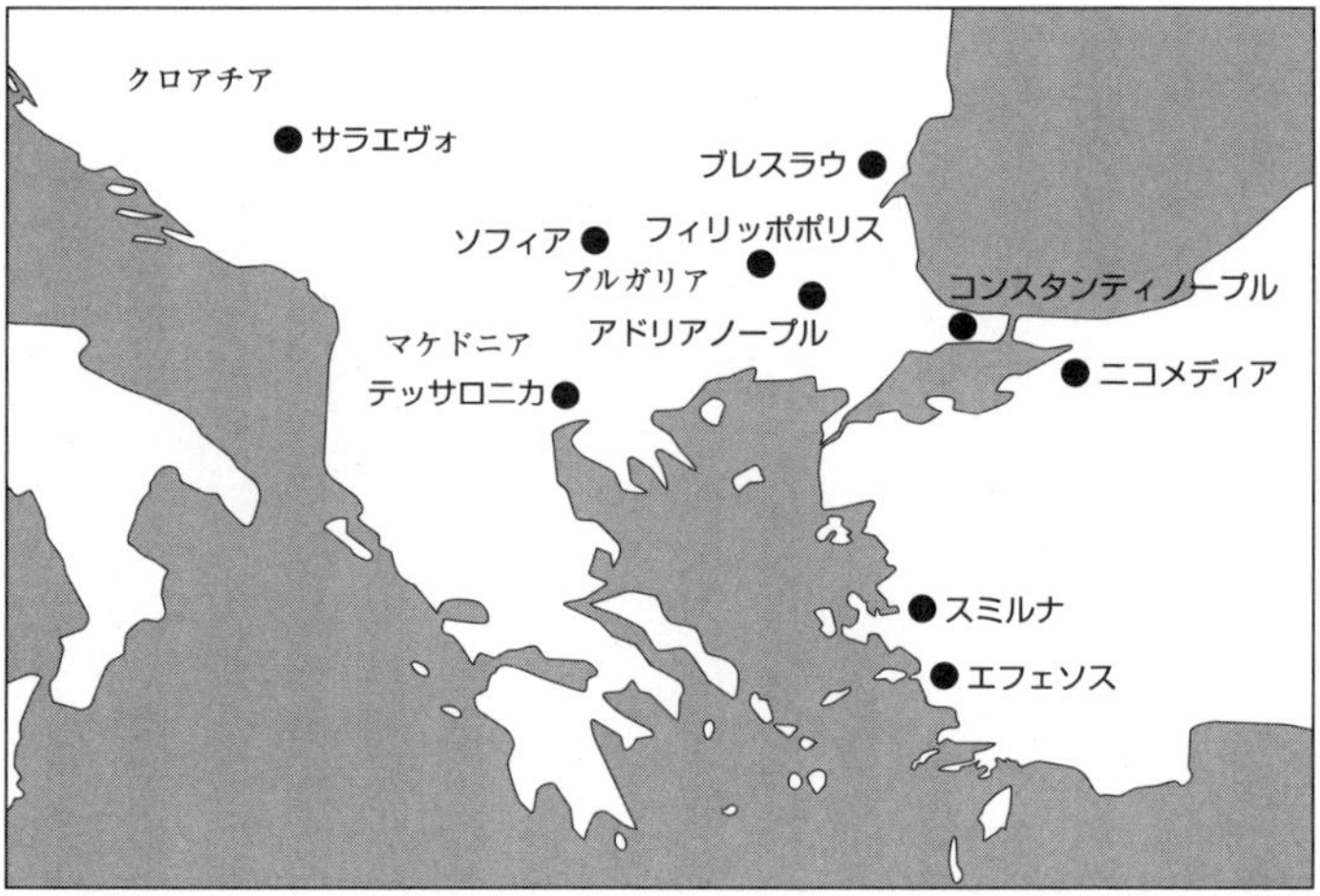

一〇～一四世紀のバルカン諸国

全世界の総主教」を名乗るのが長年の習慣になっていた（2）。これは教会の頂点に立つと自認する教皇への挑戦と受け取られ、お互いに強い敵意を抱くことになった。だが異端に関しては、両者の心は一つであり、根絶しなければならないと思っていた（3）。一二世紀から一三世紀に西のローマが異端カタリ派と対決していたとき、東のコンスタンティノープル総主教もまた、「ボゴミール派」として知られる異端に立ち向かっていた。「ボゴミール派」は一〇世紀から広がりはじめ、一四世紀末まで生き残った異端である。

「ボゴミール派」の名称は、創始者とされる人物に由来する。彼の名前はギリシャ語でテオフィロス、スラヴ語でボゴミールと呼ばれ、ともに「神に愛された者」という意味だ（4）。一〇世紀前半のブルガリアで活躍したこの謎の人物が説いた二元論は、細部に至るまで、後にカタリ派という名で西ヨーロッパに登場する宗派と同じだった。ボゴミールは宗教の説教家であると同時に、政治的反乱の首謀者としても記憶されている。迫害されたスラヴ民族に声を与え、彼らを扇動してギリシャ化したブルガリア人領主に忠誠を誓うことや、働くことをやめさせたのだ(5)。

東の異端ボゴミール派は西のカタリ派より三世紀長く持ちこたえたが、ボゴミール本人についての信頼できる情報はほとんどない。同時代の史料で彼に触れたものは皆無で、いつ、どこで生まれ死んだのか、誰に教えを受けたか、どの程度広い範囲で活動したかも全くわかっていない(6)。現存する史料に彼の名が初めて登場するのは、九七七年から九九〇年の間に書かれた一冊の書物だ(8)(ボゴミール派についての言及はこれ以前にもある(7))。敵対的なキリスト教修道士コズマによる小冊子には「正教徒の皇帝ペータル(九二七~九六九年)の時代に…ボゴミール(神に愛された者)と呼ばれる司祭がいた。実のところ彼は「神に愛されない者」で、ブルガリアの地に異端の最初の種をまいた」(9)と書かれている。ボゴミール本人に関する情報はこれしかないが、この本はボゴミールが創立した宗派を糾弾するために書かれている。コズマの目的は、正教会の関心をこの脅威に向けさせ、このような異端の蔓延を許した教会当局の怠慢を叱責することにあった(10)。

権力の源泉に迫る

ペータル帝が亡くなった九六九年以降、ボゴミール派はブルガリアから急速に西進し、バルカン半島のセルビア公国・ボスニア公国に広がった(ボスニアでは特に盛んになり、たびたび国教とされ

の主な教義だけでなく、コンスタンティノープルの組織や信者の顔触れといった、知られてはまずい

て話をする中で、皇帝は不運なバシレイオスから何もかも聞き出した。バシレイオスはボゴミール派

のが人情だ。バシレイオスは、コムネノスをボゴミール派に改宗させる試みに着手した。何度も会っ

て、皇帝はさりげなくキリスト教についての教えを請うた。こんな千載一遇のチャンスは見逃せない

　そこでコムネノスはバシレイオスに罠を仕掛けた。彼を人望厚い正教会の僧と思い込んだふりをし

ボゴミール派の伝道師を務めているとのことだった（15）。

バシレイオスは正体を隠してコンスタンティノープルの修道院で暮らしていたが、四〇年以上前から

部の情報を聞き出すための拷問を受けた。ここからマケドニア出身の背教僧バシレイオスが浮かんだ。

〇四年の間に、アレクシオス一世の命でディブラトゥスというボゴミール派信徒が逮捕され、教団幹

八年）もこの異端に対し、さらに厳しい態度で望んだ。正確な日付は不明だが、一〇九七年から一一

（一〇七五〜一〇八一年）だった（14）。その後継者アレクシオス一世コムネノス（一〇八一〜一一一

　コンスタンティノープルのボゴミール派に対して断固たる行動を取った最初の皇帝はコスマス一世

発見したと述べている（13）。

プトスのエウテュミオスという修道士の手紙の中に見られるのだが、彼は修道院の中で異端の一派を

でボゴミール派の信仰が実践されていたことを示す最古の記録は一〇四五年にさかのぼる。ペリブレ

教会の総本山である大都市コンスタンティノープルにも達した（12）。コンスタンティノープル市内

た）（11）。同じように、クロアチア、ダルマチア、マケドニアでも影響力をもち、その勢力は東方正

情報まで打ち明けてしまった（16）。

こうしてバシレイオスは仲間もろとも逮捕された。当時の記録によれば、コムネノスは自ら彼らを説得し、正教会に立ち返らせようと試みた。信仰を捨てた者は許されて釈放されたが、拒んだ者は一生牢から出られなかった。このとき、極刑に処されたのはバシレイオスだけだった。西方の異端狩りで好んで使われた火あぶりの刑だ。大衆への見せしめとするため、コンスタンティノープル市内の競馬場に火刑台が用意された（17）。

現存するコンスタンティノープル関係の史料には、その後しばらくボゴミール派は登場しないが、一一四〇年代になると、異端裁判の報告がある（18）。一一四五年、何とコンスタンティノープルの総主教コスマス・アッティコスが、ニフォンというボゴミール派の男にたぶらかされてしまったのだ。驚いたことに、ニフォンが総主教の屋敷で寝起きを許されるに至って、他の聖職者たちは反対を始めた。最終的には皇帝マヌエル一世（後に「ボゴミール派的な傾向」を隠していると噂された）に直接苦情を申し立てた。一一四七年、コスマスは退位させられ、ニフォンは逮捕された（19）。一二世紀半ば、つまり西欧でカタリ派が初めて認知された時期のこのエピソードは、ボゴミール派が無名の司祭が始めた新興宗教から、東方正教会の権力の根源に近づけるほどのメジャーな宗教に成長したことを物語る。

異端教皇《パパ》ニケタス

躍動する大きな宗教が姿を見せ、みるみる自信を深め、組織を確立しつつあるという感触は、二〇年後の一一六七年にさらに強まった。この年、ニケタスというコンスタンティノープルのボゴミール派の高位の聖職者が突然、西欧に姿を現したのだ。ニケタスはまず北イタリアのロンバルディアへ行き、そこで地元のカタリ派の司祭らに重要な教義変更を承諾させ、改めて救慰礼を授けた(20)。次に向かったのはラングドックだった。

オクシタニアのカタリ派幹部はトゥールーズ近郊のサン・フェリクス・ド・カラマンという小さな町に集まり、ニケタスの到着を待っていた。彼の指導のもとで、既存の司教区の境界線争いなどといった雑事が解決され、トゥールーズ、カルカソンヌ、アジャンの三つの小教区が新設された(21)。だがニケタスの最大の目的は、ロンバルディアのときと同じように、カタリ派に重要な教義変更を促し、既に確立していたことが明らかなカタリ派とボゴミール派との絆をさらに固めることだったらしい(22)。カタリ派はニケタスにきわめて高い敬意を払い、出席した完徳者全員が改めて救慰礼を受けている。このことは明らかに、ボゴミール派とカタリ派が先輩と後輩、あるいは父と子の関係にあったことを物語る。別の言い方をすれば、一一六七年のカタリ派は明らかに、ボゴミール派を「本家」と見ており、忠誠を誓っていた。

この結論は、現代の歴史家からも支持されており、西欧のカタリ派は実はボゴミール派の直接の子孫だったという、説得力ある証拠も集まっている（23）。地理的には北イタリアのほうがコンスタンティノープルに近いのだが、この異端は先にフランス北部やドイツに伝わったようだ（一一四三年に早くもケルンで裁判にかけられたカタリ派の司教がいた記録が残っている）（24）。それがいつ、どんな経路でラングドックに伝わったかは不明だが、一一六七年の時点で既に複数の大教区が存在し、境界争いまで起きていたのだから、かなり前から存在していたのは間違いない。

だが、西欧のカタリ派の教義には何らかの欠陥があったので、「教皇」ニケタスはそれを修正させたのだろう。これによってカタリ派は、ボゴミール派の中でも特に、善と悪の「二大勢力」の絶対的対立を信じるニケタスの強力な教派と、足並みを揃えることになった（25）。ボゴミール派にはほかに、これほど極端ではない二元論を唱える教派もあり、多くのカタリ派も一一六七年以前はそちらを信じていた。これは「穏健二元論」と呼ばれ、善の神と悪の神の間には何らかのつながり、あるいは血縁関係があるとするもので、絶対二元論者には受け入れられない考えだった。

ニケタス訪問のもう一つの目的は、オクシタニアを足がかりにして、布教活動をヨーロッパ全土に広げることだった。一一六七年のこの会合の参加者は、活気と期待感に満ちて会場を後にしたという証拠も残っている（26）。

社会改革

ニケタスが去って数十年たった一二世紀の終わり、カタリ派とボゴミール派が一緒になって用意周到な陰謀を企てているかのように見え始めた(27)。この陰謀の目的はこの上なく革命的だった。ローマカトリック教会と東方正教会に立ち向かい、最終的にはこれを倒す、というものだ。現世を創造した悪の神を崇拝するのは愚かなことだから、やめさせなくてはいけない。一度にではなく、都市から都市へ、地方から地方へ、ゆっくりと切り崩していけばよい。カタリ派・ボゴミール派という二元論の真の宗教が、浸透していくのだ。このプロジェクトの根本的な目的は、全人類の魂を物質という牢獄から解放し、魂を作った善の神の、神々しい領域へ返すことだ。そのためには、物質に対する姿勢を、当時の支配的な考え方から根本的に変えなくてはならない。そこで当然、社会構造の恒久的変革が必要になる。

一〇世紀の史料に初めて登場したときから、ボゴミール派は社会・経済・政治の転覆と関連づけられていた。「彼らは信者に対して、主人に服従するなと教える」と、僧コズマは、新しい異端の悪行を暴露した本の中で警告している。「彼らは金持ちを侮蔑し、皇帝を憎み、上に立つ者をあざけり、貴族を非難し、皇帝のために働く者は神の怒りに触れると信じ、農奴という農奴に対して、主人のために働いてはいけないと助言する」(28)。

このような史料を突きつけられれば、多くの歴史学者がボゴミール派を「根本は……抑圧的な封建制度に対する社会運動」(29)だったと判断するのも不思議ではない。一方、これに賛同せず、「ボゴミール派の社会的無政府主義をあまりにも重要視し、彼らを中世スラヴの共産主義者と見るのは控えるべきだ」と主張する人々もいる(30)。私たちは、どちらの見方も正しくないと思う。ボゴミール派は初期の共産主義者でも、それに類するものでもなかった。共産主義は、物質主義者の倫理であり、物質的な世界にしか関心がないのだ。

「根本は」社会運動だったというのも間違いだ。カタリ派と全く同じで、ボゴミール派の宗教は始めから終わりまで霊的な運動で、その関心は魂の解放だけに向けられていた。その十分な証拠もある。この物質世界でボゴミール派が革命的な行動をとるようになったのは、霊的な目的を効率的に追求した結果だった。通常の「社会運動」の性格とはまったく異なる。追求の結果、現世の階級制度に対して批判的な態度をとり、知的反抗の新たな雰囲気を醸し出したのだ。

二元論の異端と「社会改革」の同時進行という現象は、ヨーロッパの他の地域でも見られた。前章で述べたとおり、オクシタニアやフランスではカタリ派が、技術を身に付けた職人階級の教育にいそしんだ。それは特に織工をはじめ、布や紙に関係した業界だった。こうした職業訓練を通じて貧困層の生活が向上し、それと足並みを揃えてカタリ派が普及した。したがって、イタリアの研究者がカタリ派と財布作りの間に深い関連があった証拠を発見しても、別に驚くことではない。財布作りという職業はカタリ派の伝道師にとって機織りと同じく、正体を隠して旅をし「商品を作って売りながら、同時に異端の教えを広める」ための絶好の隠れみのだったからだ(31)。

この戦略からわかるとおり、現世を好まないと公言する二元論者も、主流派のキリスト教徒を改宗させるためなら、世俗的で「庶民的な」方法をとることも躊躇しなかった。一三世紀始めにイタリアのカタリ派の間を旅したナルボンヌのイヴォは、彼らが慣例のように「ロンバルディアのほぼ全都市とトスカーナの都市の一部から優秀な学生を選んでパリに送っている」と報告している。「ある者は論理学、ある者は神学を学んだ。これは己の過ちを克服し、カトリック信仰を倒すためだった」(32)

このような計算や戦略は、カタリ派の霊的な目的と、調和しないと思われるかもしれない。だが彼らが、人間の魂をめぐる根本的な、時には文字通り命懸けの闘争をしていると信じていたことを思えば、違和感が減る。カトリック教会がカタリ派の光を永遠に消し去れば、人間の魂も永遠に道に迷うことになる。極悪非道な悪魔の手先との重大な戦いであり、敵はあまりにも悪魔的だ。そうなると、公平であろうと汚かろうと、敵を倒すすべての手段が正当化される。

異端の学校

カタリ派とボゴミール派が、社会運動だけでなく、主流のキリスト教を転覆する陰謀を一緒になって進めていた証拠が、彼らの布教方法の研究から見つかっている。両派の現場の伝道師たちは、同じ手順を、同じ順序で実行しているが、これは同じ訓練を受けたからに違いない。これを見ても、彼らは霊的な人々というより、地に足のついた、抜け目ない戦略家という印象を受ける。

彼らは心理学の基本も心得えていたようだ。伝道師たちは、まず受け入れやすい一般的な話から始め、非常にゆっくりと普通の人にはショッキングな異端の内容へと移行していった(33)。エウテミュオス・ジガベヌスは、コンスタンティノープルの競馬場で処刑を待つバシレイオスを尋問した際に、ボゴミール派では、まず正教会と共通する教義や儀式を信者に教えることを知った。「むかつくような教義は後まで取っておき、不信心の度合いが深まってから奥義として明かす」(34)。つまり狙いは、改宗候補者を元の信仰からできるだけ遠ざけることであり、二元論に転向させるのはその後になる。

ボゴミール派とカタリ派の両派の伝道師が使ったもう一つのテクニックは、人々の常識的な懐疑心を利用して、カトリックの大げさな儀式の神秘性を取り除くことだった。それによってカトリックの宗教体系そのものへの疑問が生まれる。標的として好まれたのはミサだ。カタリ派は教会へ行く人々に、カトリックのミサで行うことを一つずつ、よく考えてみてほしいという。たとえば聖体拝領で、信者にぶどう酒とパンが分け与えられる。カトリックの司祭はこれをキリストの血と肉そのものだと教えるが、そんなことがありうるだろうか？ 理屈にも合わないし、ばかげているのではないか？ これまでに存在したカトリック信者全員が、何百年にもわたってミサの度に聖体拝領で飲食しているのだ。信者が消費していたものが真にキリストの血と肉なら、キリストはあきれるほどの大男だったはずだ。少なくとも山のような体格に川のような血管が走っていたはずだ。だがもちろん、そんなことはない。

さらにカタリ派の伝道師は、別の方向からも問題を指摘した。彼らは消化の過程とその結果生まれる不愉快なものを、たびたび思い起こさせた。神を愛するまともな人間が、神の血や肉を、体内の腸を通過させたいなどと思うだろうか(35)？ こんな奇怪なしきたりを強制するとは、いったいどんな宗教なのだ。率直に言うと、人肉を食えということではないか？ したがって、論理、理性、良識から見て、カトリック教会が基本的に間違っていると納得させてから、折を見て、キリストは肉体を持たない存在だったというような、より「デリケートな」カタリ派の教義を持ち出したのだ。

改宗への次のステップとして、伝道師はしばしば具体例を挙げて、主流の教会が真理の道からどれほど外れてしまったかを指摘した。好んで引き合いに出されたのは、聖職者が犯した罪の実例や派手な暮らしぶりだった。それらが、新約聖書がキリスト教徒に勧めている素朴で慎みのある地味な生活と、生き生きと比較された。こうして明らかにされた重大な矛盾を熟慮した聴衆の中のまっとうな市民は、それ以上何も言われなくても、カトリック教会の芯が腐っていることを確信したのだ。

同じように、改宗への過程がさらに進むと、物質の創造は悪の性質を持つという二元論の教義を紹介するが、誰でも簡単に理解できる多くの実際的な例を描写する方法がとられた。地震、あるいは火山噴火や落雷や蛇など、物質世界にはびこる多くの害悪が例として挙げられた(36)。ここでも新約聖書は頻繁に引用されたが、今回はキリストや使徒の真の教えが、物質を否定する二元論を肯定していることを示すためだった。(37)。

きわめて親カトリック的な現代の研究者マルコム・ランバートは、こうした効果をあげるために、異端者たちは引用文を不当に改竄《かいざん》し、「文脈をねじ曲げ」、二元論的なメッセージを強調したと主張する(38)。結果的に改宗に絶大な効果を発揮したのは、二元論の説教を聞くごく普通の素朴な聴衆たちが、「キリスト教の始祖やその弟子たちのことばに基づく訓戒を、正しい人々から」受けたと確信したからだった(39)。

したがって、カタリ派とボゴミール派がそれぞれの勢力圏で長期にわたって大成功を収めたのも無理はない。一二世紀末の時点で両者が力を合わせて作り上げたものは、スティーヴン・ランシマンの言葉を借りれば、「黒海からビスケー湾（フランスとスペインの間の湾）にまで広がる、二元論の偉大な連合教会」だった（40）。その核は、東のコンスタンティノープルから西のトゥールーズまで、人口が多く影響力の強い地域に置かれた一六の司教区だった（41）。異端両派の改宗活動は社会の底辺から徐々に上へと進められた。そこで、都市だけでなく農村部でも力を持っていた両派は、一三世紀に入ると、ヨーロッパにおいて驚くほど強大な地位を占めるようになった。ボゴミールが最初にブルガリアで善の神と悪の神の教義を説きはじめてから、まだ二五〇年と経っていない。だが、この短期間に国際的な基盤を築きあげ、大衆の支持を十分に獲得した彼らは、中世の二元論が「確立された」宗教だと考えはじめた。そして、主流の教会に対抗し、これに勝る「普遍性と国家の枠を超えた統一性」を持っていると宣言しはじめたのだ（42）。

ドリアン・グレイの肖像

すべての学者が認めるように、ボゴミール派は「ブルガリアのカタリ派」（43）であり、より正確には「カタリ派の起源は、ボゴミール派の西欧版」（44）だ。では、この汎ヨーロッパ的異端の核となる、もっとも重要な教義は何だったのだろう。

既に見たとおり根底にある信念は二元論だ。つまり善の神と悪の神という二人の神の存在を信じている。悪の神は、地球や人類やすべての物質の創造者だと描かれている。二元論者はこの考えを基に、善の神からの流出《エマナティオ》であったキリストは「肉体を備えた」存在ではあり得ない、という結論に達した。定義から言って、肉体は悪だからだ。同じように、キリストが生まれ、十字架にかけられたこともない。両方とも肉体を必要とするからだ。したがって、十字架の上で死ぬことによってわれわれの罪を贖《あがな》うことも、あり得ない。

読者もすでに慣れた概念だと思うが、ボゴミール派やカタリ派は、肉体を持たないキリストによって聖霊が地上にもたらされ、その後ずっと、救慰礼と按手［頭に手を置くこと］によって、善人から善人へと伝えられてきたと信じている。この儀式は両派に共通で、どちらの場合も初心者に神聖な知識《グノーシス》を授け、熟達者の階級に引き上げるという参入儀礼《イニシエーション》として機能していた(45)。

こうした信仰や行為だけを見ても、主流のキリスト教とボゴミール派・カタリ派の大きな違いがよくわかる。だが、違いはほかにもたくさんあった。それは、この異端が真にグノーシス的で、権威主義を嫌う性格を持っていたことを考えれば当然だろう。初期のすべてのグノーシス派のように、ボゴミール派・カタリ派も、決められた教義よりも、個人が受ける啓示の力を大切にした。その結果、両派の信者は重要な事柄について豊かな思索を巡らすことになり、それがこの宗教の活力の一部となった。それらは、悪の起源、善の本質、魂の不滅、魂が汚れた地上に繰り返し人間として生まれてくる理由、といったことだった。個人の創造性や自由な表現が奨励されたことは、教派内での大きな分裂につながった。いわゆる「絶対二元論派」と「穏健二元論派」の対立で、それぞれがさらに細かな分派に分かれていた。こうした分派は改宗者の数を競いあったようだが、「意見が異なり、相いれなかったが」(46)、お互いに相手を認め、寛容の精神で共存していた(47)。

このようにボゴミール派・カタリ派の内部は知的な無秩序状態にあったが、それでも全部あるいは大半の信者が同意する根本理念を確認できる。そして、それを主流のキリスト教の根本理念と比べてみたとき、この両者はお互いにとって、歪んだ鏡に映った己の姿なのではないかという奇妙な感覚をぬぐうことができなかった。まるでドリアン・グレイと屋根裏に隠された彼の肖像画のようだ。同じものでありながら正反対で、近くにありながら遠く隔たっている。

魂の遍歴

両者が共に深い関心を抱き、それでいて全く異なる扱い方をしたのは、魂の起源とその究極的な宿命、および魂と人間の体の関係だった。

主流のキリスト教の教えはきわめて明快だ。「魂は一つ一つ、新たに神に創られて、それぞれ決められた肉体に吹き込まれる」(48)。死ねば魂は肉体を離れるが、永遠にそのままというわけではない。キリストの再臨によって死者が復活するとき、魂と肉体は再び一つに結ばれるからだ。このとき「死者の魂は生きた肉体に戻され、救われた者はこの新たな姿で天の生活を始める」(49)。これはキリスト教教義の「根幹をなす要素」の一つとされ、中世の神学者の間では、「復活は、死んだ肉体の粒子を集め、再び活力を与えることでなされる」という意見が支配的だった(50)。

カタリ派やボゴミール派はもちろん、肉体の復活を信じなかった。彼らにしてみれば、それは全く非現実的で、かなり不気味な考えだった。彼らにとって大切なのは魂だけだ。魂は永遠に死ぬことのない非物質的な知性であり、受胎の瞬間に人間の肉体に入り込み、その後は死ぬまでその肉体を「衣」のようにまとっている(51)。カタリ派・ボゴミール派にとって魂は、完成を目指して壮大な旅をするタイム・トラベラーだった。彼らの見方では、最後の審判の日になると朽ち果てた死体が何十億も一斉に起き上がる、などということは起こらない。個々の魂は目標に達するまで、毎回違う肉体に何度も生まれ変わる。肉体は、人間のこともあれば動物のこともある(52)。仏教によく似ており、目的は物事に捕らわれない、純粋で、自己制御のできる高い領域に達することだ。その域には人間の形でないと到達できない(53)。そこまで行けば物質世界に囚われている魂は永久に解放されると信じていた。そのためには厳しい禁欲と瞑想の一生を、おそらく何回も送らなくてはならない。また、禁欲は絶対条件ではあるが、既に述べたように、それだけでは足りない。魂を解放するためには、救慰礼の中で按手を通じて聖霊の力を受け取ることが必要だった。

したがって二元論の世界では、死後の魂の運命は、肉体が生きていたときに転生した魂が何をしたかで決まってくる。

●もし魂が、現世あるいは前世までの努力によって、カタリ派やボゴミール派の完徳者になる人間の肉体に生まれ、その完徳者が救慰礼を受けて、その効力が保たれた状態で死ぬと、その魂の地上における捕囚期間は終わる。魂は物質という罠から解放され、天の最も遠く、最も高い場所にある真のわが家に帰ることができる。そこは善の神が支配する純粋な霊の世界だ。

●一方、魂がカタリ派やボゴミール派の教えと出会う機会がない肉体に転生し、救慰礼を受ける機会もなかったら、その魂はまた別の肉体に宿って生まれてくる。「神の理解」に至るまで、それが何度も繰り返される(54)。

「カルマ(業)」という教義は、現在まで伝わってきている断片的な二元論の教えには出てこない。それでも、善行と禁欲は魂の向上のために望ましく、逆に悪行と不摂生の一生を過ごせば、深刻な結果が待っている、と考えられていたのは明らかだ。「カルマによる」罰は、たとえば劣悪な環境に生まれたり、ひどいときには動物として生まれることになる。口もきけず理性もない動物の体に閉じ込められてしまえば、なおのこと魂の向上は望めない(55)。

エホバ(またの名は悪魔)と旧約聖書

カタリ派やボゴミール派にとっては、この地上も、知覚可能な宇宙にある物質もすべて、悪の神の創造物だった。彼らは善の神を崇拝したが、善の神は全く別の次元に存在し、悪魔の遊び場である地上には直接の影響力を持たないと理解していた。

これとは対照的に、主流のキリスト教徒にとって神は一人であり、全能にして普遍的な善の存在で、物質世界やその中の人間の肉体や魂を創造した。彼はまた、霊の国である天国を、物質の次元の外のどこか「上」のほうに造った。最後の審判の日が来ると、神に選ばれた者の魂は肉体に戻り、天国に送られることになる。それ以外の人間たち（全員が罪人）のためには周知のとおり、神がふさわしい地獄を用意している。

主流のキリスト教徒にとっての旧約聖書は、新約聖書と同じように啓示を受けて書かれた文書であり、重要な正典と見なされる(56)。ユダヤ教にも共通する旧約の「法」と、イエスがもたらした新約の法の連続性も重要視されている。同じように、ローマカトリックや正教会では、しばしば神を「父」、イエスを「子」と呼ぶが、ここでいう「父」とは旧約聖書の神ヤハウェ（エホバ）にほかならない。その後全く違う神になったとか、大きく変化したとか考える理由はまったくない。イエスは確かに「新たな契約（新約）」をもたらしたが、聖書を改めて読むまでもなく、今日のクリスチャンが教会で祈りを捧げる神は、今でもやはりエホバなのだ。

異端側もほぼ同じ筋書きを受け入れたが、解釈は根本的に違う。彼らにとって、エホバは崇拝の対象どころか、「悪魔《デビル》」や「サタン」や「魔王」と同義語だった。つまり、物質世界を創造した悪の神の別名なのだ。彼らはエホバをその行動から判断したが、それは周知のとおり、気まぐれで復讐心に燃え、暴力的で残酷だ。旧約聖書はこういったエホバの邪悪な行いを長々と、絶賛している。だからカタリ派やボゴミール派はこれを、救いようがないほど邪悪な文書、徹頭徹尾邪悪で、悪の神を喜ばせるために書かれたものだと見た。主流派のキリスト教徒のように、これを正典として受け入れるのは、完全に悪魔に屈するということだ。そこで彼らは生活の中から旧約聖書を追放し、旧約聖書の権威に基づく主張は受け入れなかった（57）。その分、新約聖書をよりどころとし、極端なケースでは、新約聖書の中でも特定少数の書のみを採用した場合もあった。

この意味で、彼らはキリスト教徒ではなく、新約聖書の教徒だったことになる。新約聖書のほかにも彼らが尊んだ文書はいくつもあるが、それは主流の教会が知らない、あるいは認めていないものだった。

泥の生きものと天国の穴

霊の世界と物質世界は全く別々で、お互いに相容れないものだというのが二元論の基本認識だ。それではなぜ善の神の創造物である完全に霊的な魂が、悪の神の作った人間の肉体に閉じ込められてしまったのだろう？

カタリ派やボゴミール派の伝道師はそうした疑問に対し、さまざまな神話を使ってわかりやすく、聞き手を引きつける答え方をしている（58）。神話は教理や教義とは異なるし、皆がそれを文字どおりに受け取ったと思うのはばかげている。こうした神話は教材として使われたたとえ話であり、肝心なのは、これを使って教師がさまざまな状況でいろいろな相手に語り、聞き手が自力で奥義を理解することが可能なことだった。

簡単に言うと、二元論の神話では、人間の心に善と悪が同居しているというパラドックスは、旧約聖書に書かれているように、悪の神エホバ／サタンが物質世界を創造したことに端を発している。一部の神話によれば、悪の神はこの成果に満足せず、陶工のように泥または粘土をこねて人間を作ろうと試みた（59）。だが、体は出来上がったものの、そこに生命の息吹である霊を込めることができない。生命の息吹は善の神のみがもつ能力だったからだ。そこで困った悪の神は……。

善良なる父に使いを送り、息を送ってほしいと頼んだ。人間に命が宿ったら共有物にしようと言ったのだ……神は善良なるがゆえにこれを承諾し、［エホバ／サタンが］形作ったものに命の息を吹き込んだ。すると人間はたちまち、生きた魂となり、見事な体つきをして、多くの美点に輝いた。（60）

民間伝承では、この同じ神話にちょっと面白い続きがある。一二四七年にトゥールーズの異端審問で、あるカタリ派信者が語ったとして記録に残っている。その報告によると、悪魔が最初の人間アダムの体を作り、神がそれに魂を与えた。すると「人間はすっくと立ち上がり、悪魔に向かって『私はお前のものではない』と言った」のだという（61）。

この話を聞いて頭に浮かぶのは、自己内部の善を認識し、肉体に由来する邪悪な物質的傾向を抑制することのできる、独立心の強い生きものだ。この「生きた魂」は生まれつき、善の神の国へ帰りたいという気持ちを抱いている。ところがすっかり物質に汚染されてしまったために、先に汚れを浄化しないと帰ることができない。さらに悪いことに、悪の神はアダムを共有するという約束を破り、人間を独占しようとした。悪魔にどんどん現世の深みに引きずり込まれたアダムは、霊的な起源を持つことも忘れてしまう。そこへ突然（このあたりの経緯はあいまいな場合もあるが）別の生きた魂イヴが登場する。彼女とアダムは悪魔によって、「肉の結合へと駆り立てられ、そのため彼らは完全に、物質の生きものになってしまった」(62)。神が二人に吹き込んだ生命の息＝霊は生殖行為を通じて子孫に受け継がれ、物質につなぎ止められた魂は、悪魔の世界である地上に繰り返し生まれてくることになった。

言わんとするところはほぼ同じだが、筋立てが異なる神話もある。こちらでは悪の神は最初から善の神と対立していたのではなく、もともとは善の神からの流出で、われわれの考える天国に住む天使のような存在だった。ところが彼は、キリスト教的宇宙論におけるサタンと同じく、自負心と傲慢と貪欲さによって道を誤り、天界を去ることを余儀なくされる。彼が天から落ちる瞬間、「神に創られ、その傍らで至福のうちに暮らしていた多くの魂」も一緒に落ちてしまった。「こうして落ちた、あるいは囚われた無数の天使たちが、人間の魂の尽きることのない供給源」なのだという(63)。

さらに別のバージョンでは、善の神と悪の神は性質こそ正反対だが対等な力を持つとされ、あるいは悪の神が善の神から流出した後に天から落ちたとされる。悪の神は物質世界を創造後、多数の天使をそそのかして天から連れ出したともいわれる。悪の神は天使たちに「財産や金や銀や妻」を約束する。天使たちは、「九日間の昼夜にわたって雨のように地上に降り注ぎ、サタンによって肉体に閉じ込められた」という(64)。

多くの話では、天界の天使の三分の一が（65）自らの「弱さ」ゆえに、このようにそそのかされて地上に降り、悪の神の用意したゾンビのような肉体に生命を与えることになった。一方、天使の数が急に減ったのに気づいた善の神は、あまりに大勢がいなくなったため天界に穴が開いたことを発見した。そこで、それ以上天使が落ちないよう、穴に片足を突っ込んで塞ぐと、既に下界に降りた者たちに、「とりあえず今しばらくは」（66）肉体に入ったまま地上に留まるようにと告げる。肉体のスペアは性的衝動によっていくらでも新たに供給される。悪魔としては、これと転生のサイクルを通じて、堕天使たちを永遠に人間の中に閉じ込めたと思い込んだ。しかし「とりあえず今しばらくは」という謎めいた言葉から、善の神はいずれ悪魔の邪魔をして迷子の魂を天界に連れ戻すつもりでいることがわかる（67）。

異質な神の領域における幻影《ホログラフ》としてのキリストの使命

二元論の思想では、善の神の力は霊の世界、悪の神の力は物質の世界にしか及ばないので、どちらも相手のなわばりで事を起すのは難しい。善の神が悪魔の邪魔をする計画を実行に移すのに長い時間がかかるのは、多分そのためだろう。カタリ派やボゴミール派の宇宙論はどれも「数千年」と言っている（68）。

善の神がこの計画を思いついたのは、囚われた天使の魂を気づかう気持ちからだった。天では聖霊に満たされていた彼らにとって、聖霊から引き離された地上での暮らしは「想像を絶する苦しみ」だった(69)。聖霊が放つ光も受けられず、あらゆる善との接触を断たれた魂は、本来の住み処を遠く離れた異次元から抜け出せない。カタリ派の祈りの言葉は彼らの悲嘆をこう表現している。「私たちはこの世界のものでなく、この世界は私たちのものではない。この異質な神の世界で死を迎えることになるのかと思うと恐ろしい」(70)。

それから祈りは問題の核心を突く。善の神の力はどうすれば悪の神のつかさどる物質世界に届き、そこに囚われている魂を救出することができるのか?

この問いに対する二元論者の答えは常に同じで、イエス・キリストだ。ただし彼らのキリストは、ローマカトリックや東方正教会が崇拝するキリストとはずいぶん違う。主流の教会でいうキリストは人間として生まれ、磔にされた後に生き返る「神の子」だ。一方、既に見たとおり、カタリ派やボゴミール派の信じるキリストは人間ではない。善の神からの流出であり、肉体という邪悪な物に宿って「生まれた」のでなく、われわれの住む物質の次元に現れた、リアルだが物理的には存在しない幻影だ。二元論者の考えを説明するのに、キリストを神の化身と考えればわかりやすいかもしれない。神に創造された物質的存在ではなく、神の発散あるいは放射あるいは道具であり「創造された世界に対処するため遣わされた」のだ(71)。

キリストは三つの使命を負っていた。

第一に、ある宗教を広めてグノーシス(知識)を伝えることだ。それによって人類の目からウロコが落ち、高位の奥義者は死の意味や存在の本質や魂の運命について洞察を得ることができる。

第二に、地上という名の地獄で転生を繰り返す間、仲良く、よりよく生きる方法を人間に教えることだ。物質によって汚れた魂を浄化し、天へ戻る準備を整えるのは長期戦になるが、社会制度や個人の努力という点で、より成功率の高いやり方と、そうでないやり方があるのは間違いない。たとえば、人間が愛・非暴力・親切・質素・寛容・慈悲の原則で生きることができるなら、誰にとってもそのほうが憎しみ・流血・残虐・奢侈・独断・復讐よりもよいに決まっている。悪の神はあらゆる機会を利用して人間に後者を勧め、その他にも可能な限りの邪悪な醜い行いを勧めるので、イエスの教えには、それに対抗するという目的がある。イエスは心象にすぎないけれども、彼が地上で送る完璧な「人生」は、他の者たちの手本となる。

幻影のキリストが負った第三の、そして最大の使命は、天の聖霊のかけらを地上に持って来ることだった。地上で浄化を済ませて完成した魂に光り輝く聖霊のかけらを与えてやれば、聖なるエネルギーがあふれ、その勢いで物質の束縛が断ち切れて、魂はついに天へ帰ることができる(72)。天上の聖霊からもらった火のついたたいまつで、地上の物質世界に置き去りにされた魂たちに、改めて火を灯すイメージを思い浮かべればいいいかもしれない。

イエスは十字架上で死んだふりをする前に、救慰礼の原型である按手を通じてこの霊の炎を使徒に伝え、それが原始教会（キリスト教の最初の教会）に伝わったと、カタリ派やボゴミール派は信じている。

パラレルワールドへの短い寄り道

何年も前から、私たちの長期調査の関心は宗教にあった。とくに「天と地」「空と陸」「上と下」といった二元性を重視する宗教だ。これまでの著書で、このような宗教は古代世界で非常に栄え、その代表例が古代エジプトだと述べてきた(73)。たとえば三五〇〇年前の葬礼文書(もっと古い例もある)は、ファラオに指示して「デュアトの隠された円」と呼ばれる空の一角を地上に複製し、知識(グノーシス)を得ろという(74)。そうすれば、ファラオは死後に「霊」となり、「天でも地でも、確実に、常に、そして永遠に、用意の整った状態となる」(75)。

この文章の出典は『デュアトにあるものの書』の第一一章だ(トトメス三世(紀元前一四七九〜一四二五年)の墓所の壁に書かれている)。同書の第一二章で、ファラオは再び、デュアトの隠された円を地上に複製せよ、と指示されている。そうすればそれが「天でも地でも、魔法の防具として働くだろう」(76)という。

こうした天と地の二元性は、古代エジプトの宗教の主要な要素であり、古王朝の初期からキリストの時代まで少なくとも三〇〇〇年間続いてきたと、私たちは主張してきた。そしてこの宗教が、歴代のファラオを大規模な土木工事に駆り立てたことを示してきた。それらはギザの大ピラミッド群やカルナックやルクソールの神殿だ。これらは、それぞれの方法で、天界の完璧さをエジプトの地に「複製」あるいは「再現」しようとしていた(77)。

そこで、現存するオクシタニアやイタリア、コンスタンティノープルのテキストや伝承、異端審問の記録の中に、カタリ派やボゴミール派が唱えた有名な「霊と物質」「善と悪」という二元論に関する大量の記述に混じって、明らかに「古代エジプト的な」天と地という二元論も含まれていることを知ったとき、非常に興味をそそられた。

たとえば一一〇〇年ごろ、コンスタンティノープルでボゴミール派の宣教師バシレイオスを尋問したエウテュミオス・ジガベヌスは、「堕天使の神話」の一つを聞かされた。これは、善の神のつくった魂が、悪の神のつくった肉体に入り込んだ理由を説明するのによく使われる。このバージョンでは、サタンとイエスは共に善の神から流出した「息子」とされている。兄のサタンは父の王国をわが物にしようと反乱を起こすが、失敗して天から追放される。自尊心と羨望から、自ら神として君臨できる国が欲しいと考えたサタンは、地と「第二の天」(傍点は筆者)をつくり、泥と水をこねてゾンビのような人間をつくり、善の神に頼んで魂を吹き込んでもらう(78)。後は読者も知ってのとおりだ。

似たような考えは、異端審問の記録に残る「上と下の世界についての真実」というカタリ派の教義からも伺える(79)。ここでの善の神は「空から人々に向かって教えを説き」、サタンを「この世界に下した。その後サタンが「上と下の一部をわが物にしたいと願ったが、主はそれを望まなかったので、長い戦いとなった」(80)。また、次のような面白いカタリ派の教えも紹介されている。「雄牛たちは……地上と同じく天界でも草を食《は》み、土を耕して働いた」(81)。

これらの説話は「教義」そのものを教えるというより、新参者向けに難しい概念をかみ砕いて表現してイメージを浮かべさせるものと考えたほうが理解しやすい。そのすべてに共通するのは二元論の基本的概念である二つのパラレルワールドだ。霊だけの世界と物質だけの世界だが、ここではそれが写実的な空と地面という寓話で視覚化されている。また、カタリ派はしばしば「地上の地」と「天国の地」という言い方をする(82)。前者はこの地球、つまり人間が転生を繰り返す地獄のような世界のことで、後者はそれと並行して存在する天の国だ(83)。

異端側がきわめて重要視した文献に『イザヤの幻視』がある。ギリシャ語または古スラヴ語からラテン語に翻訳され、一二世紀後半にボゴミールからカタリ派に伝わっている。学者は「根はかなり古く、作者はおそらく一世紀末のギリシャのグノーシス主義者」だと考えている(84)。この文書には、預言者イザヤが善の神から大いなる特権を与えられたことが書かれている。善の神は天国から天使を送り、イザヤの手を取らせ、天界と地上の二つの世界の境界を超えて旅をさせる。これは「肉体に戻ることを望む者」がかつて一度も許されたことがない特権だ。天に昇っていく途中はどちらを向いても、悪の神の分身たちと善の神の分身たちが激しく戦っている。「なぜなら地で起こることは天でも起こるから。地にあるものは、天にあるものの複製なのだから」(85)。

一二世紀半ばに元カタリ派完徳者から異端審問官に転向したライネリウス・サッコーニは、このような概念がカタリ派内部ではどう考えられているかについて、貴重な報告を残している。サッコーニによれば聖典の一部は「天で書かれ」、キリストによって「地に運び下ろされた」とカタリ派は信じており、キリストは自らの使命を果たした後で、これを原始教会に託したという(86)。

この原始キリスト教会こそ二元論信者の属するところであり「異境で暮らす魂に真の慰め《コンソレーション》を与えることのできるただ一つの存在」だとカタリ派は主張した(87)。完徳者たちは救慰《コンソレーション》礼の連鎖をたち切らないことで、キリストの生きた時代から途切れなく、聖霊の炎を伝えてきたのだと彼らは言う。唯一の問題は、その炎を隠さねばならいことだった。なぜなら、この世の絶対的支配者である悪の神が何世紀も前に真の教会に代わる偽物の教会を設立し、それに強大な物質的権力を与えたからだ。この偽の教会は、「キリスト教」の仮面をかぶっているが、実は悪魔の手先だ(88)。したがってその打倒を図ることは、状況を十二使徒の時代に戻す努力にすぎない、というのが、ボゴミール派やカタリ派の主張だった。

古代の遺産か中世の発明か

露骨なプロパガンダに聞こえなくもない。もちろん異端側は、彼らの教会こそ十二使徒たちの原始教会の、真の後継者だと信じさせたいだろう。たとえできたばかりの新興宗教でも、そう言えば箔がつく。ところが意外にも、この分野の第一人者数名が、彼らの主張にはしっかりした根拠があると確信している。カタリ派やボゴミール派が、何らかの方法で、キリスト教初期の真の伝統を守り続けていたというわけだ。

このことを認めたくない親カトリック派の研究者マーティン・ランバートでさえ、次のようにいう。

奇妙な偶然だが、一三世紀の文献に現れる救慰礼の儀式は、現在のカトリックの洗礼式や叙階式より、ずっと古い時代の洗礼儀式や洗礼志願者への慣習に基づくようだ。(89)

だがスティーヴン・ランシマンは、よく似ているのはこの点だけではないと指摘する。彼の見解では、われわれが「奇妙」と思おうが思うまいが、すべてを「偶然」のせいにするには類似点が多すぎるという。

カタリ派の聖餐式（パンを割って与える簡素な儀式）は、完徳者《ペルフェクティ》を初期キリスト教の司祭と考えれば、初期キリスト教の聖体拝領儀式と全く同じだ。初期キリスト教で礼拝をしめくくった「平和の接吻」も、やはりカタリ派でも全く同じだった……救慰《コンソラメントゥム》礼は二つの点で、初期キリスト教の成人洗礼にきわめて近い。成人洗礼も、死を目前にした者や、聖職に就く者の叙階式・参入儀礼として行われた。儀式の細部も似ている。初期教会では、カタリ派の完徳者志願者の場合と同様に、長く厳しい見習い期間を設け、参入式の前に洗礼志願者を試した……叙階の儀式自体も全く同じで、志願者の頭に手と福音書を置くというものだった(90)……中世のカトリック聖職者の論客は、完徳者というエリート階級を設けているといって異端派を非難したが、それは初期キリスト教の慣習を非難することにほかならない。また、彼らが嫌悪した異端の参入儀礼は、初期のキリスト教が信者を教会に受け入れる際に行った儀式と、一字一句違わないといっていいほど似ている(91)。

これほどの類似は偶然ではあり得ない。キリスト教会が誕生から四世紀間行っていた儀式を、カタリ派は当時の教義に合わせて多少の変更を加えただけで、守り続けていたのだ。(92)

ランシマンによると、カタリ派・ボゴミール派は、ブルガリアの抑圧されたスラヴ農民の中でも、オクシタニア諸都市の自由な思考をする市民の間でも、どこへ行こうと、既存の社会経済状況を利用することができたという。だが、「政治的動機がすべてではなかった」と結論している。「その裏には常に霊的な教え、明確な宗教があった。他の宗教と同じように、この宗教にも盛衰はあったが、それでも不変の伝統を保っていた」(93)

ランシマンの見解では、この伝統はある意味で、世の中の悪の本質についての人間の思索と同じほど古いという。つまりキリスト教よりずっと前の先史時代に人間が初めて「神が存在するなら、なぜ悪の存在を許すのだろう?」という疑問を持ったときに始まったという(94)。ランシマンはそこから慎重に、この原初の宗教を有史時代まで追跡し、「エジプトの宗教やゾロアスター教、仏教思想」の中に、原初の宗教の要素の集積を見た(95)。そしてキリストの誕生から三世紀後……。

ストア派や新プラトン主義の哲学者はそれぞれに物質世界を糾弾した。アレクサンドリアのユダヤ思想家は、エジプトのヘルメス伝説に見られる霊の重視に影響され、[悪という]命題に取り組みは

じめた。(96)

ランシマンの結論では、一世紀から四世紀にかけてこうした思想をまとめあげ、キリスト教に応用したのは、アレクサンドリアとシリアのグノーシス主義者たちだったという(97)。その後、一連の異端の宗派が互いにオーバーラップしながら、史料の中にときどき姿を現すようになる。これらが一緒になって、初期のグノーシス派から「不変の伝統」を受け継ぎ、三世紀から六世紀のマニ教を経て、一〇世紀にボゴミール派に伝わったとランシマンは言う。その後、一二世紀になって、ボゴミール派が西欧に伝えたのがカタリ派だ。

やはりこの分野の権威であるハンス・ソーダーバーグも、中世における二元論宗教の教義や実践は「途切れない伝統の鎖」によって、約千年前に栄えたグノーシス派につながっていると確信している(98)。彼はさらに、「二大勢力の戦い」という神話は太古のほぼ普遍的な思想であり、カタリ派は単にそれに「キリスト教という衣」を着せただけだと考えている(99)。

だが他の歴史学者は、中世の二元論宗教がそこまで古い起源を持つとは認めてない(100)。多数派の代表マルコム・ランバートは、カタリ派・ボゴミール派という現象は主に当時の経済的・政治的・社会的状況に対する反動として発生したと見て、当時の時代背景ですべてを説明しようと試みている。だがそのランバートでさえ、ブルガリア(正教に改宗したのはボゴミールが布教を始めるわずか一世紀前)がボゴミール派を育むよい土壌となったのは、「既存の二元論信仰」の影響があったからだろうと認めている(101)。

異端と異端狩り：それぞれの言い分

個々の学者が起源についていかなる立場を取るにせよ、文献を見直しているうちに面白い現象に気がついた。中世の二元論思想の背後にある歴史を探る試みは多いが、当事者であるカタリ派・ボゴミール派、あるいはその敵である教会の言い分に、真面目に耳を傾けた例がほとんどないのだ。たとえば西欧の異端狩り側は、カタリ派を「マニ教徒」と呼んだが、現代の学者たちは、マニ教はカタリ派の何世紀も前に抑圧されたから、これは単なる間違いだと簡単に片付けてしまう。

東欧に目を転じれば、ボゴミール派の名で有名になる異端の動きについていち早く警告を発したのは、九三三年から九五六年のコンスタンティノープル総主教テオフュラクトスだった（だが、ボゴミールという名前は知らなかった）。テオフュラクトスはブルガリア皇帝ペータルに宛てた手紙の中で、西欧のカタリ派の場合と同様、この異端を即座にマニ教と結びつけている（パウリキアノス派という二元論宗教とも結びつけている）。「再び現れたこの古代の異端の指導者や教師たちに呪いあれ」(102)と、彼は手紙の最後にはっきり書いている。それなのに学者たちは、この呪われた異端が、テオフュラクトスの信じたとおり「古代」からのものだという可能性を追求しようとしない。

こうした学界の懐疑主義のため、起源について異端派が自ら語ることも、研究されていない。起源にまつわる異端派の言い分はすべて、異端を狩る側の記録によって現代に伝わっており、敵意に満ちた注釈や解釈が数多く加えられている。たとえば西欧でカタリ派の存在が知られはじめたばかりの一一四三年か一一四四年、シュタインフェルト（ドイツのケルン近郊）のエーヴェルウィンという僧は、異端との戦いに悩み、クレルヴォーの聖ベルナールに助力を求める手紙を送った。「異端は、あらゆるところ、ほとんどすべての教会にいます。主の日が近づき、彼らの王子が解き放たれようとしているかのように、地獄の穴からぞろぞろと湧き上がってくるのです」(103)　エーヴェルウィンは率直に観察しており、異端が勢力を増しているのは、伝道師たちが明らかに高潔で、「家も土地も持たず、私有物は何も持っていない。キリストが財産を持たず、使徒たちにも所有を許さなかったのと同じだ」からだとしている(104)。

同じように強烈できわめて説得力があるのは、異端派こそキリスト教会元祖の原始教会であり、「殉教者たちの時代から……ギリシャほかの地に身をひそめることを余儀なくされた」が、再び目覚めたのだという主張だ(105)。悪の勢力はあらゆる手を使って善の神の教会を破壊しようとしたが、「私たちと、十二使徒の末裔である父たちは、今もキリストの慈悲の中にある。それは時の果てまで変わらない」(106)。

マルコム・ランバートによると、カタリ派完徳者の言うことに非常に説得力があった理由の一つは、彼らが……。

カタリ派だけが真のキリスト教徒だと心から信じていたからだ。ローマカトリックの聖職者たちは悪魔のしもべであり、カタリ派の教えは使徒の時代から地下を脈々と流れ、しばしば迫害を受けながらも常に生き残ってきた純粋なキリスト教であると、信じていたのだ。(107)

彼らが正しいかどうかは別として、異端派が信じていたことはわかった。彼らの信仰が、世界を導くためにあると信じていた。それが使命だった。それが迷子の魂を天界に連れ戻すために善の神が立てた計画で、キリストを地上に送ったのは、その計画を発動させるためだった。

すべては計画通りに進んだが、それも四世紀のコンスタンティヌス帝の治世までだった。キリスト教があまたのライバルを抑えて勝利を収め、ローマ帝国の国教となった瞬間、悪魔はきわめて狡猾な企みを実行に移した。教会内で、聖書を文字通りに解釈すべきだと主張する直解派が権力を握り、意見を異にする教派を片端から異端として迫害しはじめたのだ。グノーシス派は聖書を寓話と考える立場を取っていた。ボゴミール派の伝道師バシレイオスは尋問を受けている最中に、この時期の異端狩りの首謀者として、有名な「直解」派の教父ヨハネス・クリュソストモス(108)(三四七年〜四〇七年)を名指ししている(109)。

このような粛清が四世紀から六世紀にかけてあったため、真の教会は地下に潜伏せざるを得なかったと、カタリ派やボゴミール派は言った。それが長い眠りから覚めて、暗がりから再び姿を現した一〇世紀には、ブルガリアで一人の菜食主義者が熱弁を振るい、一一世紀には宗派になり、全バルカン諸国やコンスタンティノープルにまで広がった。それが一二世紀中葉になると、イタリアやオクシタニアにすっかり根を張り、それ以外の場所でも多くの信者が「世界中に居る」と言えるまでになった(110)。

学者にはこれまでほとんど注意を払われなかったが、異端派の主張は爆弾発言だと思う。彼らは、二元論教会の祖先たちが使徒の真の末裔だと言うだけでなく、古代の陰謀のせいで、西洋の運命を左右する役目を果たせなかった、と言っているのだ。さらに衝撃的なのは、自らを遅ればせながら姿を現した「反陰謀勢力」の一部と見ていたことだ。この反陰謀は一世紀後半に始まり、続く二世紀の間、執拗と言いたくなるほど着実に成長を続けた。

中世の異端という奇妙な現象を探求するうちに、人類にとってきわめて重要な目的を持った、非常に古い秘密の存在が、今から一〇〇〇年前に顔をのぞかせたという感触を振り払うことができなくなった。それは世界を変えようと試み、失敗している。

第二章

大いなる異端の連鎖

マニ教という姿のグノーシス主義はかつて真の世界宗教だった。世界中にあった独立したグノーシス主義者の共同体あるいは教会（エクレシア）は何千人、後には何百万人もの信者を抱え、独自の指導者や主教や司祭、独自に定めた正典、独自の魅力的な芸術までも備えていた。ある時点でマニ教は、メソポタミア南部から、西は大西洋、東ははるか太平洋まで広がっていた。エジプト、ローマ領の北アフリカ、スペイン、ガリア、イタリア、バルカン諸国、そして最後には南シナ海沿岸にまで信者がいた。その歴史は、三世紀初頭から近代に及ぶ。われわれの世紀［二〇世紀］に至ってもなお、ベトナムでは法律で禁じられている。
（ヨハネス・ファンオールト、ユトレヒト大学キリスト教史講師）（1）

二一世紀のキリスト教は多くの国で国教として尊ばれ、キリスト教国以外でも公然と、あるいは意識されないまま、結婚制度、子育て、教育、社会的・政治的関係、倫理、哲学をはじめ、生活のほぼあらゆる面に入り込んでいる。西洋の資本主義にも組み込まれ、何世紀にもわたって、人間と物質世界の関係に大きな影響を与えてきた。

旧約聖書『創世記』の天地創造を考えてみよう（啓示の書として教会に公認され、キリスト教原理主義では今日でも事実として教えられている（2）。ここに出てくる創造神エホバは、ボゴミール派やカタリ派では悪魔とされている。創世記第一章によると、エホバは天と地、昼と夜、海と陸、草木や果樹をつくった。海を満たすために「神は水に群がるもの、すなわち大きな怪物《ホエール》、うごめく生き物をそれぞれに創造された」。地の生き物もつくられた。そして六日目、「神は自分のかたちに人を創造された。神のかたちに創造し、男と女とを創造された」。最後にエホバは人類最初のカップルに、地上のすべてを「従わせよ」と言いつけ、「海の魚、空の鳥、地の上を這う生き物すべて」を支配する権利を与える（3）。

「満たす」という常識的メッセージも含まれてはいるが、これは支配と従属の掟にほかならない（4）。西洋では、これによって規定された倫理観が一八世紀から一九世紀の産業革命の精神的土台となり、経済大国や巨大な多国籍企業の誕生につながった。現代の世俗的な世界における、国家や企業の環境に対する無責任さの陰には、この倫理観が、古くからの習慣の力などを通じて、さりげなく働いている。

人間には世界を思いのままにする権利があるという旧約聖書の思想の影響は、あらゆるところに見て取れる。空の鳥は今や養鶏場のニワトリだ。エホバが創造した大クジラ《ホエール》は捕鯨のせいで多くの種類が絶滅した。海の魚はかつてないほど数が減った。オゾン層には大陸ほどのサイズの穴が開き、世界の肺であるアマゾンの熱帯雨林は家畜を飼うスペースをつくるため、恐ろしいほどの勢いで切り倒され、焼き払われている。もちろん、これが全部キリスト教会の責任だとは言わない。だが、キリスト教会が果たした役割を過小評価すべきでもない。今日の西洋では聖書に親しむ人は徐々に減り、影響を受ける人々も減っている。だが、大航海時代や産業革命が残した建築物や富や国際的な権力は、すべて、聖書を熟読し、聖書に強い影響を受けた人々によって築かれたのだ。

カトリック教会やその指導者たちの責任としか言いようのない出来事もある。アルビジョワ十字軍だ。一三世紀にカタリ派を滅亡させた、この恐ろしい事件を知っている者なら、ヨーロッパのキリスト教首脳部が他者の信仰の権利を絶対的に無視し、進んで破壊行為をした事実は疑う余地がない。傲慢と血を好む同じ残虐性は、一一世紀から一三世紀にかけて、聖地エルサレム奪還のためにヨーロッパのキリスト教勢力が組織した十字軍でも発揮された。

だから「大航海時代」にヨーロッパ人が進出した先々でキリスト教を強制したのは、キリスト教の本性を考えれば当然のことだ。一五世紀以降のアフリカやアジアや南北アメリカ大陸でイエズス会ほかの宣教師たちがやったことを見るがいい。土着の宗教や文化資産を組織的に破壊し、キリスト教に置き換えている。これで、人類思想の多様性がどれほど失われたことだろう。キリスト教化が成功しなかったイスラム勢力との一〇〇〇年にわたる激しい闘争は、改宗を受け入れなかった社会に大きな精神的傷と長期的な損害を残した。中東で今も続いている苦悩や混迷や暴力は、この古い痛々しい遺産の直接の結果なのだ。そして二〇〇一年九月一一日以来、この戦いは欧米にとっても対岸の火事ではなくなった。イスラム原理主義者から見れば、現在の欧米の中東政策は、新たな手段による十字軍の続きに過ぎない。したがって命を懸けても抵抗する必要がある。その結果、一〇〇〇年にわたって積み重なった憎悪に火がつき、世界全体を猛火で包まないとも限らない情勢となっている。

あれこれ考え合わせて、確立されたキリスト教が歴史を決定する大きな勢力の一つであり、二一世紀に直面している世界の悲惨な状況は、キリスト教の長期的影響力と大いに関係があると見るのは妥当な結論だろう。この影響力が生まれた瞬間を、正確に特定することができる。それは、四世紀前半のローマ皇帝コンスタンティヌスがキリスト教に改宗したときだ。キリスト教はこのとき初めて世俗の権力と手を結び、すぐに迫害する側となった。だが誕生からそこに至るまで三〇〇年間、キリスト教は教会組織も根本的教理も統一されておらず、教理を他者に強制できる力も持っていなかった。他の宗教を迫害するどころか、キリスト教はさげすまれ、迫害される側だった。当時のキリスト教の実体は、キリスト本人とキリストの使命を核としながら、それぞれ異なる思想を持つ、多くの宗派の寄せ集めでしかなかった。

殲滅されたのは何か

中世にほんの数世紀間だけ盛んだったボゴミール派・カタリ派という異端教会も、キリストとその使命を信仰の核としていた。では彼らの思想が与えた影響は、主流のキリスト教会が持つ大きな存在感や権力と比べて、どうだったのか？　ここでいう影響とは、世界の舞台で果たした役割や、人類の歴史全体の中での重要性という意味だ。

この問いに対して、明白にみえる答えを返す学者もいる。彼らによると、ボゴミール派やカタリ派は、一〇世紀から一四世紀にかけてヨーロッパ各地に存在した一時的な社会経済状況に対する社会運動と考えるのが分かりやすいという（5）。この見方が正しいなら、この異端の全体像を知るためには、その興亡をとりまく当時の状況だけを研究すればいい。過去もなく未来もないのなら、歴史で演じた役割は小さく、西洋文明の発展に及ぼした影響もゼロか、わずかだろう。

前出のハンス・ソーダーバーグやスティーヴン・ランシマンなどの学者は、この見方に反対する。彼らは、カタリ派やボゴミール派は「途切れない伝統の鎖」によって、一〇〇〇年前のエジプトや中東で栄えたキリスト教グノーシス派と呼ばれる宗派とつながっていると主張する。もし彼らの見方が正しければ、一三世紀にカトリック教会がアルビジョワ十字軍を使って殲滅したものは、短命な社会運動などと呼べるものではない。鎖の環が一〇〇〇年前まで続いているなら、カタリ派現象は、主流のキリスト教と同じほど古い正体不明の謎の宗教が、同じように迫害されていたが、一〇〇〇年の沈黙を破って権力を手にしようとしたことになる。

「パウリキアノス派と呼ばれる、あのけしからぬ連中の最も邪な教団……」

カタリ派についての確実な記録は一二世紀中葉に初めて現れる。そこから鎖をさかのぼるとボゴミール派にたどりつく。ボゴミール派は一〇世紀に初めて記録に登場し、東欧の隔絶された一部の共同体では一五世紀まで生き残った。従ってカタリ派より早く生まれて長生きしたことになる。また、西欧のカタリ派はボゴミール派による布教活動の直接の結果として起こったというのが、学界のコンセンサスになっている。

われわれが提唱する「大いなる異端の連鎖」の次の環も、ボゴミール派と時間的に一部重複し、やはりきわめて古い起源を持っている。奇妙で戦闘的な二元論教団、パウリキアノス派だ。彼らはボゴミール派と共存し、一〇世紀に教祖ボゴミールの思想が形成されていく上で重要な役割を果たしたと考えられている（6）。

異端の活動に関する記録にはよくあることだが、パウリキアノス派について現存する史料のほとんどは、敵方のキリスト教会関係者が残したものだ。その一人がシチリアのペトロスという僧で、彼の『パウリキアノス派とも呼ばれるマニ教徒の歴史』はパウリキアノス派について、同時代人の目で見た貴重な情報を提供してくれる。ペトロスはコンスタンティノープル皇帝バシレイオス一世の使節として八六九年から八七〇年にパウリキアノス派の頭目クリュソケイルのもとへ派遣され、彼らを直接知る機会があった。クリュソケイルはその少し前に、アラブとビザンティン帝国の境界に独立した公国を建設したばかりだった（7）。

著書の題名からわかるとおり、ペトロスはパウリキアノス派を、偽装したマニ教徒だと思い込んでいた。これは無理もない。パウリキアノス派もマニ教も、後世のボゴミール派やカタリ派と同じ二元論の宗教だったからだ。だが、パウリキアノス派による自派の起源に関する考えは、シチリアのペトロスのおかげで現代まで伝わっているが、マニを始祖としていない。彼らが創始者としていたのは、ビザンティン皇帝コンスタンス一世（六四一～六四八年）の治世に、今のアルメニアに住んでいた、マナナリスのコンスタンティノスだ（8）。そのコンスタンティノスに影響を与えたのは、一人の不思議な「助祭」だったという。助祭は「シリアの監獄から戻った後」でコンスタンティノスの家に滞在し、彼に多数の本を与えた。その中に含まれていたのが「一冊の福音書と聖パウロの書簡集で、彼の……教えは、それに基づいている」（9）。

創始者の教えがキリスト教の文献に基づいていたなら、パウリキアノス派には明らかに「キリスト教的」な要素があったに違いない。事実、キリストは彼らの信仰の中心だったが、パウリキアノス派はカタリ派・ボゴミール派と同じく、キリストが「肉体に入って」生まれたとか、マリアが母親だったことなどをまったく認めなかった（10）。肉体がないのに、どうして母親がいるのか？　パウリキアノス派はカタリ派・ボゴミール派と同じく、キリストは善の神から流出した実体のない存在であり、霊の世界からの使者だったと考えていた（11）。カタリ派・ボゴミール派と同じく、十字架も主流キリスト教の物質的な秘跡も、聖人崇拝やイコン崇拝も拒否した（12）。カタリ派・ボゴミール派と同じく、旧約聖書を完全に否定し、新約聖書も全部は受け入れなかった（13）。そして、これもカタリ派・ボゴミール派と同じく、パウリキアヌス派は自分たちこそが、最初期のキリスト教徒の共同体に直接つながる、ただ一つの真の教会であり、ローマカトリックや東方正教会は偽物だと主張した（14）。

パウリキアノス派の最高指導者はディダスカロイと呼ばれ、霊的にも世俗的な意味でも絶対的な権力をふるった。シチリアのペトロスによれば、信者はディダスカロイを「キリストの使徒」と見なしていた（15）。七世紀のマナナリスのコンスタンティノスは初代ディダスカロイとして敬われたが、彼の後継者も皆この称号を継ぎ、「それぞれの代において、キリストの啓示を教える権威と見なされた」（16）。

マナナリスのコンスタンティノスが活動を始めた正確な時期は不明だが、歴史学者はおおむね六五五年ごろとしている（17）。歴史学者のジャネット・ハミルトンとバーナード・ハミルトンによれば、コンスタンティノスの行動は最初から、まるで……。

聖パウロが設立した真の教会を復活させようとしているかのようだった……後代のディダスカロイもコンスタンティノスの例にならって、パウロの弟子たちの名を名乗り、自分たちの教会をパウロが訪れた各地の地名で呼んだ。これには、真の使徒教会（原始教会）の復活を進めているという含みがあった。（18）

この異端派は当然ながら、自らを単に「キリスト教徒」と呼んだ（19）が、これも「善きキリスト教徒」を自称したボゴミール派・カタリ派と共通する。パウリキアヌス派（小パウロ派）という名称は、どうやら聖パウロへの傾倒とは無関係なようだ。この名称が一般に使われるようになったのは教団の形成よりかなり後のことで、外部の者がつけたらしい。半ば放浪生活を送っていた教団を率いて八世紀にアルメニアに戻ったパウロというディダスカロイにちなむという説が、信憑性が高そうだ

(20)。

パウリキアノス派は自らを真のキリスト教徒と考えたが、東方正教会やビザンティン皇帝はそうは思わなかった。マナナリスのコンスタンティノスは結局、皇帝コンスタンティノス四世（在位六六八～六八五年）の命により、異端のかどで処刑された。歴史学者は火刑と考えているが、パウリキアノス派は石打ちの刑だったという話を広めた。これは「自派の最初の殉教者を、キリスト教初の殉教者である、聖ステパノになぞらえるため」だったという説もある（21)。

二代目のディダスカロイはテトスと名乗り、やはり異端のかどで処刑された。こちらは間違いなく火あぶりだった（22)。

八世紀にはパウリキアノス派が公式に容認された期間が長かったが、七一七年にアルメニア教会の総大主教となったオズンのヨハネスは、彼らを、「パウリキアノス派と呼ばれる、あのけしからぬ連中の最も邪な教団」と呼んだ（23)。彼らが既成の宗教の聖職者を「十字架を崇拝する偶像崇拝者」よばわりしたことに特に反発したのだ（24)。だが、実際に何か手を打つだけの世俗の支持は得られなかったようだ。

ビザンティン皇帝ミカエル一世の治世（八一一～八一三年）になると、パウリキアノス派に再び処刑者が出た（25)。続いて皇帝による激しい迫害が始まった。公式の年代記によれば、この弾圧で一〇万人の異端信徒が殺されている（26)。四〇〇年後にラングドックで起こったカタリ派の虐殺に匹敵する規模の大量殺人だ。八四〇年代には迫害への対策として、戦闘員五〇〇〇人を含む分派がアラブ領に撤退した。八五〇年代になると、彼らはビザンティン国境の要塞都市テフリケを中心にミニ独立国家を樹立した。シチリアのペトロスが八六九年から八七〇年に使節として訪れたのは、このテフリケにあったパウリキアノス派の頭目クリュソケイルの宮廷だった。クリュソケイルは二年後、ビザンティン軍との戦いで命を落とし、テフリケは八七八年、ついに降伏した(27)。

これは痛手ではあったが、パウリキアノス派の終焉ではなかった。九七五年にもパウリキアノス派がまだビザンティン帝国でいろいろ問題を起こしていたため、正教会は多数のパウリキアノス派信者を東部地方から強制退去させるよう訴えた。彼らはバルカン諸国に送られたが、そこには長い歴史を持つパウリキアノス派の共同体が存在し(28)、数年前からボゴミールも独自に布教を始めていた。パウリキアノス派が、物質世界と霊的世界、悪の神と善の神の対立という自派の教義をボゴミール派に託したのは、まず間違いないだろう。パウリキアノス派は自派の思想のまさにこの面を、ローマカトリックや正教会との主な違いだと考えていた。シチリアのペトロスは彼らから次のように聞かされている。

われわれが思うところでは、天の父は一人の神であり、この世界では何の力も持たないが、来るべき世界では力を持っている。別にもう一人、世界をつくった神がいて、今の世界に力をふるっている。ところがローマ人たちは、天の父と全世界の創造者は一人の同じ神だと言う。(29)

対立する二神というこの教義は、ボゴミール派やカタリ派の立場そのままだ。両派もパウリキアノス派も、宇宙は善と悪の対決する戦場であり、人類の運命が支点となり結末が決まるという宇宙観を共有していた（30）。

だが、あまり似ていない点もある。最も目に付くのは、パウリキアノス派が、世界や物質でできたものは、すべて悪の神の創造物だとしながらも、いかなる苦行も実践しなかったことだ。彼らは菜食主義でもなければ、純潔や禁欲を重視することもなかった。彼らは好戦的でしばしば戦いの中に身を置き、外部からは手強い戦士と認識されていた（31）。この意味でパウリキアノス派を、カタリ派でいえば帰依者にあたる、一般信徒だけの集団と見ることも可能かもしれない。帰依者ならば、戦うことも許され、結婚もセックスも飲み食いも自由で、俗世で普通の生活を送れた。そう考えれば、パウリキアノス派が参入儀礼を行わなかったことや、奥義を授けられた熟達者、つまりカタリ派やボゴミール派でいう「完徳者」の階級も存在しなかったらしいこととつじつまが合う（32）。

「祈る人々」と魂の中の悪鬼《デーモン》

パウリキアノス派がボゴミール派の出現に大きな影響を与えたことは、ほぼ疑う余地がない。だが二つの宗教の違いを見れば、他の要因も作用したことは明らかだ。

そうした要因の一つとして、また伝統の鎖に連なる次の大きな環として、スティーヴン・ランシマンはマッシリア派（「祈る人々」の意）を挙げる（33）。彼らはキリスト教グノーシス派の一派で

(34)、その起源は四世紀半ばのエデッサという都市までさかのぼることができ、七世紀後半まで教団のかたちを保っていたので、マナナリスのコンスタンティノスや初期のパウリキアノス派と重複することになる(35)。彼らは秘密の伝統や書物の守り手と言われていたので、ランシマンはそれらが「異端のグノーシス主義の伝承」だったと推測している(36)。彼は、マッシリア派の共同体が七世紀以後もバルカン諸国で生き残り、一一世紀まで存続したので、この秘義的文献という宝が、マッシリア派の共同体から直接ボゴミール派に伝わったと主張する。

ランシマンはボゴミール派を、パウリキアノス派とマッシリア派の教義が組み合わされた、「初期のキリスト教伝説と……東方の二元論に基づいた、新しいキリスト教」だと見ている(37)。おそらくパウリキアノス派の影響が先だっただろう。

だが時とともに新たな宗派は発展した。この異端はマッシリア派と接触し、彼らを通じて東方化したグノーシス主義の豊かな伝統に触れる機会を得た(38)……ボゴミール派の……神話は、主に、キリスト教初期の数世紀に中世のビザンティン帝国がキリスト教徒から受け継いだこれらの書物に拠っている。キリスト教の初期にはまだ教義が狭く限定されておらず、グノーシス主義的傾向が強かった。(39)

これは異論の多い分野で、マッシリア派とボゴミール派に接触があったことを疑問視する学者もいる。前者は後者の誕生前に消滅していたはずだというのだ。十字軍史を専門とするノッティンガム大学名誉教授バーナード・ハミルトンによれば、これはレッテルの貼り間違いだという。

組織としてのマッシリア派が七世紀以後も存続していた証拠はない。だが、ビザンティンの異端研究者は引き続き、正教会の修道院における逸脱を指すのにマッシリア派というレッテルを貼った。したがってボゴミール派がマッシリア派の生きた伝統に接触した可能性は全くない。(40)

こうした反対意見があるのは認めよう。だが当時の正教会には、異端の正体を暴くことに優れた聖職者が大勢おり、一一世紀になってもまだランシマンと同じように、マッシリア派はバルカン諸国で健在だと考えていたという事実は残る。そうであれば時間的にボゴミール派と重なるわけだ。ボゴミール派も、よく誤って「マッシリア派」と呼ばれたが、これは異端研究者の無知のせいではない。マッシリア派とボゴミール派には多くの類似点があり、前者が何らかのかたちで後者に影響を与えたことが強く示唆されるからだ。

マッシリア派は、選良者あるいは熟達者階級への参入儀礼を非常に重視した。こうした高位の信者は「霊者」と呼ばれ、カタリ派の完徳者と非常によく似ていた(41)。同じ「霊者」の名称は一世紀から二世紀にかけても、別のキリスト教グノーシス派が、参入儀礼を済ませた霊的エリートに対して用いていた(42)。したがって、第一千年紀《ミレニアム》の一方の端にボゴミール派、もう一方の端に初期のキリスト教グノーシス派が立ち、そのほぼ真ん中にマッシリア派がいて、何らかのかたちで両端とつながっている感じがする。

他の共通する性格を考えると、この印象はますます強くなる。たとえばボゴミール派（および分派であるカタリ派）と同じく、マッシリア派も旧約聖書を認めず、十字架を嫌悪した（43）。初期のキリスト教グノーシス派もそうだった（44）。ボゴミール派もマッシリア派も、この世を悪魔による創造物と見た。グノーシス派もそうだった。この思想の一部として、三派はよく似た天地創造の物語を語っている。事実、マッシリア派のバージョンは、初期のボゴミール派・カタリ派が好んだ典型的な「穏健二元論」の神話だ（両派は後に絶対二元論に傾いた）。穏健二元論だから、霊的世界の創造者である善の神と物質世界の創造主である悪の神の対立という図式ではない。マッシリア派は、最初に「第一原理である神」、つまり唯一神が存在したと考えた。この神の世界は完全に霊的で善であり、光に満ちていた。彼は二人の「息子」を流出した。兄がサタン、弟がキリストだ。サタンは自負心と羨望から父である神に逆らい、善と霊の天界から追放される（45）。「物質世界は彼が転落後につくった邪悪な場所だ」（46）。

マッシリア派も、後のボゴミール派や初期のキリスト教グノーシス派と同じく、人間の魂が物質に閉じ込められるに至った理由について仮説を持っていた。基本的な思想や見解は同じだが、筋書きや細かい部分は三者でかなり異なっている。ボゴミール派は、地上に落ちた天使の魂が肉体に包まれたとか、あるいは悪魔のつくった不格好な「アダム」やその子孫に神が生命の火花を吹き込み、それが常に天へ戻る道を探しているのだと考えた。一方、マッシリア派は、個々の魂に一人の悪鬼《デーモン》がついていて、邪悪な物質界に縛りつけていると信じていた。悪鬼を払って囚われの魂を解放するには、極度の禁欲生活を何年も続けるしかない(47)。これはボゴミール派やカタリ派の初心者が救慰礼を受けて完徳者となる前に行った、厳しい修業や肉体的な苦行とよく似ている。

マッシリア派はまた、悪鬼を追い払う手段として、感情的で大仰な祈りを使った(「祈る人々」の名はこれに由来する)(48)。ただし祈りの言葉は一種類しかなかった。「天にましますわれらの父よ……」で始まる「パーテル・ノステル(われらの父)」だ(49)。「主の祈り」ともいう。祈りで悪鬼を払う習慣はボゴミール派やカタリ派にはないが、彼らもマッシリア派と同じく「パーテル・ノステル」以外の祈りは唱えなかった。これは「パーテル・ノステル」が聖書の中で、キリスト自身が唱えたとされている唯一の祈りだからだ。

「さすらいの伝道師集団」(50)と評されたマッシリア派が初めて東ローマ帝国領内に姿を現したのは、三五〇年頃だった。コンスタンティヌス大帝がキリスト教を公認してから四〇年たらずだ。彼がローマを捨てて、古代ギリシャの都市ビザンティウム(現イスタンブール)を新たな首都と定め、コンスタンティノープルと名付けてからも二〇年しかたっていない。

ローマ、アレクサンドリア、アンティオキア、コンスタンティノープルに総大司教を置いて、新たに力を得たカトリック教会は、腕力を使い始め、異端を弾圧するという方法で、自らの正体を明らかにしつつあった。三一二年に国家の後援を勝ち取ると、カトリック教会はほとんど即座に、きわめて権威主義的かつ直解主義の集団に変身した（直解主義とは、聖書に書いてあることをできるだけ文字通りに解釈するという意味）。自由な思考と無秩序な創造性の傾向があるキリスト教グノーシス派は、それまで直解派と共存していたが、これによって否応なく異端狩りの標的とされた。三九〇年、マッシリア派は有罪を宣告され、教会が禁止した宗派のリストに名を連ねた。この長くなる一方のリストには後で述べるとおり、マッシリア派よりもはるかに古いキリスト教グノーシス主義の諸派も含まれていた（51）。

光の使者マニ

もう一つ別の宗派の教義や哲学が、このジグソーパズルの重要なピースとなっている。創始者マニにちなんでマニ教と呼ばれ、キリスト教グノーシス派の一部よりは新しいが、マッシリア派よりは一世紀古い宗教だ。マニ教もまた教会から、異教ではなく同じキリスト教の「異端」として激しく迫害された。だがマニ教をキリスト教といえるかどうかについては学界でも異論がある（52）。ボゴミール派やカタリ派と比べてもキリスト教色が薄かったのは間違いないし、その二派にしてからが既に見たとおり、厳密には「キリスト教」とはいえない。マニ教は、新約聖書のテキストや登場人物を中心に組み立てられた全く別の信仰だったというのが本当のところだ。

混乱の原因は、マニが「キリストの使徒」を自称したことや（53）（この称号は後代、パウリキアノス派のディダスカロイも使った）、北アフリカのマニ教の共同体の間でやりとりされた現存する書箇から、教徒が自らをキリスト教徒と認識していたと判明しているためだろう（54）。また、「物事には贖罪的な意味がある」などのキリスト教の重要な思想の一部がマニ教にも見られることは、概ね認められている（55）。

その一方で、マニ教にはどう見ても非キリスト教的な部分も多い。何より、これはカタリ派・ボゴミール派と同じく、徹底的な二元論の宗教だった。マニ教は、生殖という罠によって際限なく生まれ変わる人類を、悪魔の創造物と見た。キリスト教では受け入れられない考え方だ。また、新約聖書のテキストはほとんど、あるいは全く用いなかった。マニ教徒は太陽と月を「光の器」として崇拝した（これはカタリ派やボゴミール派と異なる）。マニはときに自らを「キリストの使徒」と呼んだが、より広義の「神の使徒」という肩書を使うことのほうが多かったのは注目に値する（56）。これは、マニが使節あるいは使者であるという意味で、自らをキリストの後継者にしてキリスト以前から続く使徒の最後の一人と位置づけていたということだ。

当然ながら、教会はこれを異端と見なした。マニ教はキリストを尊んだが、キリストの使命を低く見ていた。それはキリストを他の有名な異教の教祖たちと同列に置いたことから明らかだ。マニがこのことに言及した記録の一つ『シャープーラカーン（シャープール王のための書）』（二五〇年頃）を読むと、この点が完全にはっきりする。

神の使徒たちはいつの時代にも絶えることなく、霊の叡知や業《わざ》を運んできた。ある時代には、ブッダという使徒としてインドの国々を訪れた。別の時代には、ゾロアスターとしてペルシャの地を、また別の時代にはイエスとして西の地を訪れた。その後、この最後の時代にこの啓示が下り、私という預言者、真の神の使徒であるマニが、バベルの地に到来した。(57)

ここではブッダ、ゾロアスター、イエス、マニが挙げられているが、神の使徒はこれだけではなかった。現存する別の断編で、マニは使者をもう二人挙げている。ギリシャの哲学者プラトン（紀元前四二七〜三四七年）とギリシャの神ヘルメスだ(58)。ヘルメスはマニの時代には一般に、古代エジプトの知恵の神トトと同一視されていた。

双子との出会い

マニ教は何百年もの間、さまざまな時代のさまざまな支配者によって厳しい迫害を受けたにもかかわらず、マニの生涯や、神聖な使命を負っているという彼の主張は、かなり正確に現在まで伝わっている。

マニは二一六年ごろ、バビロン近郊の都市クテシフォンの南、マールディィーヌという村で生まれた(59)。現代イラクのバグダッドから三二キロほど南東になる。当時のクテシフォンはペルシャ帝国の冬の王都として、豊かな富と大きな政治的権力を持つ重要な都市だった。クテシフォンはパルティア王国の下で、紀元前四七年から紀元後二二四年（マニは八歳前後）までこの役割を果たし、次のササン朝（二二四〜六四二年）の下でも継続してさらに栄華を誇った。

ササン朝はきわめて国粋的かつペルシャ的な王朝だった。初代の王アルダシール一世（二二四〜二四一年）は、敏速に立ち回って古代ペルシャのゾロアスター教を国教とし、マギと呼ばれる神官階級に巨大な権力を与えた。

この時代のクテシフォンの近くで育ったのだから、マニは間違いなくゾロアスター教をよく知っていたはずだ。だが、マニ本人が一時マギだったという伝承は誤りだろう（60）。古代世界の文化の十字路だったこの地域で、霊的な事象に深い関心を抱くマニのような若者は、他にもさまざまな思想から影響を受ける機会があったはずだ。その中にはバビロニアの占星術、ユダヤ教、インドの仏教、ギリシャ哲学などがあった（61）。

もっと直接的な影響としては、マニはユダヤ系キリスト教エルカサイ派の中で育ったことがわかっている（62）（エルカサイ派はグノーシス主義だったと考えられ（63）、死海文書で有名なエッセネ派と関係があるという説もある（64））。マニは、予言と秘義の宗教であるエルカサイ派の厳しい清浄の掟や儀式の繰り返しに反発した。だが、エルカサイ派を通じて彼の思想に決定的な影響を及ぼす教えに触れた。キリスト教グノーシス派だ（65）。グノーシス派は後に異端として迫害されることになるが、三世紀前半にはまだ自由に流布しており、これがマニ教という明らかにグノーシス的な宗教の形成に大きな役目を果たしたことはほぼ合意されている（66）。

エルカサイ派内あるいは彼の一族に秘密の文献が伝わっており、それが何らかの役割を演じた可能性もある。これについて興味深いのは、マニが年老いた寡婦の養子になったという話が複数あることだ。この話によると、寡婦は死ぬ間際に、ある貴重な遺産をマニに託した。聖なる知識の本四冊だ。マニのオリジナルとされる思想の多くはこの書物に由来すると、批評家は主張する（67）。書物の内容は、スキュティアヌスという人が「使徒の時代」のエジプトで集めた「エジプト人の叡知」だったとされている（68）。スキュティアヌスの口述を、弟子のテレビントゥスが書きとめて本にした。その後テレビントゥスは本をバビロニアに持ち込み、死にぎわに弟子に伝えた。この弟子が、晩年にマニを養子にした、寡婦だという（69）。

伝承によれば、マニは病弱な子供で片足が不自由だったが（70）、裕福な環境で育った（71）。子供時代を通してずっと、ゾロアスター教の善の神である「光の父」アフラ・マズダから直接啓示を受けていた、と、当人が語っている（72）。彼はまた不思議な、気になる「訪問」を何度も受けた。今日なら強力な抗精神薬で治療を必要とする類の幻覚だ。現存する著作の一つ（ケルンのマニ写本）で、マニは次のように語っている。

（私は）光の天使たちと、非常に強い諸力によって守られていた。彼らは光彩を放つイエスから、私の世話をするよう命じられていた（73）……私は彼らから、さまざまな光景やしるしを見せられた。それらはかすかでごく短い間しか続かなかったが、私が可能な限り知ることができるようにしてくれた。ときおり稲妻の閃きのように彼がやって来た……。（74）

ときおり「稲妻の閃きのように」マニを訪れた「彼」とは、一人の天使だった。マニはこの天使を、高次元の自我がかたちを取ったものと考え、「光の自身」や「アル・タウム」つまり双子の片割れと呼んだ(75)。マニが一二歳のときこの双子は幻影として現れ、将来あなたは偉大な教えを人類に伝える責任を負うことになると告げた。そのため、いつかエルカサイ派から離れなくてはならない。若きマニはその後、注目をされることもなく静かな勉学の生活を送り、天啓や天使の教えを受けて、密かに知識を蓄えた。

私は、願いを心の中に留め、その［エルカサイ派の］法の中で、できる限りうまく生活した。共にいる者も私の正体には気づかず、私もその長い期間、誰にも何も打ち明けなかった。ただし私は彼らの世俗的な習慣は守らなかった……私は過去に起こった出来事も、これから起こる出来事も、自分が何を知っているかも、何を受け取ったかも、何一つ明かさなかった……。(76)

後にマニは教えを絵に描いて示したと言われ、天文学や数学の知識でも名高かったが、そうした絵の腕や学問も、おそらくこの学習期間に身に付けたものと思われる(77)。

マニが二四歳になると、双子の片割れが現れて告げた。「あなたが人々に本来の姿を見せて、教義を高らかに宣言する時が来た」(78)。マニによれば、双子は次に「私がその中で育った法から私を救いだして隔離した。こうして彼は私を呼び、選び、彼らから切り離して神の側に引き寄せた」(79)。彼はまた、マニに知識《グノーシス》を伝授した。

私のこと、私は誰なのか、私と不可分の双子の兄弟は何者なのか……高きところの父が何者か。彼から切り離された私がどのように、彼の目的に沿って送り出されたか。私がこの道具［肉体］をまとい、この忌まわしい肉に包まれて迷い道へと導かれる前に、父から何を命じられ、どのような助言を受けたのか……また、私の魂に関しては、これはすべての世界の魂として存在するのだが、それが何であり、どのようにして生まれたのか。さらに、私は彼から、無限の高みと底知れない深みを見せられた(80)。世間から隠され、誰一人見たり聞いたりすることを許されない神秘を見せられた(81)……彼は私にすべてを見せてくれた。(82)

マニとマギ

眠っていたマニが目覚めて布教を始めたのは二四〇年頃だった。彼の教えは明らかにゾロアスター教ではなく、ゾロアスター教をペルシャの国教として擁護したアルダシール一世はまだ王位にあった。マニはたちまちマギの不興を買ったようで、追放されてしまった(84)。マニはインドに渡り、そこで布教に大成功したが(85)、アルダシールの死んだ二四一年にペルシャ湾経由で帰国する。そしてなんとか、アルダシールの末の息子フィルスを改宗させることに成功し、彼を通じて長兄のシャープールに拝謁した。シャープールはまもなくシャープール一世として即位し(86)、その戴冠式で、マニは前に出て霊的なメッセージを告げることを許される。これは前例のない栄誉だった(87)。二四二年三月二一日または二四三年四月九日(歴史家の間で意見が分かれる)、シャープールはマニへの手紙でペルシャ帝国全域での布教を認め、保護を約束した(88)。

こうして障害がなくなると、マニ教は驚くほどの勢いで改宗者を獲得し、ゾロアスター教の神官たちはひどく腹を立て、嫉妬した。シャープール王の統治の終わり頃、揺り戻しがあり、マギたちがシャープール王を説得したようで、マニは再び追放された(89)。だが二七二年にシャープールが死ぬと、ペルシャに戻ったマニは新王ホルミズドに歓迎され、再び王の愛顧を得た(90)。

だがホルミズドの治世は一年と続かず、二七三年に王位を継いだバハラーム一世は伝統的なゾロアスター教を強く支持した。新王はマニ教に対する寛容政策を撤回し、指導者や信者を迫害しはじめた。二七六年、マニは王の手の者によってペルシャ南西部のグンデシャープールで逮捕された。自称「神の使徒」は四日間、マギから異端審問さながらの尋問を受け、ザンディック(異端)を宣告された。マニは一カ月にわたって太い鎖で牢につながれ、その後、生きたまま皮をはがれた末に首をはねられた。生首は街の門にさらされ、その上に藁を詰めた生皮が吊るされた。他の部分は犬のエサにされた(91)。

マニの処刑の残酷さに、あらゆるところでゾロアスター教を圧倒していたこの新興宗教を、マギたちがいかに脅威と感じていたかが表れている。一〇〇〇年後にカトリック教会がカタリ派を撲滅したときと同じように、ゾロアスター教も、マニ教を完全に消し去ろうとした(92)。だが成功しなかった。投獄と処刑に先だって、マニは一二人の弟子と多数の信者を世界の隅々に送り出していたのだ(93)。さらに、二七六年以降も国家による迫害が続いたため、マニ教徒の集団移住が起こった。その一部は中国奥地に達し、マニ教はそこで一六世紀まで細々と生き延びる。他の者はローマ帝国東部や北アフリカのローマ植民地に落ち延び、やがて広大なローマ帝国領内全体に広がって、西は大ブリテン島にまで達した。

ときにローマから激しい弾圧を(ローマがキリスト教化する前も)受けつつも、マニ教はローマ帝国全域で多大な人気を集め、特に北アフリカの植民地で信者を増やした。最も有名なマニ教徒アウグスティヌス(後のヒッポの聖アウグスティヌス)も北アフリカの出身だ。アウグスティヌスは三五四年、キリスト教徒の母と異教徒の父の子として生まれ、三七七年にマニ教の「聴講者」「聞く者」となったが、これはカタリ派のクレデンテ(帰依者)にあたる一般信者だ。しかし九年後の三八六年にマニ教を捨て、翌三八七年にキリスト教の洗礼を受けた。北アフリカに戻るとキリスト教の共同体をつくり、三九六年にヒッポの司教に任命された。彼が存命中の四一〇年、ローマがヴァンダル族に降伏した。四三〇年に彼が死んだときには、地中海を渡ったヴァンダル族の軍勢にヒッポ自体が包囲されていた(94)。

改宗者にはよくあることだが、アウグスティヌスも以前の信仰を激しく嫌悪した。「教会博士」の一人として長年影響力を振るう間に、多数の著作でマニ教やマニ教徒を非難している。彼が書いたマニ教批判は時代を超えて、異端カタリ派に対する中世ローマカトリックの姿勢形成に重要な役割を果たした。一二世紀から一三世紀のカタリ派は、四世紀にアウグスティヌスが糾弾したマニ教の復活と見なされることがよくあったが、現代の学者たちは誤りとしている。だが、カタリ派とマニ教は基本的な部分で非常によく似ており、中世に同一視されたのも無理はなく、さらなる検討に値すると私たちは思う。

マニの宇宙観

マニ教の根底にある概念の一つは、時のはじめから「創造されたのではない永遠の神が二人存在し、終わりなき対決を続けている」という考えだ(95)。一人は悪と闇の神、もう一人は善と光の神である(96)。光の領域はもっとも高くにあり、「高さも、幅も果てしない」。闇の領域は低くにあり、やはり深さも幅も果てしなかった(97)。途方もなく長い間、どちらも相手の存在を知らずにいた。闇の奥の底にはサタンとその「無秩序で乱脈で落ち着きのない眷族」からなる悪鬼の軍勢がいて(98)、まるで黒い嵐の目のように、常に不安と混迷と波乱が渦巻いていた。あるとき闇の王子《サタン》は地の底から上に昇り、上界から光が差していることに気づいて憎しみを覚えた。彼は地の底に戻って軍勢を整え、「再び飛び上がると、災厄と破壊を広める意図をもって光の領域に攻め込んだ」(99)。

後のカタリ派やボゴミール派と同じく、マニも、人間の肉体は悪の創造物の一部であり、その中に光のかけらが捕らわれていると考えた。カタリ派・ボゴミール派と同じく彼も、性による生殖や転生は、この捕囚のサイクルを永続させるための仕組みだと説いた。そして、これもカタリ派・ボゴミール派と同じく、捕らわれの光は禁欲と祈りによって徐々に解放することができるが、そのためには何度も転生を繰り返し、大きな苦しみに耐えなくてはならないと信じていた(100)。

こうした中世の二元論宗教との類似点は、ユーリー・ストヤノフが指摘するとおり、マニ教の宇宙観における光と闇が、霊と物質の象徴であることを理解すれば、より明確になる(101)。この相反する原理の融合が、今の時代のサイクルが始まったときに起こり、魂が捕らえられ、苦しむことになった(102)。魂がいかにして囚われの身となったのか、どうして光のかけらが闇に捕まったのか、どうして善と悪が混じり合ったのか、魂はどうして物質をまとうようになったのか、といった細かい点は、個々の語り手の想像力に負うところが大きい。これは多彩なシンボルや神話やたとえ話をふんだんに用いた伝承であり、教材として使われた。最終的に肝心なのは、中世ヨーロッパの二元論者も、その何世紀も前のペルシャのマニ教徒も、人間を善悪の「混じり合った」生きものと認識し、常に内心と戦って、己の卑しい要素を征服し、魂を完成させ解放させなければいけないと考えていたことだ。

カタリ派やボゴミール派はこのことを伝えるために、天の純粋な霊的世界から地上の不純な物質世界に落ちた天使の物語を語った。マニ教のこれに相当する神話では、「闇の支配者」が光を滅ぼすため、悪鬼を引き連れて地の底から天に向かって攻め上がる。悪神は煙・火・風・水・闇という悪の力を駆使して激しく攻撃を加え、守りを突破して光を侵略する。「光の父」は己の領域を守るため「原人」を呼び出し、空気・風・光・水・火という「光を帯びた」武器を与えて代理として戦わせた。戦いはサタンの勝利に終わり、ぐったりと死んだように横たわる原人が身に付けていた光の力を、闇の力が呑み込む、あるいは「食べて」しまう(103)。

そこで光の父は、さらに多くの分身あるいは代理を創造した。その中には、ゾロアスター教以前のイランで信仰されたミトラ神と同一視される「活ける霊」や、「偉大な建築者」と呼ばれる者もいた(104)。彼らは力を合わせて原人を蘇生させて助け出し、闇の力に食われてしまった光の力の回収に取りかかる。これは、「活ける魂」を物質という「火事の家」から救出する作業として説明されている(105)。

活ける霊と偉大な建築者の作業に、悪魔はアダムとイヴの創造で対抗した。ストヤノフが言うように、これは「人間という種の欲望と生殖を通じて、光の要素の捕囚を強化するため」だった。だが光の陣営はアダムのもとへ救済者を送り、アダムの中に光、つまり不滅の魂が存在することを教え、肉体をこしらえた悪神に反抗させる。それからずっと人類は「光と闇の勢力の戦いにおける主戦場であり続けた」(106)。

アダムのもとへ送られた救済者は、マニ教の文献では「光輝のイエス」と呼ばれている(107)。その後、他の救済者も送られ、その一人ひとりが人間に改めてグノーシスを与えて、真の状態に目覚めさせた。こうした救済者のうち、有名人は既にリストアップした。ゾロアスター、ヘルメス、プラトン、ブッダ、イエス・キリスト、そして真打ちがマニだ。別のリストは、マニ教がヘブライ［ユダヤ］文化圏に広がったことを反映しているが、セツ、エノク（ヘルメス同様、しばしば古代エジプトの知恵の神トトと同一視された)、ノア、アブラハム、さらにマニも再び登場する(108)。マニ教が東へ広まると、それを反映してまた別のリストができた。マニは「光のブッダ」、あるいは道教の始祖・老子の生まれ変わりとされた(109)。

どのリストでも、マニは常に「諸預言者の印璽」と激賞されている(110)。最後のメッセージ、最後の啓示、最後のグノーシスをもたらすのは彼であり、人類はそれを通じて、闇の牢獄から最後の光を解放するという大事業を完了する。この事業は既に述べたとおり、錬金術を思わせる性質を持っている。昔から何度も転生を繰り返す中で物質に汚染された魂を浄化し、闇に含まれた光を抽出していくという複雑で時間のかかるプロセスだ。

私たちが住む物質的な地上は、骨の折れる終わりのない浄化作業を行うためだけの劇場、あるいは実験室としてつくられたのだと気づけば、物語は大団円となる(111)。最後に、偉大な建築者と活ける霊は、こうして取り戻した光をすべて使い、マニ教選良者の魂にも助けられて、「新たな楽園」と霊的な地上をつくる。霊的な地上が古い物質世界の暗く重苦しい殻に取って代わり、殻がはがれ落ちると、計画は成就する(112)。

姿がアヒルで泳ぎ方もアヒル、鳴き声もアヒルなら……それはたぶんアヒルだ

マニ教、ボゴミール派、カタリ派は人間の置かれた苦境について、それぞれ異なる物語を語ったが、その根底には共通する不変のテーマが見える。その核となるのが、この世にある間はできるだけ霊を

汚さず、魂の向上・強化・浄化を図り、最終的には（大変な苦労の末に）魂の解放につながるような生き方をしたいという願いだ。これは一般信徒にも完徳者にも、聴講者にも選良者にも共通する。そのためには、いずれの宗派でも、あるシステムを受け入れてそれに従い、一定の枠組みの中で努力しなくてはならない。そのシステムや仕組みは、三世紀のマニ教からその一〇〇〇年以上後にヨーロッパで二元論宗教が滅亡するまで、驚くほどよく似ていた。

ボゴミール派やカタリ派と同じく、マニ教徒も大きく二層に分かれていた。一方は、結婚も子供を持つことも、財産の私有も肉食やワインを飲むことも許される一般信者。もう一方は、独身と厳格な菜食を守り、人生の物質的な快楽をすべて放棄して清貧のうちに暮らすことを誓った少数のエリート(113)。一般信者は聴講者、エリートは選良者と呼ばれたが、これはあらゆる点で、中世のカタリ派・ボゴミール派の帰依者・完徳者と全く同じ考え方だ。事実、「完徳者」という呼び方は、マニ教徒の間でも「選良者」と同じ意味で使われていた(114)。

カタリ派・ボゴミール派の完徳者と同じく、マニ教でも男女両方の選良者が存在し、必ず師と弟子の二人一組で旅をした。完徳者と同じく、選良者にも厳しい参入のプロセスがあり、それは救慰礼に当たる儀式で完結した。この参入儀礼を終えた者は「光に満たされた」とされ、以後はその内なる光を地上の物質の闇で汚すような行動は一切禁じられた(115)。マニ教の選良者の場合、農作業や、パンを割るといった簡単なことすらしてはいけなかった。選良者になるということは「その日のパンと、その年の衣服」しか持たず、聴講者の施しだけを頼りに無一文で放浪することを意味した(116)。聴講者のほうはマニ教に帰依した時点で、選良者の面倒を見る義務を負った。カタリ派やボゴミール教の完徳者はパンを割るぐらいは自分でしたが、やはり帰依者に頼って赤貧の放浪生活を送り、帰依者には完徳者の世話をする義務があった。普通は「継続する伝統」説を支持しないバーナード・ハミルトンですら、「マニ教が選良者に厳しい禁欲の戒律を守ることを要求した理由はボゴミール派と全く同じで、物質でできたものは悪であるという信念に端を発していた」と認めている(117)。

マニの教えによれば、ゾロアスターやブッダやイエスといった使者たちは(マニもその一人だと自称)、人間への憐れみの念から送られてくる。人間の精神から無知という雲を追い払い、真理を教え、人間の内なる光(輝く魂)を闇と悪から救い出すためだ(118)。これもカタリ派・ボゴミール派の二元論ですっかりおなじみのテーマだ。

既に見たとおり、カタリ派・ボゴミール派は、イエスを善の神の霊的流出と考えたので、肉体を持って生まれたとは認めず、天界から直接地上に送られた幻影だったと結論した。それより何世紀も前のマニも全く同じ思想を表明していた。彼は、イエスは女から生まれたのではなく、光の父から発し、三〇歳前後の男の姿で天から降りてきたと説いた。その肉体は幻影であり、十字架にかけられたのも現実ではなかったという(119)。あるマニ教の文書には、イエスが後から弟子ヨハネの前に現れ、師の死で悲嘆に暮れていたヨハネに、磔刑は錯覚を利用した見せ物であり、早い話が大衆に感銘を与えるための奇跡劇だったのだと告げた、という話まで残っている(120)。

物質界の生活は悪であると信じていた割には、カタリ派・ボゴミール派・マニ教はどれも生命を大いに尊重し、人間・動物を問わず、いかなる生きものに対しても、痛みや苦しみを与えることに反対した（121）。三者とも転生を信じた（122）。三者とも偶像を禁じ、礼拝の手段は祈りと賛美歌だけだった（123）。カタリ派やボゴミール派が旧約聖書を嫌悪し、旧約の神エホバを悪魔と見なしていたことは既に述べた。マニ教徒も同じで（124）、マニ自身が次のように述べている。

モーゼやユダヤ人や彼らの司祭と話をしたのは、闇の王子である。したがって、キリスト教徒やユダヤ教徒や異教徒は、この神を崇拝することで同じ間違いを犯している。この神は彼らに淫欲を教えて道に迷わせるが、それは彼が真の神ではないからだ。（125）

カタリ派と紀元一世紀のつながり

「失われた」マニ教を復元しようと思ったら、二〇世紀初頭までは、マニ教を滅亡に追いやった迫害者側の史料に頼るほか、手段がなかった。だが一九二〇年代に極東で、さらに一九七〇年代にはエジプトで、古いマニ教文献が無傷で発見されたため、われわれの知識は飛躍的に増大した。その結果、それまでマニ教の知的ルーツとして重視されなかったキリスト教グノーシス派が、実はマニの思想に最大の影響を与えたことが、広く受け入れられるようになった。H・J・W・ドライファースは、そもそも「キリスト教グノーシス派」という名称が誤解を招くのではないかとまで言う。

マニ教の中のキリスト教的要素はグノーシス派というフィルターを通ってマニに届いたと、一般には考えられてきた……だがマニとマニ教は、いわゆるグノーシス派に限らず、当時のキリスト教全体の伝統や文献に大きく依存していたと考えたほうが……紀元三世紀の歴史的背景や展開とつじつまが合う。(126)

言い方を変えれば、最近見直されているように、マニ教がグノーシス主義キリスト教から多大な影響を受けているなら、マニの時代のキリスト教がきわめてグノーシス主義的だったためだろう。物議を醸しそうな結論だが、最近の研究の多くはこれを裏付けている。一九四五年、上エジプトのナグ・ハマディで、それまで知られていなかったキリスト教初期のグノーシス主義文献が大量に見つかった。これが翻訳されて一九七七年に出版されると、キリスト諸派とグノーシス主義の関係は、キリスト教の誕生直後、つまり一世紀までさかのぼることが明らかになった。同様に、「キリスト教グノーシス派」が「主流」キリスト教の風変わりな傍系などではなかったことも、今では広く認められている。それどころか、キリスト教グノーシス派は主流の一部だった。それも、次章で述べるように、おそらく大きな一部だった。

だがその後、状況が変わった。四世紀初頭に国家の後ろ盾を得たカトリック教会は、大きく方向を転換した。グノーシス派の自由でときに過激なアプローチは不興を買いはじめ、聖書を比喩として解釈するやり方は、直解的な解釈に取って代られた。そして時を置かずに異端迫害が始まった。カタリ派が常に主張したように、このとき真のキリスト教会が地下に潜ることを強いられ、偽の教会であるローマカトリックが取って代ったのだろうか？　そうだとすると、四世紀に迫害を受け抑圧され非合法化された真の教会が、何とか耐えて生き延び、その教義が六〇〇年後にボゴミール派として再び浮上したのだろうか？

むずかしそうに思える。だが既に述べたとおり、カタリ派・ボゴミール派の中心的思想と三世紀のマニの思想をつなぐ伝達の鎖は存在していた。さらに、現代の学者の意見が一致して認めるように、マニに最大の影響を与えたのがキリスト教グノーシス派なら、「大いなる異端」の鎖の最後の環はグノーシス派のはずだ。

第四章

物事の本質の知識

私は「キリスト教グノーシス派」という言葉を、ある特定の思想あるいはひとまとまりの体系を指して使う。その特徴は、可視の世界とその創造者に対するきわめて否定的な見方と、人間は神聖な火花を内包しているが、それは宇宙の誕生前に起きた悲劇的な出来事の結果、物質である肉体に閉じ込められたものであり、グノーシスによる救済によってしか神のもとへ帰ることができないという概念だ。こうした思想は現存するグノーシス派の一次文献の大半、特にナグ・ハマディ文書に見られる……。

(ローロフ・ファンデンブリュック)

グノーシス主義とは何だったのか、あるいは何なのかを一言で言うのは難しい。既に指摘したとおり、グノーシス主義では個人への啓示と自己表現が特に重視されていた。その結果、多くの基本的なテーマや教義はすべてのグノーシス派で共通だったにもかかわらず、諸派の間には違いも多く複雑だ。各派は普通、天啓を受けた人物の教えを中心に発達した。一世紀から二世紀の例としては魔術師シモン、マルキオン、バシレイデス、ヴァレンティヌスらが有名だ。「グノーシス主義」として緩やかにくくられる広範で多彩な思想や行動の集まりがあった。だが各派は、教祖が受けた天啓の内容によって、それぞれ独自の考察や比喩や教育のための神話、ときには宇宙観の体系を丸ごと付け加えた。

この知的な無秩序を背景にして、グノーシス主義内には多彩で豊かな「体系」がいくつも並立しており、この命題は一筋縄ではいかない。事をさらに複雑化しているのは、四世紀から六世紀にかけて、グノーシス派がキリスト教会から徹底的に迫害されたことだ（1）。迫害によって、信仰を捨てるより無残な死を選んだ人々が数え切れないほど虐殺されただけではない。グノーシス主義の文献も大量に集められ、焼き捨てられた。こうして、人類の生き生きとした知的・霊的活動の記録を収めた貴重な「ハードディスク」が煙となってしまい、未来の世代が思いを巡らす材料は、ほとんど何も残らなかった。天啓を受けた神秘家や偉大な哲学者たちが、人類の現状や死という謎の旅路ついてどう考えていたのか、彼らが見いだしたという、物事の本質や人間の存在の目的についての、解放につながる知識《グノーシス》とは何なのか……すべてが失われたと思われた。

一五世紀間というもの、この粉砕され忘れ去られた宗教に関心を抱いた少数の学者が頼れる史料といえば、彼らを粉砕した当事者が書いたものにほぼ限られた。異端の狩人たちは抑圧したグノーシス派の文献からたびたび引用し、あるいは内容を詳細に記録することもあったが、それは彼らに反対する説教のためであり、論破するためだった。そうした一方的な史料だけに頼れば、引用する文献の選択も一方的であり、グノーシス主義に対して非常に偏った理解をすることになるだろう。たとえて言えば、ナチの宣伝家が書いた本から、ユダヤ教の正確な姿を想像しようとするようなものだ。

ナチのたわ言ならば無視できる。なぜならユダヤ教はグノーシス派と違って今も健在なので、真の姿を知ることができるからだ。だがグノーシス派も多少の幸運に恵まれた。彼らの聖典の大半はキリスト教の暴虐で破壊されたが、四世紀末に、上エジプトの未知の異端信者の集団が万一に備え、禁じられたグノーシス主義の文献を相当量集めて「タイムカプセル」に入れた。このような文献を所持していることが見つかったら危険だった。そこで大きな陶器の壺の「カプセル」は地中に埋められた。場所は、悠久のナイルの流れを見下ろす崖の下、巨大な丸石のそばだった。

おそらく持ち主は、状況が好転したら文書を取りに戻るつもりだったのだろう。だが戻っていない。彼らは異端信徒であることを見破られ、殺された可能性が高い。四世紀末の二〇年間、数年前にコンスタンティヌス帝の改宗に成功したキリスト教内の独断的な一派は、ローマ帝国に手厚く守られ、力を誇示していた。エジプトでは、興奮した狂信者や粗野な僧が暴徒化し、地元当局の暗黙の了解のもと、ときには直接の武力援助を受け（2）、各地で恐怖をまき散らした（3）。暴徒は、何千年も前から神々を讃えてきた神殿を破壊し、古代の碑文を損傷し、神官や哲学者を殺した。こうした圧力を受けて、古代エジプトの崇高な宗教は息絶えた。だが、キリスト教徒のテロリストが最悪の暴虐を働いた相手は「異教徒」ではなかった。もっと敵視されたのは、エジプトで一世紀以来成長を続け、信者を増やしていたキリスト教グノーシス派の諸派だった（4）。

崖下の丸石のわきに「タイムカプセル」を埋めたのは、このような教派のどれかの信者だったのだろう。それから一六〇〇年近く、エジプトの暮らしがゆっくりと変化していく中で、カプセルは誰に見つかることもなく、そこに留まることになる。

ナグ・ハマディ文書：タイムカプセルか時限爆弾か

一九四五年一二月、上エジプトのナグ・ハマディという町の近くで、ムハマド・アリという地元の農夫が家族の所有する畑を広げる作業をしているうちに、偶然、陶器の大きな壺を掘り出した。壺は無傷で、誰かがわざわざ埋めたものに違いない。縦に埋められ、そばには大きな丸石があった。壺を壊すと、革で装丁されたパピルスの書物一三冊と、綴じられていないパピルスが多数出てきた。ムハマド・アリは、はるか昔に失われた宗教についての知識を記した計り知れない価値を持つ文献を自宅に持ち帰った。バラのパピスル片の多くは、母親がたきつけに使ってしまったが、書物は（正確には「写本《コーデックス》」）焼失を免れ、やがてエジプトのブラックマーケットに現れた。政府の考古部門がこれを検査し、一三冊の写本のうち一冊を購入し、一〇冊半を押収した。残りの一冊の大部分は密かに国外に持ち出され、米国で売りに出された。オランダ・ユトレヒト大学のグノーシス主義の専門家ジル・キスペル教授がその価値をいち早く認め、この写本も救出された。

この写本を取りあえず訳してみたキスペル教授は驚いた。キリスト教の福音書のようだが、これまで全く知られていなかったもので、新約聖書のどこにも出てこない内容なのだ。題名は『トマスによる福音書』。内容はイエスが双子の兄弟ユダ・トマスに語った秘密の言葉とされている。新約聖書はイエスの双子の兄弟について一言も触れていない（5）。

ムハマド・アリの母親に焼かれたページを別にして、五二種類のテキストが回収され、一二冊半の写本のかたちで残った。使われたパピルスの科学的検査と文章が書かれたコプト語の分析から、この写本が西暦三五〇年から四〇〇年までの間に作られたものとわかった（6）。だが内容がいつのものかは別問題だ。テキストはキリスト教時代初期のエジプトで日常的に使われたコプト語で書かれているが、それよりも古い時代のギリシャ語から翻訳されている。大方の学者は、テキストの大半が一二〇年から一五〇年の間に執筆または編纂されたと見ている（7）。だが、少なくとも『トマスによる福音書』は例外だという意見にも説得力がある。ハーバード大学のヘルムート・ケストラー教授は、この異端の福音書の一部は「一世紀前半（西暦五〇～一〇〇年）のものであり、マタイ、マルコ、ルカ、ヨハネと同時期か、それより古い可能性がある」という（8）。

正典とされる新約聖書の四つの福音書の成立年代は普通、西暦六〇年から一一〇年とされる（9）。だが『トマスによる福音書』の場合、これは禁書であり、キリストの真の福音書だと主張している。そうなるとこれも相当古いことになる。ことによると他の正典の福音書より古い、つまりキリストの時代にさらに近い可能性があるわけだ。そうなると、正典の福音書について、穏やかでない疑問が浮かぶ。本当のところ、どこまで正典だといえるのか？　正典がキリストとキリストを取り巻く事象について真実を残らず語り、真実以外は語っていないと、どうして言えるのか？　ナグ・ハマディ文書の中には「先輩」の福音書が存在する。ということは、かつてマタイ、マルコ、ルカ、ヨハネを含む、より幅広い文書が存在したが、ある時点で新約聖書から削除されたとも考えられる。この印象は、ナグ・ハマディ文書の五二種類の文書に、他にも異端の福音書がいくつか含まれていることを考えるとますます強くなる。『ピリポによる福音書』『真理の福音書』『エジプト人の福音書』などだ。ムハマド・アリの母親が焼いたパピルスの中には、さらに他の福音書もあったのだろうか？　あるいは、ナグ・ハマディのタイムカプセルに入れられず、異端狩りによって歴史から抹殺された福音書はなかっただろうか？

「組織」㈠　グノーシス派秘密結社の痕跡

ナグ・ハマディ文書のテキストで気になる点は他にも多い。ナグ・ハマディ文書が主として一世紀から三世紀にギリシャ語で書かれ、その後コプト語に翻訳されて四世紀末に隠されたことを思い出してほしい。この時代は既に指摘したとおり、新たにキリスト教を国教としたローマ帝国が、持てる力を総動員してキリスト教の異端派を狩りはじめた時期に当たる。グノーシス派は特に容赦ない暴力の対象となった。それを考えると、ナグ・ハマディ文書のうち数編が、秘密結社らしきものに言及しているのは非常に興味深い（10）。通常、この秘密結社は「組織」と呼ばれている。この組織の任務の一つは、「霊的な場所（星々）を描く」記念碑を建てることだった（11）。また、奸計や隠密行動を含め、あらゆる可能な手段を用いてグノーシス主義の神聖な知識を守り、闇と無知という宇宙的な力に対抗することも仕事のうちだった。この闇と無知は……。

多くの欺瞞によって人々を惑わせ、大きな困難へと導いた。彼らは楽しむことなく年老い、真実を見つけることも、真実の神を知ることもなく死んだ。こうして創造物すべてが、世界のはじまりから今に至るまでずっと奴隷となっている。(12)

ナグ・ハマディ文書に見られるグノーシス主義の宗教は、明白に二元論だ。あらゆる存在の中に、二種類の強い霊的な勢力をはっきりと認識している。愛と善を代表する光の神と、憎悪と悪を代表する闇の神だ。一〇〇〇年後のボゴミール派やカタリ派と同じくグノーシス派も、物質宇宙や人間の肉体をつくったのは後者、つまり悪の神だと信じていた。だが人間の魂は、善の神の支配する霊の領域から来たものなので、そこへ戻ることを切望している。悪の神の一番の目的は、この願いの邪魔をして、迷える魂たちを永遠に地上に縛りつけておくことだ……「彼らに忘却の水を飲ませ……本来どこから来たのかわからなくする」(13)。悪の勢力は知性をマヒさせ、「精神の盲目」(14)という病を広げようとする。なぜなら「無知は諸悪の母である……無知は奴隷であり、知識は自由である」からだ(15)。

これとは対照的に、「組織」は光の霊的勢力に仕えていることが、ナグ・ハマディ文書からはっきりわかる。その聖なる目的は、人間を隷属状態から解放することだ。それには、参入儀礼によって人間を知識の宗派に入れなければならない。これほど重要かつ緊急の課題はないだろう。グノーシス派の見方では、人類こそ宇宙規模の闘争の焦点あるいは支点なのだ。したがって、個人が無知ゆえに悪を選べば、それは単なる物質や、限りある命や、人間の次元をはるかに超えた波及効果をもたらす

(16)。だからグノーシス派は言う……「われわれが闘争する相手は血や肉ではない。この闇の世界を支配する者どもや邪悪な霊だ」(17)。

公共の工作者

アレクサンドリアはグノーシス派にとって最重要拠点の一つだった。彼らはそこで、まだわずかながら続いていた古代エジプトの宗教と密接な接触を持ちながら暮らし、ユダヤ教や初期のキリスト教とも共存していた。彼らはキリストを崇めたが、後世のカタリ派やボゴミール派(およびマニ教やパウリキアノス派)と同じで、キリストが肉体を持って生まれたとは信じず、「幻影」説を取っていた。

一世紀から三世紀のアレクサンドリアのグノーシス派が、古代エジプトの神オシリスを崇拝していた証拠もある(18)。オシリスは再生の神で、「光の守護者として闇の前に立ちはだかる」(19)。オシリス崇拝は、キリスト教以降の他の二元論宗教にはみられない。

一方、これもマニ教・マッシリア派・パウリキアノス派・カタリ派・ボゴミール派との共通点だが、グノーシス派もユダヤ教・キリスト教で崇拝される旧約聖書の神エホバを悪の勢力、「闇の世界の支配者ども」の一人と見なした。彼らにとって、エホバは邪悪な「デミウルゴス(造物主)」だった。この名称には多少侮蔑的な響きがあるが、文字通りにはギリシャ語で「公共の工作者」を意味する(20)。つまりエホバは低級神で、自らの封土として地上を創造し(工作が趣味の何でも屋と思えば近い)、自分を崇め、敬愛する存在が欲しいばかりに人類を地上に置き、この哀れな生きものを騙してエホバを唯一神と思い込ませたのだという。エホバの目的はただ一つ、人間を霊的に無知なまま、闇の中で永遠に鎖につながれた状態にし、悪行に耽らせ、未来永劫にわたって所有することだった。このためナグ・ハマディ文書では、旧約聖書とは対照的に、エデンの園でアダムとイヴを「誘惑」する蛇が、悪玉ではなく人類の恩人、善玉として描かれている。

「神はお前たちに何と言った?」と、蛇はイヴに尋ねた。「知恵［グノーシス］の木の実を食べてはいけないと言ったのか?」

イヴは答えた。「食べてはいけないだけでなく、手を触れてもいけない、触ると死んでしまうから、と言われたわ」。すると蛇はこう言ってイヴを安心させた。「怖がらなくていい、死にはしないから。神はねたみの気持ちから、そんなことを言ったのだ。死ぬどころか、お前たちは目が開き、善悪を知って神々のようになるだろう」。(21)

グノーシス派によれば、アダムとイヴが知恵の木の実を食べると精神に光が差し、自らの光の性質に目覚め、善と悪を区別できるようになった。蛇が言ったとおりだった。二人の知的・霊的変容を目にしたデミウルゴスはねたみにかられ、仲間の悪鬼たちを呼び出した。

アダムを見ろ!　彼はわれわれと同じように、光と闇の違いを知るようになった。このままでは命の木の実も食べて、不死になるかもしれない。彼を楽園から追い出して、彼がもといた地へ送ろう。そうすれば、もうほかのことには気づかないだろう。こういうわけで、彼らはアダムとその妻を楽園から追放した。(22)

このグノーシス派の創世記で目立つのは、アダムとイヴが「楽園」から「地」に追いやられる経緯だ。その地で彼らは人間に秘められた真の潜在力を知らないまま生きることになる。霊的な楽園から肉体と物質の世界へ転落するという発想は、天使が天から地上に落ちて人間の体に入ったというボゴミール派やカタリ派の考えにきわめて近い。どちらの場合も魂の苦境は同じだ。物質の中に閉じ込められて己の本質を忘れ、自らの神性に気づかない。悪の神の奸計にはまって枠［肉体］から抜け出せないまま、人知を超えた怪物の気まぐれに振り回される。

ナグ・ハマディ文書の創世記では、地上に「転落」した後の人間の歴史についても書いている。時がたち、アダムとイヴの子孫たちは高度な発達段階に達し、機械や道具を使って物質世界を巧みに操り、深淵な霊的探求にも挑みはじめた。嫉妬したデミウルゴスは、人間の可能性を減らすために、再び悪の勢力に呼びかけた。「われわれの手で洪水を起こし、人間も獣も、すべての肉を消し去ってしまおう」(23)。

グノーシス派によると、洪水は邪悪さへの罰ではない。旧約聖書にそう書いてあるのは嘘だという。そうではなく、あまりにも進化した人間を懲らしめて、人間界で成長しつつあった「光を奪う」ために起されたのだという（24）。この目的は大洪水でほぼ達成された。生き残った者も「大いなる混乱の中に投げ込まれ、生活が苦しくなり、雑事に忙殺され、聖霊にかまけている暇がなくなった」（25）。しかし幸いなことに、少数ながらまだ古い知識を持っている人々が残っていた。彼らはその知識を未来の世代に伝えようと固く心に誓った。どれだけ長い年月がかかろうと、どこへ行くことになろうと、皆が再び目覚めるその時まで……。（26）

「組織」㈡　一〇世紀に再び目覚めた？

私たちは考えてしまった。ナグ・ハマディ文書が隠された四世紀末にグノーシス派に対する激しい迫害が始まったが、そのとき、文書に登場する謎の「組織」はどう反応したのだろう？　組織のメンバーは、グノーシス派の創世神話に登場する、洪水を生き延びた人々と同じ立場にいると考えなかっただろうか？　もちろん、このとき彼らが直面したのは、旧約聖書の邪悪な神が人間から光を奪うために起こした、文字どおりの「洪水」とは違う。だがグノーシス派にしてみれば、少なくとも同じ程度に危険なものだった。異端の狩人による捜査の手や、いつ起こるかわからない暴徒化したキリスト教徒の襲撃、焚書や火あぶりが身近に迫っていたのだ。

ナグ・ハマディ文書を読むと、ある可能性が心に浮かぶ。困難な時期に備えて、グノーシス派の教えを安全に守るため、秘密結社が設立され、少なくとも一世紀から三世紀（文書が作成された時期）まで存在していたのではないだろうか。そのような「組織」が、文書が埋められた頃まで活動をしていたとすれば、四世紀から六世紀にかけてのホロコーストを生き延びた可能性も十分にある。隠れみのや移動先としてすぐ思いつくのはマッシリア派やマニ教だ。だが、それでなくとも少数の敬虔な信徒がこっそり教団を維持し、六世紀から一〇世紀の暗黒時代にも新たなメンバーを集め続けるのは、それほど難しいことではなかっただろう。用心さえ怠らなければ、ことさら注意を引くことも、正体を見破られることもなかったはずだ。隠遁者や僧が集団で辺鄙な場所に暮らす例はいくらでもあったから、そうした共同体を隠れみのにして、再び表舞台に出られる時を待てばいい。

そして、グノーシス派が影から表舞台に再登場し、世界宗教の樹立に再び挑戦するのに、一〇世紀頃ほど都合の良い時期があっただろうか？　ちょうどこの頃、九二〇年から九七〇年に「神に愛《ボゴ》された者《ミール》」と名乗る異端の教祖がブルガリアで説得力ある布教を始めている。彼が設立した教会は、大衆の目覚めを促すという大望を抱いていたこともわかっている。その影響はまず東方正教会の勢力圏に、それから北イタリアやオクシタニアといったローマカトリック教会の支配下にある地域へと、非常な勢いで広がっていった。

どちらの戦線でも、当時圧倒的優位を誇っていた「正統派」のキリスト教に戦いを挑んだのは、多くの点で初期のキリスト教グノーシス派とそっくりな宗教だった。

そしてどちらの場合も、挑戦者こそキリストによる真の教会であり、その正統な地位を現在の教会が簒奪したのだと主張した。

グノーシス派・ボゴミール派・カタリ派：多くの共通点 (一)

グノーシス主義は、多くの学者によって、キリスト教より少し前に現れた哲学的な宗教だと思われている。それが、まるでウイルスのように初期のキリスト教に入り込み、グノーシス思想を広める媒体とするためキリスト教を変えようとしたという。「キリスト教グノーシス派」の名もそこから来ている。だが、彼らの提示する証拠から反対の結論を引き出すこともできる。つまり、キリスト教という新興宗教はもともとグノーシス主義だったが、聖書を直解的に解釈する強硬派に乗っ取られ、都合のいいように変えられてしまったのかもしれない。どちらにしても、ほとんどの専門家は、紀元前一世紀のパレスティナをグノーシス主義発祥の地として挙げ、そこから急速にアレクサンドリアに広がり、その後の拡大はアレクサンドリアが拠点となったと考えている(27)。

パレスティナとアレクサンドリアはこの時代、背景こそ大きく異なっていたものの、どちらも同じヘレニズム文化圏に属していた。ヘレニズム文化は紀元前四世紀のアレキサンダー大王の遠征によって、地中海沿岸、メソポタミア、イランにまで広がった。この時代は、知的探求と創造と理性ときわめて高い霊性があふれる活気に満ちた時期であり、その後もしばらくその状態が続く。この時期、古代エジプトの神官、イランの二元論者の祭司《マギ》、秘教ミトラ教の奥義者、ギリシャのプラトン派哲学者、ユダヤ神秘主義者、仏教の伝道僧をはじめとする、各地からのさまざまな影響が、ヘレニズム的な巨大なるつぼの中で渾然としていた。この「混乱した、しかし胸躍る遭遇」の中で、「グノーシス (物事の本質を知ること）の宗教であるグノーシス主義が生まれた」と、歴史学者ジョスリン・ゴドウィンは言う（28）。

グノーシス主義の基本要素はいくつかある。その中で最も重要なのは、情け深い愛の神が支配する完全に善な霊と光があふれる領域が存在する一方、われわれが暮らしている物質の領域は悪の神が創造したという概念だ。既に見たとおり、旧約聖書が語るエホバの行いは、一世紀から二世紀のグノーシス派にとって、この概念を説明する格好の実例だった。聖書にはエホバが世界を創造したと書かれているが、彼の行為は必ずといっていいほど邪悪にして陰険で、悪意とねたみに満ち、暴力的で残酷で、いかにも悪の神にふさわしい。一〇世紀から一四世紀のカタリ派やボゴミール派も、エホバをまったく同じ文脈で、全く同じ目的のために使っているが、これが偶然であるはずがない。

グノーシス派とカタリ派とボゴミール派が、一〇〇〇年の年月に隔てられながらきわめて近い関係にあったことを示すヒントがもう一つある。この三者とも、われわれの魂は善の神の創造物で善の世界に属しているが、肉体は悪の神が作った物質世界の一部だと信じていたことだ。グノーシス主義・カタリ派・ボゴミール派はいずれも、魂は悪魔のつくった物質世界の虜であり、さらに深みに引きずり込まれてますます抜け出せなくなる危険に絶えずさらされていると考えた。何もしなければ魂は永遠に囚われの身のままだ。この状況を打開するためには三者とも、信者となって参入儀礼を受け、グノーシスを得るしかないと信じていた。

どの派の場合も、グノーシスとは、絶対的な確信をもって瞬間的に洞察することのようだ。これで、魂が置かれている悲惨な状況や物事の本質、そしてグノーシスによる救済の道がわかるのだ。三者とも、キリストは（われわれの罪を贖うために死んだ）贖罪者ではなく、神からの流出であり、人間の目を開かせ、人間たちの置かれている真の苦境を自覚させるために地上に降りてきた、と考えた。そして三者とも、キリストの到来を宇宙規模の大事件としたが、キリストが肉体に転生したことは否定し、その肉体は幻影で、磔刑も幻覚だったと信じていた。

グノーシス派・ボゴミール派・カタリ派：多くの共通点　㈡

第一千年紀はじめの四世紀間に栄えたグノーシス派と、第二千年紀はじめの四世紀間に栄えたボゴミール派・カタリ派の間には、他にも細かいところで多くの共通点がある。第二章でも述べたが、カタリ派の一般信者である帰依者を完徳者へ昇格させる儀式に使う救慰礼は、初期教会で参入儀礼として行われた成人洗礼と基本的に全く同じものだ。皮肉なことに、スティーヴン・ランシマンが指摘するように……。

中世のカトリック聖職者の論客は、完徳者というエリート階級を設けているといって異端派を非難したが、それは初期キリスト教の慣習を非難することにほかならない。また、彼らが嫌悪した異端の参入儀礼は、初期のキリスト教が信者を教会に受け入れる際に行った儀式と、一字一句違わないといっていいほど似ている（29）。これほどの類似は偶然ではあり得ない。キリスト教会が誕生から四世

紀間行っていた儀式を、カタリ派は当時の教義に合わせて多少の変更を加えただけで、守り続けていたのだ。(30)

初期の教会で行われた典礼は、元をたどればほとんどすべて初期のキリスト教グノーシス派の典礼だったことが、今では明らかになっている(31)。こうした典礼は、四世紀から五世紀にかけて、ローマの直解派キリスト教が力を増すに従って、廃止され別のやり方に変更された。だが生き残ったグノーシス諸派は当然、禁止された儀式を守り、その後も実践し続けただろう。そうした教派のいくつかは、第三章で提唱した伝達の鎖の一部として名前を挙げた。だがほかにも人里離れた集落や、敵対する宗教の組織内で「ヴェールをかぶって」存在していた可能性は高い。

まるでスパイ小説のように聞こえるかもしれない。だが、グノーシス派や二元論教派の多くがきわめて秘密主義だったことは、歴史学者も認めている。彼らは当局の目を逃れるのが非常にうまくなった。見つかれば火あぶりになるのだから無理もない。前章までに例を挙げたとおり、一〇世紀から一四世紀にかけては、東方正教会やローマカトリックの修道院内でボゴミール派やカタリ派の「異端の巣」が発覚する例が少なくなかった。それを考えると、おそらく主流派の「ヴェールをかぶる」ことは標準手法になっており、四世紀から五世紀に迫害されたグノーシス派も同じ手を使ったと考えられる。事実、ナグ・ハマディ文書を隠した謎のグノーシス派グループも、キリスト教の修道士だった可能性が非常に高い。当時、文書が埋められた場所から九キロ以内に、正統派のパコミア派に属するといわれる修道院が二つ存在していた（32）。

救慰礼という参入儀礼はカタリ派やボゴミール派にとって、二つの重要な役割を果たしていた。まず、手で触れることで、聖霊の力を伝えられる。両派は、この「接触の鎖」は使徒から途切れることなくつながっていると主張している。聖なるエネルギーが志願者に一気に流れ込むと、一瞬のうちに魂の苦境に目が開き、真のすみかである天から引き離され、悪の神の世界に囚われていることを悟るという。こうして瞬く間に与えられた啓示によって、救慰礼を受けた者は、魂が物質の束縛を破って天に帰るために必要な完全な知識と霊力を得ると信じられた。

ユトレヒト大学のローロフ・ファンデンブリュック教授は、救慰礼が真に「グノーシス的な」参入儀礼ではない、と主張している（33）。救慰礼によって特殊な知識《グノーシス》が伝達されるわけではないからだ。ファンデンブリュック教授はこの分野の権威で、その研究は私たちも大変に尊敬している。だがこの説は、グノーシスがどんな「知識」であったかを狭く限定しすぎているし、グノーシスがどのように得られるかについても全く考慮していない。既に指摘したとおり、一世紀から四世紀のグノーシス主義の参入儀礼も、一〇〇〇年後のボゴミール派・カタリ派の参入儀礼も、頭に手を置くというシンプルな儀式だった。したがって、それによって得られるグノーシスが、口承や書物を通じて知的に学ぶという類いの知識体系でなかったことは明白だ。グノーシスとは啓示された知識、神から与えられる知識であって、まるで電撃のように一瞬にして訪れるものであり、志願者一人ひとりが直接、個人的に体験すべきものだった。その実体は、複雑な知識でも難しい知識でもない。バーナード・ハミルトンの言うように、初期のキリスト教グノーシス派はそれを単に「人間の置かれた真の状況に関する知識」と見ていた(34)。そういうものだから、グノーシスは、感得するしかない。

また、救慰礼は「グノーシス的」ではないというファンデンブリュックが、次のように断言している。

カタリ派は二元論であり、穏健派であろうと絶対派であろうと、グノーシス的だといえる。物質世界は悪の創造主がつくったもので、魂は肉体という牢獄に閉じ込められているという思想をグノーシスと呼べないなら、グノーシス思想は存在しない。この意味で、カタリ派は中世のグノーシス主義である。(35)

カタリ派やボゴミール派の救慰礼の二つ目の機能は、志願者を帰依者の階位から完徳者の階位に昇格させることだ。両派はこの点でも、一世紀から四世紀のキリスト教グノーシス派のパターンを踏襲している。同じくマニ教も、信徒を完全者と聴講者という二つの階位に大別していた。二世紀にヴァレンティヌスが創設した初期のキリスト教グノーシス派も同じだった。ヴァレンティヌスも、自らの率いる「良きキリスト教徒」を二つの階級に分けた。「霊者」(「神性に満ちた者」(36))と「心者」(努力しだいで霊者となる可能性がある者)だ(37)。やはり二世紀の、カリスマ的異端指導者マルキオンも、自らの名を冠した、強い影響力を誇ったグノーシス教会で同じシステムを使った(38)。カタリ派・ボゴミール派の完徳者の場合と同じく、厳しい禁欲や断食、菜食、純潔は「霊者」だけの義務だった。「心者」はカタリ派・ボゴミール派の一般信者と同じく、こうした義務がない代わり、霊者を敬い、その世話や保護をする義務があった(39)。

グノーシス派・ボゴミール派・カタリ派：多くの共通点 ㈢

四世紀から一三世紀まで全く変わらなかったものが、もう一つある。グノーシス思想や二元論を信じる者たちを、主流派教会が一貫して非常に残酷に罰したことだ。火刑台で生きながら焼かれるのがどんなことか考えてみれば、理性的な人が気楽にそのような死に方を選ぶわけがない。それなのに、参入儀礼を済ませたグノーシス主義者の大多数が信仰を捨てるよりこの恐ろしい死に方を選び、一〇〇〇年後にも多くのカタリ派の完徳者が同じことをした。これは何を語るのか？ 少なくとも、こうした男女が自らの正しさをいかに深く確信していたかがわかる。彼らが正しかったかどうかはまた別の問題で、はっきりとは知る術がない。だが炎の試練が過ぎた後に魂に何が起こるかについて、絶対的な確信を持っていたことは、間違いない。

グノーシス派と後のボゴミール派・カタリ派は、主流のキリスト教とも、大きな共通点を一つ持っていた。四者とも特定の「制度」を提示し、それに従えば魂は救われると約束する「救済宗教」であることだ。しかしよく見てみると、この点においてすら、カタリ派・ボゴミール派・グノーシス派は直線の一方の端に、主流のキリスト教は反対側の端に立っていることがわかる。カトリックや東方正教会の教義を要約すれば「信仰のみによる救済」、つまり盲目的に信じればそれでいいという考えだ。一方、異端派が提供するのは、知識を通しての救済だった。啓示された知識、感得する知識、救いの知識を、参入した信者が自ら体験するのだ。

勘違いであったかどうかは別として、グノーシス派やカタリ派があれほど落ち着いて炎の試練に耐えられたのは、彼らが死後に何が待っているかを個人的に知っていたからだ。ただそれだけだ。

大神官《ポンティフェクス・マクシムス》

異端への罰として火あぶりの刑を思いついたのは、ローマカトリック教会ではない。教会は、何世紀にもわたるローマ帝国の伝統をそのまま受け継いだだけだ。アウグストゥス帝（在位紀元前二三年～後一四年）以来、ローマ皇帝は代々、古代ローマの国教の大神官であるポンティフェクス・マクシムスを兼任した（40）。国教とされる宗教は常に同じとは限らなかったが（事実、変更もあった）、皇帝は常に国教の大神官であった。天命を失いたくなければ、皇帝は国教を保護し、それに害を及ぼそうとする者は処罰しなければならない。このことは、ほとんどの宗教にとっては問題にならなかった。厄介事を起さない限り、どんな宗教でも黙認されたからだ。だが攻撃的な福音宗教である、キリスト教やマニ教は影響を被った。国教の権威に対する目立つ脅しは、国家そのものに対する挑戦と受け取られた。そのため、禁を犯した者は異端として告発され、多くが火あぶりの刑に処せられた。

紀元前一八六年にはディオニュソス神をあがめる謎の宗教がローマで禁止され、何千人もの信者が処刑された（41）。宗教の行事を邪魔したかどで、「哲学者」たちが火あぶりにされたこともあった。彼らは「人間の運命は突然破綻するものだと笑いながら」火刑台に向かい、「炎の中で身じろぎもせず」死んでいったという（42）。一〇〇〇年後にラングドックで迫害が始まった際のカタリ派完徳者も、同じように身じろぎもせずに死に臨んだことが、何度も目撃されている。

ローマの歴史家タキトゥスは、ネロ帝の治世（五四〜六八年）に起こったキリスト教徒の大虐殺を記録している。ただし、これは国教の保護というより、キリスト教徒に対する当時の民衆の憎悪に端を発していたようだ。それでなくても「忌まわしい行状」のために憎まれていたキリスト教徒は、西暦六四年にローマを灰燼に帰した大火の犯人という、無実の罪をきせられたのだ。

まず自白した者が全員逮捕された。次に彼らの自白を聞いて、驚くほど多くの人々が放火よりも、人類に対する憎しみの罪で有罪とされた。彼らは、あらゆるやり方でなぶり殺された。彼らは獣の皮をかぶせられて犬にかみ殺され、十字架にくぎ付けにされ、火刑に処せられた。日が暮れると、火あぶりの者が、夜空を照らす明かりとして使われた。（43）

ローマ皇帝が大神官の立場で大規模なキリスト教迫害を始めたのは、それから二〇〇年近く後のことだ。最初は二五〇年にデキウス帝が、ローマの神々に生贄の動物を捧げなかったキリスト教徒を処刑した。殉教者は二五七年から二五九年に、ヴァレリアヌス帝の下でさらに増え（44）、三〇三年から三〇五年にはディオクレティアヌス帝がキリスト教徒とマニ教徒に対し、それぞれ別の手を打った(45)。ディオクレティアヌスは「マニ教徒に関する布告」で、マニ教の指導者たちと一部の頑固な信者に火刑の命令を下した。マニ教徒が多くの犯罪にかかわり、人民の平穏を乱し、「諸都市全体に甚大な損害」を与えたからだという。マニ教徒がなぜ異端なのかについては次のように書いている。

われわれの父祖がはっきりと定め、われらの制度の中で地位とやり方を認知されている教義を議論することは、重大な犯罪である。ゆえにわれらは固い決意をもって、こうした無価値な者どもの執拗な悪事に罰を下すこととする。(46)

つまり、ディオクレティアヌ帝が哀れなマニ教の伝道者を火あぶりにしたのは、彼らが国教の確立している教義や教理を受け入れなかったからだ。この布告の調子は、十字軍にラングドックのカタリ派攻撃を呼びかけた、一三世紀の教皇の公告に気味が悪いほどよく似ている。

ローマ帝国のキリスト教徒迫害については、ティモシー・フリークとピーター・ガンディが著書で適切な指摘をしている。「キリスト教が公式に迫害されたのは……その全歴史の中で、合計しても五年間だけだ」(47) これは、西洋のキリスト教文化圏で育つ子供が植え付けられる、何世紀も迫害が続いたような印象とは大きく違う。真実は、西暦五〇年から二五〇年までに少数の散発的なケースが起こり、その後数年間迫害が続いただけなのだ。ただしこれが悲惨な数年だったことは確かで、頻繁な火刑だけでなく、真っ赤に焼けた鉄の椅子に座らせる、鞭で打つ、フライパンで焼く（！）、野獣に食わせる等の拷問も行われた（48）。

キリスト教徒の苦難は、キリスト教の友人であるコンスタンティヌス大帝が三一二年にミルヴィウス橋の戦いでライバルを倒し、残虐で暴力的なローマ帝国の支配者となったときに終わりを告げた（49）。コンスタンティヌスは即座に、キリスト教にも国家の容認を適用した。これは、大神官の権限が廃止されたということではない。コンスタンティヌスは引き続きその権限を握っていた。ただ、これ以降、「背教者」ユリアヌス帝の治世（三六一〜三六三年）を例外として、この権限がキリスト教徒に対して行使されることはなくなった。三八〇年に、テオドシウス帝の下で（50）、キリスト教のうちローマカトリックが国教に採用された（その一方でキリスト教の他の教派は「痴呆的で頭がおかしい」と決めつけられた）（51）。こうしてこの瞬間、カトリック教は正式に、大神官である皇帝の保護を受ける権利を手に入れた。だが、カトリック教はこれよりずっと前に、コンスタンティヌス帝自身から、内部の敵、つまり異端を自由に迫害して良いというお墨付きを与えられていた。

火刑台への最初の一歩

ローマ人の基準でさえ、コンスタンティヌス大帝は善人ではなかった。長男のクリスプスを（同席する式典に向かう途中で）処刑し、妻ファウスタを過熱したサウナに閉じ込めて蒸し殺している（52）。彼が洗礼を受けてキリスト教徒となったのは死の数時間前であり、それまでは心置きなく残酷で度を超えた邪悪な行いに励むことができた。実際、彼がキリスト教を受け入れた大きな理由の一つは、(ミルヴィウス橋の「奇跡的」勝利を別にすればだが、それはまた別の話となる)、ローマの宗教の中で、多々ある彼の罪を帳消しにすると約束したのはキリスト教だけだったからだ。どうやら異教の神官たちは、このような乱暴者が贖罪を願い出ることすらおぞましいと断ったらしい(53)。

というわけで、死後の魂がどうなるかを心配する立派な理由があったコンスタンティヌスは、キリスト教の司教らに非常に大きな借りがあり、その一部を三一二年から三一三年のキリスト教公認で返している。だが彼は有権者の動向に敏感な政治家だった。そこでカトリック教がいくら求めても、帝国内に多くの信者と強力な支持を持つ他の多くの宗教について、その信教の自由を取り消したり、干渉したりすることを拒否した。キリスト教自身が恩恵を受けたばかりの信教の自由を擁護して、彼は司教らにこう言った。「永遠の命を目指す戦いに自ら進んで参加するのと、脅して強制するのとは別の話だ」(54)。

この件に関してコンスタンティヌスは、生涯、同じ姿勢を貫いた。例外は一度だけだ。三二四年から三二六年頃の勅令で、コンスタンティヌスは「キリスト教の異端教派による毒のある過ち」を攻撃し、財産没収などの迫害を始めた。勅令の文面は、コンスタンティヌスに媚びる伝記を書いた高名な教父エウセビウスのおかげで、現代でも知ることができる。少し長くなるが引用しよう。

おまえたちノヴァティアヌス派の者（55）、ヴァレンティヌス派の者、マルキオン派の者［後の二者はグノーシス主義の有名教派］、パウロ派の者、そして反フリギア派と呼ばれている者たち、つまり、私的な集会で異端の教えを信じている者たちすべてよ、今この法令によって次のことを知るがよい。すなわち、おまえたちの愚かしい考えが多くの偽りと織り合わされ、その教えが有害な毒を含んでいるため、健康な者が病気になり、生きている者が永遠の死に送られている。おまえたちは真理の敵対者であり、生命の敵であり、破滅の助言者だ。おまえたちのすべてが真理に反し、悪の醜い行為と手を取り合っている。それは奇っ怪なまやかしに奉仕し、その奉仕で偽りを口にし、罪なき者を苦しめ、信じる者への光を否定している……おまえたちの間でなされた犯罪はかくも大きく際限なく、悪意に満ちた粗雑な議論で充満しているので、それらを言葉にするのに丸一日を費やしても十分ではない。いずれにしても、このようなものから耳を閉じ、目をそらすのが適切で、われわれの信仰の純粋で汚れなき献身を、個々の例を詳述することで汚すべきではない。それではなぜ、われらはこのような悪をこれ以上耐え忍ばねばならぬのか。いつまでも放置しておくと、健康な者が、この疫病のような病に感染することになる。なぜわれわれはただちに、人々に訴えることで、かくも大きな悪の根を掘り起こそうとしないのか。私は、おまえたちの有害で破壊的な影響力にこれ以上耐えることはできないので、この法令によってあらかじめ告げておく。今後、おまえたちは一人として相集うことはきないのか。また、私の下した命により、集会がもたれているおまえたちの建物はすべて……公の場所ばかりか、個人宅や私的な場所であっても……没収され……争う余地なく、かつ遅滞なく普遍的教会（カトリック）に許されない。

に引き渡される……以後、おまえたちには、相集う機会はいっさい与えられず、本日以降、おまえたちの不法な集会は、公共の場所であれ私的な場所であれ、いかなる場所においても許されない。(56)

【秦剛平訳『コンスタンティヌスの障害』(京都大学学術出版会)を参照】

迫害へと続く危険な坂道の、これが第一歩だった。それから一世紀もしないうちに、テオドシウス帝などと手を組んで、カトリック教会は異端信徒を火あぶりにしはじめる……。

威圧が学習されたとき

カリフォルニア大学の歴史学教授H・A・ドレイクは、コンスタンティヌスらしくない三二四年から三二六年の反異端の布告は、まず間違いなく、司教らが圧力をかけた結果だったと考えている(57)。つまり、皇帝はこれでまた、カトリックに霊的な借りの一部を返したことになる。それに、当時の彼の立場における選択肢から見ても、これは当然の行為だった。

異端についての、皇帝と司教の思惑は一致した。不適切な礼拝に対する措置は何世紀も前から皇帝の務めであり、コンスタンティヌスとしても行う用意がある。一方、皇帝を支持してくれる新たな有権者団体にはそれを要求する権利が十分あるとも考えた。さらに、これはきわめて安上がりに、皇帝のタフガイぶりを攻撃的なキリスト教徒に見せつけるチャンスでもあった。(58)

ドレイクは、ローマでキリスト教が権力を握るまでの過程を研究している。三一二年のコンスタンティヌスによる公認から三八〇年の国教化を経て、三九二年に他の宗教がすべて禁止されるまでに、キリスト教と国家の関係がどう変化したのかを調べたのだ(59)。これは善かれあしかれ、キリスト教の未来にとって、その後たどることになる進路が決定された、きわめて重要な期間だった。ドレイクによれば、これはまた「攻撃的なキリスト教徒が、まず支配権を握り、次にキリスト教の行動方式を決定した」時期でもあったという(60)。彼は、コンスタンティヌス後の数十年間で、教会は「力を増し、それにつれてますます好戦的かつ威圧的になっていった」と指摘し、「キリスト教に何が起こったのか? この攻撃的な教派が勝者となったのはなぜなのか?」と、疑問を持っている。(61)

既に述べたとおり、一世紀から三世紀までの「キリスト教」は多種多様な教派の集まりで、どの教派もキリストの信奉者を名乗ったが、教義はバラバラで、食い違っていた。

天秤の一方の端にはグノーシス派など、旧約聖書を受け入れず、新約聖書を二元論の枠組内で寓意的に解釈する教派がいた。彼らはキリストが肉体をもって生まれた(あるいは十字架にかけられた)とは信じず、個人が受ける啓示やインスピレーションを最大限に許容し、他教徒に教義を強制する気は全くなかった。使徒から受け継いだ伝統を守る、キリスト教本家を自称していた彼らにとって大事なことは、強制ではなく、個人的な探究や体験だった。それにより奥義者は救済されるのに必要な真理の知識に導かれる。彼らは、この知識《グノーシス》に至る道が一本しかないとは考えていなかった。したがって、教義に盲目的に従い、それ以外の信仰は許さないというやり方を、グノーシス諸派は拒絶した。

天秤の反対側には、ドレイクのいう「攻撃的なキリスト教徒」、つまり四世紀初頭にコンスタンティヌスの後ろ盾を得てローマに本拠を置いたカトリック教徒と司教たちがいる。彼らもまた、使徒から受け継いだ真の伝統を守る、キリスト教の本家を自称した。現代のわれわれが「キリスト教会」と聞いて思い浮かべる宗教は、こちらの教義や信条だけに基づいて、その後の数十年間に形成されたものだ。彼らは旧約聖書を受け入れ、新約聖書はあくまでも直解的に解釈した。キリストは肉体をもって生まれ、十字架にかけられ、生身の体で復活した（そして、人間も将来、肉体をもって復活する）と信じていた。二元論は認めず、個人の覚醒や天啓に対して全く不寛容で、同じ信仰を他人に強制することを義務だと考えた。彼らにとって大事なことは、信者が教義を絶対に正しいと信じることだった。したがって、独断、盲目的服従の強制、暴力に訴えてでも他の信仰を認めない側面は、彼らには最初から付き物だった。

なぜ、攻撃的教派が勝者となったのか？　この問いに対してドレイクは、ある意味で堂々巡りの答えを出している。つまり、かつては多様だったキリスト教会の中で攻撃的な一派が勝者となったのは、彼らが攻撃的だったからだという。さらに彼らが一番早く国家の強制力を利用できるようになったからだという。ドレイクは、人間による組織の常として、「大衆運動には必ず、信条の異なる者との共存を願う人々と、不信者はアウトサイダーであり、脅威だから始末するべきだと考える人々がいる」と示唆する（62）。

四世紀のローマでは、異なる信条を許容できない人々が権力を利用できる立場になった。そうなれば、その力が画一化を推し進める意図で他の宗教を破壊し、無力化することに使われるのは避けられない。だが異教徒の迫害についてはコンスタンティヌスが気難しい態度を取ったため、公認された後、数世紀の間、カトリック司教らの独善的傾向は、もっぱら同じキリスト教の異端との戦いに向けられた。その後も教会は、この戦いを恐ろしいひたむきさで実行し、一三世紀から一四世紀のカタリ派は滅亡に追い込まれ、一七世紀になってもまだ、ヨーロッパでは異端の火刑が日常的に行われた。そもそも、こうして早い段階で内部の競争相手に対する差別や非難、処罰、弾圧、そして物理的排除を行ったからこそ、攻撃的教派は自らの教義を完全に明確化できたのかもしれない。「異端の存在は教会の存在と切り離しては考えられない」と、ゾーエ・オルデンブールは主張する。「両者は足並みをそろえて進んだ。教義のあるところには必ず異端があった。そもそも始めから、キリスト教会の歴史はさまざまな異端との長い戦いの記録だった」(63)。

こうして、コンスタンティヌスが攻撃的キリスト教徒に借りを返す「安上がりな」方法として始まったことが、非正統派キリスト教諸派を強制的に画一化することになり（これは血気盛んなローマ皇帝の独裁本能にアピールしたはずだ）、その影響は後世にまで及ぶことになる。コンスタンティヌス以前のキリスト教は百家争鳴で、どの教派が特に力を持っているということはなかった。どれも迫害を受ける身だったからだ。コンスタンティヌス以後、キリスト教は急速に二極化した。片方は、聖書の直解的解釈をするカトリック教会の司教たちで、皇帝が懐柔した攻撃的な教派だ。もう片方は、他のすべての教派であり、それぞれに少しずつ異なる意見を持っていた。その結果、三二四年から三二六年以降、は「異端」になり、集会の自由や家・財産、生命を失う危険を冒したければ、司教らの絶対的に正しいとされる見解に、公然と異議を唱えるだけで十分になった。相手がローマ教会の最高司教であれば、なおさらだ。三八〇年代になって皇帝が伝統のローマ国教の大神官（ポンティフェクス・マクシムス）の地位を返上したのは偶然ではない。これを引き継いだのは教皇だった(64)。こうして今日に至るまで、ローマ教皇の正式称号はポンティフェクス・マクシムスとなっている(65)。

コンスタンティヌス以前の権力志向

キリスト教会内の好戦直解主義は、異端を処罰しようというコンスタンティヌス帝の意欲から生まれたわけではない。強い直解主義的傾向は四世紀よりずっと古くからキリスト教に存在し、グノーシス派のどの教派にも負けないくらい古いのだ。皇帝は単に好戦的直解派を利用したにすぎない。コンスタンティヌス帝の治政下で起こった本当の大変化は、直解派が初めて、他者に彼らの見解を強制する力を持ったことだった。

今にして思えば、彼らはこうなることを何世紀も前から狙っていたことが明らかだ。彼らはチャンスを待つ間も、対抗勢力を困らせるためだけに、やかましい感情論や憎しみに満ちた告発を一貫して行っていた。現代ではブラック・プロパガンダと呼ばれる、情報操作の高等テクニックだ。彼らの物腰や言動のすべてが、いつの日か他者に対する強制力を手に入れると確信しており、手に入れたら躊躇なく行使することを示していた。それがコンスタンティヌス帝の下で実現したのだ。

たとえば、二世紀にカトリック教会のグノーシス派攻撃の最先鋒だった、エイレナイオスのこの言葉を考えてみてほしい。

創造主を冒瀆するヴァレンティヌス派をはじめ、誤って「グノーシス派」と呼ばれている者どもは……サタンの手先であると神を敬うすべての人々にわからせよ。彼らを通じて、サタンは今も……神を批判しているが、神はあらゆる種類の背教に対し永遠の業火を用意している。(66)

一世紀から四世紀にかけてこの手のレトリックは何度も繰り返された。それには食人行為や乱交を行った、赤ん坊を生贄にしたなどという過激な告発が含まれることも少なくなかった。また、グノーシス派を禁止する以前から、将来の迫害に備えて、グノーシス派の参入者を特定するテクニックが使われていた。グノーシス派の高位の位階者はたいてい菜食主義なので、エジプトの正統派のキリスト教の聖職者や修道士の間では、週に一回の肉食を義務づける方法が、異端の「あぶり出し」に効果をあげた(67)。

歴史を書くのは勝者であって敗者ではない。だから、こうした魔女狩りやグノーシス派への憎悪を煽る作戦が、二世紀の時点で既に彼らに対する肉体的暴力につながっていたかどうかはわからない。

しかしグノーシス派の言い分が、ナグ・ハマディ文書の一つ『大いなるセツの第二の教え』の中に残っている可能性がある。一部を引用してみよう。

我が家を出てこの世界に降り、肉体をもった存在となると、われわれは無知な者ども［異教徒］のみならず、キリストの名を広めていると考えている者どもからも憎まれ、迫害された。それというのも、彼らは空虚であることに気づかず、己が何者かもわかっていなく、まるで口のきけない獣のようだったからだ。(68)

罪なき者の大量虐殺

先に長く引用したコンスタンティヌス帝の三二四年から三二六年の勅令によって、好戦的なキリスト教徒は、長年欲しがっていた、旧敵グノーシス派を迫害できる国家権力を手に入れた。この勅令が、好戦的教派の好む過激なレトリックで書かれていることは注目に値する。コンスタンティヌスはこの中で、グノーシス派の教えを「毒」と形容したが、これはドレイクが指摘するように、きわめて意図的な選択だ。つまり、グノーシス派を毒蛇になぞらえているのだ。同様に……。

彼は、健康な魂を冒す危険があるという意味で、異端を病気になぞらえてもいる。こうしたレッテルは、集団の特定とその集団のイメージダウンという、二つの重要な役目を果たした。これによって信者を見つけたり、非人間的な扱いをしたりするのが容易になった。この段階ではまだ対象範囲や規模が限られていたとはいえ、このステップによって、同世紀末に起こる、より大規模な弾圧への道が開かれた。(69)

コンスタンティヌスの治世の最後の一〇年間に、好戦的教派は予想されていた通り、皇帝に与えられた新たな力を行使しはじめた(70)。最初のうちは、まるで相手の出方を探ろうとでもするような慎重な態度だったが、コンスタンティヌスの息子たちの治世になると、迫害は大幅に激化した(71)。テオドシウス帝は、在位一五年間に、それまでのどの皇帝よりもグノーシス派に厳しく当たり、彼らを標的とした新法を一〇〇以上も成立させた。こうした法律によって、グノーシス派は財産や自由を剝奪され、集会所を没収され、書物の破棄を命じられ、しばしば命まで奪われた(72)。上エジプトでナグ・ハマディ文書が摘発や破棄を避けるために隠されたのがまさにこの時期だったのは、偶然ではないだろう。記録が完全でないが、同時期に下エジプトで国家の支援による反異端テロがあったこともわかっている。

三八四年から三八八年まで、テオドシウス帝の下でアレクサンドリアの知事を務めたマテルヌス・キュネギウスは、異端や異教徒に対する執拗な嫌がらせや迫害で有名だ(73)。偉大な国際都市アレクサンドリアは、グノーシス主義の最初の拠点の一つだった。ここでは混合神セラピス(古代エジプトのオシリス神とアピス神の融合)が、さまざまな社会的・宗教的背景を持つ地元民の間で長年、広く信仰されていた。学者たちは、キリスト教グノーシス派がセラピスに生まれ変わったオシリスの秘義に参加し、「見たものをキリスト教的に解釈した」のではないかと考えている(74)。アレクサンドリアの複数のグノーシス主義教派がセラピス神をそのまま善の神のシンボルとして使っていたことも注目に値する(75)。もっとも、その多くは、エジプト風ではなく、あごひげに長衣というギリシャ風だった。霊的な真理の探究における、このような柔軟性と自由な発想は、七世紀ほど前に誕生して以来、ずっとアレクサンドリアの特徴だった。そして、寛容と融合という尊敬に値する伝統があるだけに、知事キュネギウスが配下の軍勢を、あらゆる階層の住民を守るという名目で、カトリック以外の宗派掃討作戦に使いはじめたとき、市民の多くは衝撃を受け、次に激怒した(76)。

キュネギウスの死から三年後の三九一年、国家支援を受けた迫害はますます激しさを増した。同じころ、アレクサンドリアのカトリック大司教テオフィロスは、キリスト教徒の一般大衆を煽ってグノーシス派や異教徒を襲うように仕向けた。暴動が起こり、弾圧を受けた教派の信徒が多数、セラペイオンに避難した。セラペイオンとはプトレマイオス一世ソテル(紀元前三二三〜二八四年)によって建設された、セラピス神を祀った大神殿だ。プトレマイオス一世ソテルはもとアレキサンダー大王の将軍で、クレオパトラの時代(紀元前五一年から三〇年)までエジプトを支配したプトレマイオス朝の創始者にあたる。逃げ込んだ人々は、これほど長きにわたって聖域として崇められてきた場所なら安全だと考えた。しかし間違っていた。大司教テオフィロスの扇動で暴徒と化した多数の僧も含むキリスト教徒が、セラペイオンを包囲して襲ったのだ(77)。神殿には、中央の建物を囲む回廊に、古代の貴重な書物や巻物が多数収められていたが（78）、これも持ち出されて燃やされた。その後、帝国軍も公然とキリスト教徒による攻撃に加勢するに及んで、防衛側は虐殺され、神殿は跡形もなく破壊された（79）。

しばらくしてから事件を調査した皇帝は、虐殺は被害者が自ら招いた事態であるとして、加害者を処罰しなかった（80）。神殿の蔵書の損失を惜しむこともなかった。テオドシウス帝が「神の怒りを招き、信仰心篤い者たちを怒らすといけないから」、キリストの教えに反する書物はすべて焼くべきだと考えていたのは有名だ（81）。

異端審問のはしりと古い敵

五世紀はじめ、エジプトのグノーシス派は大司教テオフィロスの迫害によって激減していたが、教会や国家が、残るグノーシス派に対する圧力を緩めることはなかった。たとえば、テオフィロスの後任のアレクサンドリア大司教キュリロスは、物質世界はデミウルゴスの創造物だと信じ（82）、キュリロスを光をもたらす者（典型的なグノーシス的概念）だと認めない集団を迫害した（83）。キュリロスの使者を務めた修道院長シェヌーテは、「あらゆる種類の魔法」に関する「忌まわしい書物」を没収して警告した。「私はお前たちに、大司教キュリロスを認めさせる。さもなくば、お前たちの大半は剣に倒れ、それを免れたものも追放されるであろう」（84）。

キュリロスは、甘く見ることのできない男だった。四一五年、彼はアレクサンドリアの非凡な女性ヒュパティア惨殺のきっかけを作った。ヒュパティアは異教徒の哲学者で、「プラトンやプロティノスの学派に属した」といわれている(85)。「同時代の他の哲学者をはるかに上回る、文学や科学への造詣」で有名で、市民から非常に愛されていた(86)。彼女の人気をねたんだ大司教が殺害を命じたという説もある。理由はともかく、ヒュパティアは暴徒化したキリスト教徒によって自宅から引きずり出され、教会に運ばれて、瓦の破片(オストラコン……本来は二枚貝の殻のことだが、屋根を葺くレンガの瓦もこう呼ばれた)で手足を切り落とされた(87)。キリスト教徒に好意的な当時の史料によると、「彼らは彼女をキナロンという場所へ運び、死体を火で焼いた。人々は大司教キュリロスを取り囲み、「新たなテオフィロス」と名づけた。なぜなら彼が、この都市の偶像崇拝の最後の残骸を破壊したからだ(88)。

このような狂信的なキリスト教がローマ世界全体にはびこっていたのだから、二世紀から三世紀に多数存在したキリスト教グノーシス派の教団がほとんど姿を消したのも不思議ではない。四四七年の時点ではまだ教皇大レオ(レオ一世)が、グノーシス派の文献は「雑多な邪悪の温床」であり「禁止するだけでなく、完全に破壊し、火で焼かなくてはならない」と非難する必要を感じていたが(89)、五世紀末になると、組織化されたグノーシス派は過去のもののように思われた。

信仰のために命を捨てる覚悟のあった信徒の一部は、マッシリア派として知られるカリスマ的伝道師の集団に加わった。四世紀半ばにエデッサで生まれたマッシリア派は、六世紀になっても健在だった。前章でも触れたが、彼らはグノーシス主義のテキストや教義が中世ヨーロッパのボゴミール派に、そしてそこからカタリ派に伝わる過程に伝達の鎖の一部として、一役買った可能性がある。とはいえ、解体された教団の生き残りが真っ先に避難所として目を向けたのは、同じグノーシス主義でキリスト教の要素も強いマニ教だっただろう（90）。おそらくこのことと、マニ教という福音宗教がいまだに教会にとって現実の脅威だったことが原因で、五世紀にはマニ教が迫害の一番の標的となったのだろう。このときの暴力的かつ徹底した迫害のため、極東ではその後一〇〇〇年間にわたって生き延びたマニ教も、ローマ世界では六世紀末までに完全に力を失った（91）。

とどめは、東ローマ帝国をコンスタンティノープルから支配したユスティニアヌス帝（五二七～五六五年）の政策だった。彼は、異端を反逆罪に等しいとして、自動的に死刑としたので、すぐにマニ教徒の集団火刑が相次いだ（92）。マニ教徒は正体を隠し、善良なキリスト教徒のふりをして、まるで秘密結社のように振る舞うようになった（93）。これに対するユスティニアヌスの対抗手段は、マニ教徒だけでなくマニ教徒を告発しなかった知人も全員、本人がマニ教徒か否かにかかわらず火刑に処すという方法だった（94）。また、私たちから見ると重要なことだが、ユスティニアヌスは異端マニ教の摘発と根絶のために、「質問所」という公式の捜査機関を設立している（95）。

七世紀後にこれとそっくりな恐怖と弾圧の機関「異端審問」を創設した教皇イノケンティウス三世の頭には、ユスティニアヌス帝の作った機関があっただろうか（96）？　「異端審問」はその後大いに恐れられるようになり、やがてカトリックが新世界やアジアに進出するにつれて、グローバルな役割を担うことになる。つい失念しがちだが、イノケンティウスが一二三三年にこれを設立したのは、カタリ派の摘発と根絶という具体的な目的のためだった。前にも述べたが、イノケンティウスはカタリ派を、古代の異端マニ教の復活と信じていた。

というわけで、一三世紀に異端審問を開設したイノケンティウスは、まるで六世紀の前任者のやり残しの続きをやろうとしたかのようだ。そうだとすればつじつまも合う。というのも、当時の多くの教会関係者と同じように、イノケンティウスもボゴミール派やカタリ派の思想や、迫害についても、連続性を強く感じていたからだ。異端側も、自らを連続体の一部であると感じ、教会を旧知の敵として扱っている。

奇妙なのは、長い沈黙の年月の後に、グノーシス主義の「反教会」勢力が、最初から完成したかたちで再登場し、ヨーロッパを股にかけて、ローマやコンスタンティノープルと対決し、世界情勢を一変させようとしたのに、当事者のどちら側にも、驚いた様子がなかったことだ。

第五章

宿敵

怪物じみた連中……あのような汚物は取り除かなくてはならない。
（教皇イノケンティウス三世（一一九八～一二一六年）の、カタリ派に関する発言）（1）

ナグ・ハマディ文書の一篇『大いなるセツの第二の教え』は、グノーシス派が自称キリスト教徒たちに迫害された体験について語っている。舞台は文書が隠される前の、一世紀から四世紀までのいつであってもおかしくない。「大いなる…」はまた、ある告発をしている。一〇〇〇年後にカタリ派やボゴミール派が繰り返すことになるその告発とは、主流教会が詐称者であり、真の教会に取って代った「偽物」だ、というものだ（2）。

これを知ると、前章での「大いなる…」の引用部分に出てくる、他者を迫害することで「キリストの名を広めていると考え」る「空虚な人々」について、よく理解できる。これはカトリック教会そのものか、好戦的で対抗勢力の迫害に熱心な直解主義の一派のことだ。コンスタンティヌス帝の時代になって教会を支配するこの一派は、やがて彼らの儀式を押し付けることになる。これに対抗し、迫害されたのが、グノーシス派の熟達者たちと、「汚れなき真実の神聖な連合」と形容される真の教会を創設した「光の息子たち」だ（3）。偽物の教会は、グノーシス派の「完全な集い」をまね、「死人

（十字架にかけられたカトリックのキリスト）の教えを声高に語る」（4）ことによって信者をあざむいた。だまされた信者の一生は……。

恐怖と隷属、俗世の苦労、礼拝の廃棄だった……というのも彼らは、大いなる者の知識を知らないからだ。その知識は、真理の泉から湧き出で、天から来るものであり、隷属やねたみ、恐怖や世俗の物への愛着から生まれたものではない。（5）

グノーシス的二元論のこの素朴な宣言は、四世紀後半にナグ・ハマディに埋められ、一六〇〇年間眠っていた。だが、ここまで読んできた読者なら、これが一二世紀から一三世紀にカタリ派かボゴミール派の完徳者が書いたものとしても違和感がないことに気づくと思う。世俗の物質は魂を閉じ込め、奴隷化するという考えも同じなら、無知は魂の捕囚を長引かせ、知識は魂を解放すると信じる点も同じだ。さらに、この知識が何なのかの概念も同じだ。それは、偉大なる霊の領域が存在することであり、善の神の国が「上界」にあり、そこが真理の源であり、魂の大昔の故郷だということだ。

既に見たとおり、カタリ派やボゴミール派の教義では、キリストは肉体を持った人間ではなく、幻影だった（6）。「大いなるセツの第二の教え」で磔刑後のキリストが口にする次の言葉も、同じ思想を念頭に置いている。「彼らの意図に反して私は屈服しなかった……私は少しも苦しまなかった。あそこにいた者たちは私を処罰したが、私は死んだと見えただけで、死んではいない……」（7）。

ほかにも、カタリ派やボゴミール派と同じ宗教思想が、一〇〇〇年も時代の古い『大いなるセツの第二の教え』にたくさん出てくる。たとえば、この世の神は邪悪で無知で、旧約聖書の神と同じであること、その手下であるカトリックの司教たちは、「ただの偽物で物笑いの種」であることなどだ(8)。ここに引用したのは「大いなる…」のほんの一部にすぎず、「大いなる…」自体もナグ・ハマディ文書全五二篇の一つでしかない。そして、この五二篇の大半は、そのままカタリ派やボゴミール派の文書としても通用する。したがって、多くの学者が、キリスト教グノーシス派と後世のカタリ派・ボゴミール派の間につながりがないと、いまだに主張しているが、それはありえないだろう。

両者には単なるつながり以上のものがあったと思う。多少の表面的な差異や、時間の大きな隔たりはあるものの、グノーシス派とカタリ派・ボゴミール派には根本思想や宇宙観、教義や信条といったレベルで非常に共通点が多く、両者を区別するのはほぼ不可能だ。典礼やシンボリズム、参入儀礼、構成や組織といった要素も同じだ。グノーシス派と中世の二元論宗派は、同じ敵から同じ理由で同じように容赦ない弾圧を受け、迫害された。こうしたことを考え合わせると、両者は実は同じものだったという結論に抵抗するのが、ますます困難になってくる。

伝統を手中に収める

グノーシス派との権力闘争を制したカトリック教会は勝者の特権として、歴史を好きなように語る権利を手に入れた。そこで、ほとんどの史料が、カトリックこそが「十二使徒の流れを汲む」「本物」

の正統キリスト教であり、その他の教派は逸脱であるとしているのも不思議ではない（9）。だが現在では、最初の三世紀間のキリスト教が幅広い多彩な性格を持っていたことがわかっており、カトリックが主流だったという主張は支持できない。エイレナイオスやテルトゥリアヌスといった独善的な強硬派を核として、後にカトリック教会となった教派が存在したことは証拠から見て、疑問の余地はない。だがナグ・ハマディ文書が発見され、その内容が明らかになった今、同じ時代にグノーシス派教会が存在し、強大な力を持っていたことも無視できない。それなのにカトリックもグノーシス派も、自分たちの教えこそが最も古い「本物」だと主張した。カトリック側の言い分がこれほど長い間、無条件に受け入れられ、グノーシス派の言い分が弾圧され、もみ消されたのはなぜか？　ナグ・ハマディ文書が語るとおり、グノーシス派の伝統のほうが「本物」だった可能性も十分あるのではないか？

学界では以前から知られているが、二世紀のグノーシス主義教派であるヴァレンティヌス派は、現代まで伝わっている新約聖書の四福音書（マタイ、マルコ、ルカ、ヨハネ）のほかに、「イエスの秘密の教えの伝承とされる多数の文献」も認めていた（10）。キリスト教史の大家ヘンリー・チャドウィックは一九六七年の著作で、こうした「秘密の教え」が確かに存在していたことを喜んで認め、それはおそらく「最近エジプトの砂の中から見つかった『トマスによる福音書』（ナグ・ハマディ文書の一つ）」に似ていただろうと述べた（11）。だがチャドウィックは、こうしたグノーシス派の伝承の真偽には関心がなかった。グノーシス派が持っていた「秘密の教え」が何であれ、それが本物であるはずがないと頭から決めているからだ。異端を敵視したエイレナイオスの怪しい理論をもっともらしく説明することすらやっている。彼によれば、エイレナイオスは「四福音書の正当性を数霊術に基づいて巧みに立証した。彼の主張によれば、四は四種類の風や、エゼキエル書に出てくるケルビムの四つの顔の四であり、神聖な数だった……」(12)。

チャドウィックは、キリストが語ったとされる言葉が二世紀終盤の二〇年間にもまだ相当量、口承で流布していたことを認め、これは「まだ福音書と完全に一体化していない権威あるテキストと見なされていた」と指摘する(13)。つまり二世紀末の時点では、新約聖書はまだ完成しておらず(14)、将来キリスト教の教義がどんなものになるかも、まだ未確定だったのだ。

そうしてさまざまな思想(書かれたものも口承もある)が流布している中で、西暦一八五年から一九〇年ごろになって、エイレナイオスをはじめとするカトリックの前身の教団が「書かれた文書が持つ、口承が持たない」利点に気づいたのではないかと、チャドウィックは示唆する(15)。実はその少し前に、グノーシス主義の指導者マルキオンが自派の正典を整え、カトリック側は胆を潰している。だが、当時のグノーシス主義の諸派でそれを受け入れたところは少なかった。さらに諸派が意見を一つにし、グノーシス派の統一正典をまとめとめるという事態は起こりそうもなかった。

原始カトリック教団には、そのような逡巡はなかった。書かれた文書をコントロールする者が事実上「本物の伝承」をコントロールすることに気づいた(16)彼らは、正典となる新約聖書の編纂を始めた。この教団を牛耳っていたのはエイレナイオスのような、己の見解に絶対の自信を持ち、異なる見解を許容しない者たちだった。そこで当然、彼らに都合のいい文献や伝承を本物の使徒の言葉とし、それ以外は偽物として片端から「外の暗闇に追い出す」傾向があった。

これが正当化されたのは、「当時の、たとえばローマやアンティオキアの司教が説くこと」は「あらゆる点で十二使徒の説いたことと寸分違わない」とカトリック側が見なしたからだとチャドウィックは指摘する(17)。エイレナイオスは二世紀に、いわゆる「信仰規則」(異端狩りが好んだカトリック教義の概要)について、「この規則は今、司教らが説いているものだから、使徒から伝わったものである」と述べている(18)。こうして、出所や信頼性にかかわりなく、カトリックの司教が説くことは自動的に十二使徒から伝わった本物とされ、逆に、彼らが認めない教えは何であれ自動的に偽物、つまり異端とされたのだ。

まだ口承が主だった時代に、どのテキストを正典とするかを好戦的な一派が決めるとなれば、行き着く先は一つしかない。原始カトリック教団が、新約聖書の編纂過程で内容を改竄したことは、まず間違いないだろう。そうすればグノーシス派との初期の戦いが有利になり、キリストのメッセージの唯一の仲介者であるという主張を強化できる。

信頼できる目撃者がいない

新約聖書に書いてあることは、どこまで信用できるのか？　信憑性という厄介な問題の真相は、濃い霧に包まれている。だがそれでも、紀元前五〇年から紀元後五〇年頃のパレスチナで、キリスト教という現象の発端となる不思議な大事件が起こったことに異議を挟む人はいないだろう。だが、その現象の引き金となったのが何だったのかは、はっきりしない。キリストは本当に神の子で、血肉を備えた人間として生まれ、十字架上で殺されて、われわれの罪を贖ったのか？ カトリックはこの立場を取っている。それとも彼は神の投影あるいは流出で、生身の人間のように「見えた」だけなのか？ グノーシス派やカタリ派はこの立場を取っている。あるいは、ことによるとキリストとは、単に伝説に尾ヒレがついたものか？ あるいは特定の教団に都合のいいようにでっちあげられた神話なのか？

一番目と二番目の可能性、つまりカトリックの説とグノーシス派・カタリ派の説は、どちらも証明不可能な宗教信条が根拠だから、真実である確率はどちらも同じだ。支持者が何と主張したところで、カトリックの立場のほうが論理的に正しいこともない。キリストが処女の母から肉体を持って生まれた神の子であるという説が、キリストは人間そっくりの幻影だったという説よりも論理的だとか、可能性が高いとはいえない。

何もかも作り話だという三番目の可能性には優れた点が多くある。一番大きな問題は、イエス・キリストという人物が実在した確固たる証拠がないことだ。彼は実在したかもしれない……その可能性は否定できない。だが、そんな人物は、生身だろうが幻影だろうがいなかった可能性も同じくらいある。エジプトのオシリスやギリシャのディオニュソスのように「一度死んでから生き返る」古代の神々と、キリストの類似性は学者から指摘されており、「イエス・キリスト」が人間ではなく神話だった可能性を、真剣に取り上げる必要がある。正典の四福音書には、紀元後六〇年より前に書かれた箇所はなく、新しい部分は一一〇年頃に書かれたと考えられている。ということは理屈から言って、キリストの人柄や発言や行動など、私たちが知っていることのすべてが、紀元一世紀の間に創作された可能性だってあるわけだ。それが二世紀から三世代前に起こった出来事という触れ込みで「目撃者の証言」として口承されてきたのかもしれない。二世紀後半になると活発な編集作業による口承の一本化が始まり、これが正典の新約聖書のもとになった。この頃には言うまでもなく、キリストの生と死を取り巻く出来事を、目撃した者も、目撃者を知る者も、目撃者を知っていた者を知る者すら、一人も生きていなかった。

それでも秘密の宗教は存続した

キリスト教の初期には、多くの小さな教団とともに、二つの競合する勢力がほぼ並行して発展したことを見てきたが、そのどちらが先に誕生したかについては明白な証拠がない。それぞれが正統性を主張し、当時の口承や文献から都合のいいものを選んで、自らの立場を強化しようとした。後にカトリックとなった直解派の教団は、コンスタンティヌス帝という後ろ盾を得て優位に立った。一方、寓意的解釈や啓示を重視するグノーシス派は敗北し、異端と宣告されて迫害を受けた。

私たちは、カトリックとグノーシス派のどちらが古く、どちらが「本物」であるかについての意見は述べない。厳密に言うと、本書で発展させている仮説とは無関係だからだ。指摘したいのは簡単なことで、直解派のカトリックが、解釈派であるグノーシス派に対して継続的な掃討作戦を展開するようになるまで、キリスト教には両方を同時に受け入れるふところの深さがあったことだ。グノーシス派に対する迫害は大成功を収め、六世紀末には直解派だけが生き残ったように思われた。だが、一〇世紀になって強大なキリスト教グノーシス派が、ボゴミール派というかたちで再び姿を現した。この事実から見て、六世紀のキリスト教グノーシス派の滅亡は、見かけほど最終的ではなかったことになる。この秘密の宗教は、何らかの方法で生き延びたのだ。マニ教かマッシリア派、パウリキアノス派を通じてか、あるいは別の目立たないルートを経由したのかもしれない。

これが、ナグ・ハマディ文書に登場する謎の「組織」が私たちを魅了してやまない理由だ。第四章で触れたように、この組織についての記述は、秘密結社の存在を示唆している。この組織は、苦難の時代にグノーシス主義を守り、その後における復活と再普及を図る使命を帯びている

復活が第一千年紀の終わりに実現していなければ、「組織」のもくろみは、古代の甘い考えだと思うところだ。だが、一〇世紀末のブルガリアに突如出現したボゴミール派は、孤立した異端ではなかった。これは、四〇〇年のブランクを経て、本格的なキリスト教グノーシス派が再び姿を現して広がりはじめる、その第一歩だった。一二世紀になると、それがカタリ派として急速に西に勢力を伸ばし、ヨーロッパ全域に広がって、主流教会が一〇〇〇年ぶりに直面する手強いライバルとなった。

教会はこれを新たな敵ではなく、死から蘇った古くからの危険な敵と見なした。教会にしてみれば、大昔に終わったはずの闘争が蒸し返されたように感じただろう。放置すれば、カトリックこそ由緒正しい本物のキリスト教であるという根拠の薄い主張が、根底から揺すぶられることになる。教会がそ

う考えたとすれば、その後に起こった悲惨な出来事の説明がつく。

キリストと反キリスト

すべての戦争は悲惨だ。いつの時代に戦われても、使われた武器が何であれ悲惨だ。中世の戦争は特におぞましかった。中でも一三世紀のカトリック教会対異端カタリ派の戦い、いわゆる「アルビジョワ十字軍」は、人類史上の忌まわしく野蛮で無慈悲な戦争のリストを作れば、上位にランクされるに違いない。

カタリ派は、どのような正義の基準に照らしても、まったく非はなかった。彼らはただ、教皇の権威を認めず、カトリックの教義は誤っていると信じてそれを正そうとしただけだ。理性的な現代人から見れば、こうした主体性は罪ではない。まして、彼らの信条や行動が火あぶりという残酷な刑罰に値したとはとても思えない。過去は外国と同じ…ということは知っている。人々は今とは違った行動をとっていた。中世の世界は、迷信や地獄へ落ちる恐怖に満ちており（カトリック教会はこれを助長し、マインドコントロールの武器として使った）、今日の人々が目標とするような、他人への礼儀正しさという行動規範には縛られていなかった。だがそれにしても、教会の名の下に、それもしばしば聖職者の直接命令によって行われたカタリ派への激しい迫害は、この血なまぐさい時代においてすら、あまりにも常軌を逸していた。それを思うと、加害者側が信じていたことについて不穏な疑問が湧いてくる。

本書の一番の関心は、ある秘密の宗教が長期的に生き残ったのではないかということにあり、その宗教が「正統」か否かではない。だから、カトリックとカタリ派のどちらが「本物」のキリスト教なのかという厄介な問題を、これ以上追求しない。だが、新約聖書の随所に見られる穏やかで愛情深いイエスの精神と、一三世紀前半に自由の地オクシタニアを蹂躙したカトリックの聖職者や騎士たちは、どう考えても相容れない。当時の叙事詩『アルビジョワ十字軍の歌』の作者二人のうち一人はこの問題を、カトリック軍の指揮をとった残忍な将軍シモン・ド・モンフォールに捧げる非公式の皮肉な墓碑銘のかたちで要約している。ド・モンフォールはオクシタニアで一〇年近く、ほぼ絶え間なく殺戮を繰り返した末、一二一八年に戦死した。遺体は華々しい式典の中、カルカソンヌに埋葬された。『アルビジョワ十字軍の歌』は、これを次のようにうたっている。

字の読めるものは墓碑銘から知るだろう、彼が聖人にして殉教者であることを、必ずや再び立ち上がり神の選民となることを、並び無き幸福を謳歌し、王冠を戴き、神の王国に場所を持つことを。だが私はこの件について、次のように聞いている。もしもこの世で救い主イエスを探す手だてが、人を殺め、血を流すことならば、人間の魂を壊し、殺しを重ね、邪悪な助言に耳を傾け、大火を燃やすことならば、暴力で土地を勝ち取り、虚栄の勝利のために働き、悪を育てて善を消し去ることならば、女を屠り子供ののどを切り裂くことならば、彼は王冠をかぶり、天でまばゆく輝いているに違いない。

(19)

言い方を変えれば、新約聖書からはっきりと読み取れる謙遜、非暴力、許し、無条件の愛といった教えを上下・前後・裏表にひっくり返さない限り、シモン・ド・モンフォールのやり方によって、この世でキリストが見つかることはあり得ない。とすれば、当時のプロパガンダや偏見から距離を置くことのできる私たちから見れば、カタリ派に対するカトリックの激しい攻撃そのものが、根本的に非キリスト的だったといえないだろうか？

あるいは、カタリ派が言うとおり、「反キリスト的」だったのか？

「サラセン人より邪悪な…」

アルビジョワ十字軍の背景は、前章までに詳しく説明した。一二世紀に異端カタリ派がオクシタニアをはじめ欧州各地で大変な成功を収め、ローマのカトリック教会上層部は以前からそれを監視し、ねたみと警戒心をつのらせていた。一三世紀初頭までにオクシタニアの人口の半数以上がカトリックを捨て、心のよりどころをカタリ派に求める者がますます増えていた。さらに悪いことに、地元の貴族階級は密かにカタリ派を支持し、公然と擁護することすらあった。貴族の多くはカタリ派の親族を持ち、カタリ派とカトリック司教とのいざこざではカタリ派の味方をし、一部の有力な完徳者と密接なつながりがあった。やがてカタリ派が、一時的現象ではなく、教会を打倒する綿密な計画の一部だということが明らかになってくると、教皇が遅かれ早かれ手を打つのは当然だった。問題はいつ、どんな手を打つかだ。

その「手」を十字軍という恐怖の軍団とすることは、何年も前から、インノケンティウス三世の腹の中では決まっていたらしい（20）。そして、派遣の口実となる事件が起こったとき、彼は直ちに行動を開始した。

問題の事件とは一二〇八年一月に、教皇がオクシタニアに送った使節カステルノーのピエールが殺害されたことだった。元シトー会フォンフロワード大修道院の僧だったド・カステルノーは、インノケンティウスの命で、同じシトー会の有力者であるシトー大修道院の院長アルノー・アルマリックと共にオクシタニアに滞在中だった（21）。彼らは一二〇七年に反カタリ派の貴族同盟を結成しようと試みて、根強い反感を買っていた。参加を拒んだ大貴族のトゥールーズ伯レーモン六世は、ド・カステルノーによって破門された。破門は一二〇八年一月に撤回されたが、レーモンはその前に直接ド・カステルノーに謝罪しなくてはならなかった。彼ほど高貴な身分の者には大きな屈辱だ。翌朝、伯に仕える騎士の一人が、おそらく主人の恥をそそごうとしたのだろう、ローヌ川を渡ろうとしていたド・カステルノーに馬で近づき、槍で体を刺し貫いた。ド・カステルノーはその場で絶命した（22）。

二カ月後の一二〇八年三月一〇日、インノケンティウスは十字軍結成を宣言した。「十字軍」という言葉が同じキリスト教徒との戦いに使われたのは、これが初めてのことだった。古代ローマのキリスト教徒の皇帝たちと同じく、インノケンティウスも明らかに異端殲滅を最優先の課題とした。聖地奪還の戦いよりも優先したほどだ。彼は次のように書いている。

異端信徒を攻撃する際は、サラセン人に対するよりも勇敢に。彼らのほうがより邪悪であるから、強い手で、腕を伸ばしてあたるべし。進め、キリストの戦士たちよ！　進め、キリスト教軍の勇敢な兵士よ！　篤き信仰に心を鼓舞し、汝らの神に対してなされた、この大罪を罰すべし。(23)

一方、シトー大修道院の院長アルノー・アルマリックは、フランス貴族の支援を取り付けるため北フランスに送られた。彼は、こう言ったと伝えられる。「この十字軍への参加を拒む者が、二度と葡萄酒を飲むことがないように。朝晩に上等のリネンを敷いて食事を取ることも、最期の日まで立派な衣服に身を包むことも二度とないように。そして死に際しては、犬のごとく埋められるように」(24)

もっとも、フランス王の宮廷にいたカトリック教徒を動員するのに、こんな脅しは必要なかった。彼らはもともと乗り気だったのだ。近場の冒険で富と地位を手に入れられるだけでなく、教皇の恩恵と免罪を受けるチャンスだったからだ。恩恵や免罪を得るには、普通、聖地で苦労することが必要だった。シモン・ド・モンフォールをはじめ、金めあてに参加した小貴族数十人に加え、歩兵レベルの志願兵があらゆる階層から何千人と集まった。身分の卑しい者にもメリットはあった。従軍中は自動的に借金の返済が延期され、差し押さえられた財産も返してもらえたからだ(25)。

それでも準備に一年以上かかった。一二〇九年二月には、北フランスの各地で十字軍の分隊が編成されていたという記録がある(26)。推定二万の全軍がフランスの都市リヨンに集結し、南に向けて進軍する用意が整ったのは一二〇九年六月二四日、聖ヨハネの祭日のことだった。シモン・ド・モンフォールもこの中にいたが、まだ将軍ではなかった。この最初の軍事行動は、アルノー・アルマリックが指揮を取った(27)。一生を平和と博愛に捧げたはずのシトー会大修道院長という立場が戦場で足かせになったのでは、などという想像は無用だ。それどころか、彼はこの後まもなく、最初に攻撃したカタリ派の都市ベジエで、ある悪名高い蛮行の命令を下すことになる……。

地獄の軍団

スマート爆弾などのハイテク兵器が駆使される現代の戦争をテレビで見慣れている私たちに、中世の軍隊を想像するのは難しい。だが、一二〇九年六月二四日にリヨンを出発した大軍は、原始的な害意と危険な雰囲気を周囲に振りまいていただろう。

主力は馬に乗り、頭のてっぺんからつま先まで鎧で固め、強力な武器を帯びた、訓練を受けた殺し屋のエリート集団で、昔のヨーロッパの武士階級である騎士たちだ。彼らは貴族出身で、子供の頃から戦場に出るために教育されていた。数は全部でせいぜい一〇〇〇人といったところだろうが、一人ひとりが自ら選んだ騎兵や歩兵を、財力に応じて四人から三〇人連れている。彼らは主人のかたわらで規律正しい熟練した部隊として戦った(28)。

その下の階級は、特定の戦闘技術を専門とするプロの兵士たちだ。これには弩《いしゆみ》や投石機（トレビュシェやマンゴネルという、重さ四〇キロもある弾を五〇〇メートル近く先まで飛ばせる道具）を扱う

「砲手」も含まれる。ほかに破城槌で城門を壊すチームや巨大な攻囲塔を組み立て操るチーム、そこから城壁内の防衛側に矢を射掛ける射手などもいた。掘を埋め、基礎の部分を崩すために、工兵や技師も必要とされた(29)。

規律では彼らに及ばないが同じぐらい強力で、ある意味、はるかに恐ろしいのが、フランス語でルティエと呼ばれる乱暴ぶりを買われて雇われた傭兵だ。この頃のヨーロッパは貧しく、しばしば飢饉に襲われたため、土地を持たない者や失業者、食い詰めた人々が大勢田舎をさまよっていた。その中で特に腕が立ち、かつ冷酷な者たちは山賊となり、略奪や人殺しで生計を立てていた。そうしたならず者が集団で、教皇がオクシタニアに差し向けたキリスト教軍に雇われたのだ(30)。ゾーエ・オルデンブールによれば、彼らは……。

失うものを持たず、破れかぶれだったので、先に何が待っていようと構わず突っ込んでいった……彼らで編成された突撃隊は、犠牲になっても誰一人として良心が痛まないので、利用しやすかった。最も重要なのは……彼らが一般市民の恐怖をかきたてたことだ……彼らは単なる略奪や強姦だけでは満足せず、面白いからという理由で大量虐殺や拷問にふけり、とろ火で子供をあぶり焼きにしたり、大人を細かく切り刻んだりした。(31)

ルティエのさらに下には、リボーと呼ばれる無給の非戦闘従軍者がいた。その数は数千人。勝手に十字軍についてきた者たちだ。彼らもまた破れかぶれだった。尻むき出しで辻強盗や死体あさりを働いたり、女を襲ったりする、ボロを着た集団だ。彼らには従軍中に自分たちの「王」を選ぶという奇妙な習慣があり、役割分担や獲物の分配はその王が決めた(32)。

最後に狂信者《ホリー・ローラー》たちがいた。野蛮な旅の伝道師とその熱狂的な支持者たちで、鎌や棍棒といった素朴な武器をたずさえていた。彼らは天国で特別免除を与えられることを願って、主力部隊が見逃したカタリ派を片端から殺した(33)。

イエス・キリストのように平和的で愛情深い存在を信仰すると宣言しているカトリック教会が、意見の異なる者たちを惨殺するために軍隊を招集したばかりが、当時の悪名高い人殺しや山賊を多数、兵士に採用したのは、強烈な皮肉に思える。だがカタリ派の視点で見てみれば、これは完全に筋が通っている。この事件は、後にこれを弁護した人々が主張したように、善良で愛情深い神の教会がどういうわけか(異常なことに、一時的に)極限的な状況によって極度の暴力に駆り立てられたわけではない。カタリ派はカトリック教会を悪の神のしもべと考えていた。だから悪鬼を集めて軍を編成するとは、いかにもカトリックのやりそうなことだった。

こうして、大修道院長アルノー・アルマリックを先頭に、兵や物資で六キロ以上の長い列をなした悪鬼の軍団、あるいは見方によっては、勇壮な十字軍兵士たちが、手に手に斧や槍をかかげて、カタリ派に襲いかかろうとしていた。

「すべて殺せ」：マグダラの聖マリアの祭日と天罰のしくみ

アルノー・アルマリックと配下のならず者二万人は、曲がりくねった道筋でオクシタニアを進んだ。立ち止まるのは、抵抗する力のない町の降伏を受け入れるか、カタリ派の小さな集団を火あぶりにするときだけだった。彼らがベジエにたどりついたのは一二〇九年七月二一日だ。ベジエは裕福な都市で、厚く高い壁に囲まれ、きわめて守りが固い。攻囲は長期戦になるだろうと誰もが思った。

ここで、いくつか興味深いことがある。

私たちの仮説は、カタリ派が、一世紀から四世紀のキリスト教グノーシス派の末裔であり、地下で秘密宗教として生き延びてきたことだ。当時グノーシス派がマグダラのマリアを特に敬っていたことは、学界が一致して認めている。この女性は新約聖書でも小さいながら重要な役回りを演じているが、ナグ・ハマディ文書での地位はそれよりはるかに高い。ここにおけるマグダラのマリアは、キリストの最初の使徒にして一番の親友、そして恋人でもあったとされている（34）。だから、ベジエ周辺は十字軍より何世紀も前から熱烈なマグダラのマリア信仰で有名だったと知ったとき、当然ながら興味をそそられた（35）。地元の言い伝えによると、マグダラのマリアは一世紀中葉にパレスチナを逃れ、船でこの地にやって来た。そしてマルセイユに上陸すると、当時のローマ帝国属州ナルボネンシスで最初のキリスト教伝道師となったという（36）。さらに奇妙なことに、教皇軍がベジエの外に陣を張った七月二一日は、マグダラのマリアの祭日の前日なのだ（37）。さらに奇妙なのは、その祭日の当日に起こった事件だ。

ベジエは、カタリ派だけが住む都市ではなかった。カタリ派の帰依者の数は数千ともいわれるが、住民の大半はカトリック教徒だったと思われる。カタリ派完徳者は、包囲が始まった日に二二二人いたことがわかっている、ベジエのカトリック司教ルノー・ド・モンペローが作成した完徳者の名簿が残っているからだ（38）。モンペロー（前任者は一二〇五年に暗殺された）は、兵士が到着しはじめるとすぐに名簿を持って急いで街の門をくぐり、数時間後に戻ってくると十字軍側の提案を伝えた。二二二人の完徳者を引き渡せ、そうすれば彼らを直ちに火刑に処すが他の住民に危害は加えない、という内容だった（39）。

実のところこれは悪くない提案だったが、後世に残る道義心を発揮したベジエのカトリック教徒はこれを拒否した。同じ市民を裏切るよりは「海の水に溺れて死ぬほうがましだ」と言ったのだ（40）。

だがその後起こったことの悲惨さは、溺死の比ではなかった。

それは七月二二日早朝、無用な小競り合いから始まった。十字軍についてきたリボーたちは、主力部隊から少し離れて、ベジエを囲む城壁のすぐ南を流れるオルブ川の岸辺に集まっていた。ここには城門の一つに続く橋がかかっていたが、リボーの一人が大声で守備側を罵倒しながらぶらぶらと橋に近づいた。この暴挙に腹を立てた何人かが思わず門から飛び出し、この男を捕まえて殺したうえ死体を川に投げ込んだ。彼らは多分、すぐ街に逃げ返るつもりだったのだろう。だがその前にリボーの一団が橋に殺到し、戦闘になった。そのとき、機を見るに敏なベテランのリボーたちの「王」が「仲間を集めて叫んだ。さあ、かかれ！」(41)。

ものの数分で、群集心理と欲望と血への飢えが混合された暴徒たちが、叫び声をあげながら橋の上のもみ合いに加わった。『十字軍の歌』によれば、「彼らの数は一万五〇〇〇人以上、みな裸足で着ているのはシャツと半ズボンだけ、手にもつ武器のほかは武具さえ身につけていなかった」(42)。

持っていたのは手斧だろうか？　肉切り包丁か、あるいは棍棒だろうか？　こうした十字軍の屑が、棒切れや錆びた刃物を振り回して、小競り合いを起こした愚か者たちを壁際に押し戻していった様子を想像すると、暗澹たる思いがする。次に何が起こったのか、確かなところは誰も知らない。だがこの頃には十字軍の全軍が動き出し、傭兵や正規兵の部隊が騒ぎに飛び込んでいた。おそらく小競り合いを起した兵が市内に戻ろうとした際にリボーたちが門を制圧し、兵士たちがなだれ込むまで開けておいたのだろう。経緯はどうあれ、結果は同じだ。防備するまもなく突破されたベジエの誇り高い市民たちに、助かる見込みは全くなかった。「いかなる十字架も祭壇も磔刑像も、彼らを救うことはできなかった。乞食のような男たちはわめき散らしながら、聖職者や女子供まで殺した。一人でも生き延びた者がいたとは思えない」(43)。

十字軍の指揮官たちは、虐殺を防ごうとも、やめさせようともしなかった。それどころか、戦いに加わろうと武具や馬に駆け寄った騎士の一部から、街に大勢いるはずのカトリック教徒と、殺すべき異端信徒をどう区別したらいいのかと尋ねられたとき、アルノー・アルマリックはラテン語で次の悪名高い答えを返したという。「Caedite eos. Novit enim Dominus qui sunt eius」(すべて殺せ。神のしもべのことは神が面倒を見る)(44)。

ほとんどの殺しは下っ端が実行したが、とりわけ陰惨な大虐殺は騎士らによって、マグダラのマリア(マドレーヌ)教会の中で行われた。この教会には、大勢のカタリ派とカトリックの老若男女・子どもたちが恐怖に身を縮めていた。年代記はその数を一〇〇〇人から七〇〇〇人と推定している。彼らも多分、これより九世紀前にキリスト教徒に襲われてセラペイオンに避難したアレクサンドリアのグノーシス派や異教徒と同じく、聖域に逃げ込めば助かると思ったのだろう。だが、やはりアレクサンドリアの場合と同じく、期待は裏切られた。騎士らは教会に突入し、隠れていた者を皆殺しにした(45)。

橋で戦いが始まってから昼までの数時間で、市民全員が殺された。当時のすべての記録に当たり、誇張の可能性も考慮しながら犠牲者の数を計算した現代の学者たちの意見では、ベジエでの死者数は一万五〇〇〇人から二万人だという(46)。オクシタニア最後のトルバドゥールの一人であるナルボンヌのギロー・リキエは、この悲劇の大きさを歌で表現した。

ベジエは陥落し、人々は死んだ。
聖職者も女も子供も助からなかった。
彼らはキリスト教徒も殺した。
私は外に出たが、生きている者は一人も見えず声も聞こえなかった……
彼らは七〇〇〇人を殺した、
聖マドレーヌの聖域に逃げた七〇〇〇人を。
祭壇へ続く階段は
血に濡れた。
教会に悲鳴がこだました。
その後、鐘を鳴らした
修道士らの命も奪い、
銀の十字架をまな板代わりに
彼らの首を切り落とした。(47)

リキエが十字軍に共感していないことは明白で、彼らをよく見せようという意図は全く見られない。証拠がなければ、これは全部、反カトリックのプロパガンダとしてでっちあげたと思ってしまいそうだ。だがマドレーヌ教会で恐ろしい虐殺が起こったことは他のどの史料にも記載されており、考古学的な裏付けもある(48)。それどころかカトリック側は、教会という神聖な場所でこれほど多数の異端信徒を殺したことを、隠すべきことでも、恥でもないと考えていた。シトー会の年代記作者ヴォー・ド・セルネのピエールは、堂々とこう述べている。「あの恥知らずな犬どもが、かの婦人［マグダラのマリア］の祭日に捕らえられて殺されたのは当然のことだ。あの者たちは彼女を侮辱し、その教会を汚したのだから……」(49)。

十字軍の指揮を取ったシトー会の大修道院長アルノー・アルマリックも、教会での虐殺だけでなく、この日の成果すべてについて大喜びだった。この殺戮の原因をつくったインノケンティウス三世に宛てた興奮気味の手紙に、誇らしげに書いている。「年齢も性別も関係なく、二万人近い市民が剣にかけられました。神による報復は素晴らしいものでした」(50)。

究極の真実

ここまで著者の目的は、カタリ派の背後にある秘密の伝統をたどることだった。この伝統は、グノーシス主義という複雑なシステムの精神を一〇〇〇年にわたって守ってきた。その伝統を西洋で永遠に消し去るために結成されたのがアルビジョワ十字軍だ。アルビジョワ十字軍については、既に優れた本が何冊も出版されており、主な包囲や戦闘についても詳しい記載があるので、ここでは細かく述べない。とはいえ、厳しく危険な極限的状況は、人間の行動を研究する絶好の機会だ。だから次章で見るように、十字軍は、両宗派の真実に近づく貴重な機会を提供してくれる。

その真実とは、誰かを脅したわけでも、攻撃したわけでも、戦争をしかけたわけでもなく、己の無害な信条に従っただけのベジエ市民に対し、カトリック側はまるで地獄からのような軍勢をけしかけ、悪魔的な悪と悲惨を押し付けたことだ。ゾーエ・オルデンブールは、この事件が物語ることについて改めて考えてみるべきではないかという。

ベジエで起こったような虐殺は、きわめてまれだ。人間の残虐性にさえ限界はあるはずだ。歴史に残る暴虐行為の中でも、このような虐殺は例外的で目立つ。しかも、戦争のルールにおけるかくも醜い例外の責任者たる栄誉に浴したのは（それも「聖戦」を指揮中に）、有力なカトリック修道会の長なのだ。私たちは、この事実の重さを過小評価しないように注意しなくてはいけない。(51)

しかも悲劇はベジエで終わらなかった。暴虐は、果てがないのではと思われるほど繰り返され、そのどれもが悪魔的な狂気に彩られていた。ただしアルノー・アルマリックは、ベジエで心ゆくまで血を浴びたせいか、この直後に前線から身を引いた。後任として十字軍を任されたのはシモン・ド・モンフォールで、「息をするのと同じほどの気楽さで祈りを捧げ、聖体を拝領し、人を殺した」と形容された男だ（52）。

第六章

異端審問所が創設されるまで、己の認めた神学から髪の毛一筋ほどでも逸脱した者を殺し、飢えさせ、財産を奪うことのできる機関は世界に存在しなかった。他の主要な宗教がこのような機関を設立した例はない。同じほど残忍かつ効率的な世俗の機関はあったが、それらは異端審問所と違って七世紀もの間存続しなかった。

（アーサー・ガーダム、『大いなる異端』）（1）

十字軍は死臭ただようベジエ周辺の野原に三日間留まり、その後、大都市カルカソンヌ攻略に向けて出発した。カルカソンヌは二週間後、戦わずして降伏した。降伏時の条件のおかげで住民は虐殺を免れたが、財産はすべて没収され、無一文で住む家もなくカルカソンヌから永久に追放された。

一二〇九年八月、シモン・ド・モンフォールは正式に軍の司令官となり、ベジエとカルカソンヌの子爵という新しい肩書も手に入れた（2）。もっとも九月中旬になると、彼に託された兵の大半は荷物をまとめて帰郷してしまった。これは珍しいことではなく、予想された事態だった。教皇から罪の許しを得るためには、最低四〇日間の従軍が必要とされる。カルカソンヌの陥落はかろうじてこの期間内だったが、大半の志願兵にとって、この時点で戦争は終わったのだ。

ド・モンフォールは少数の忠実な騎士とともに、敵地の只中で冬を越した。翌一二一〇年になると、そしてその後も毎年だったが、教皇は改めて十字軍結成を呼びかけ、軍勢は再び膨れ上がった（3）。一二一〇年の戦いの背筋の凍るような圧巻は、三日間にわたって激しく抵抗したブラムの要塞を攻略したときに起こった。一〇〇人余り生き残った守備隊は、素直に降伏しなかった罰として、ド・モンフォールの命令で目を潰され、鼻と上唇を切り落とされた。一人の片目は救われたが、それは慈悲心からではなく、片端にされて足もとのおぼつかない盲目の兵たちを、十字軍の次の目的地であるカブレまで引率させるためだった。盲目の兵たちを、カブレの守備隊に対する風変わりなメッセージとしたのだ（4）。

ベジエでは異端もカトリックも無差別に全員が殺されたので、異端者の集団火刑は行いようがなかった。したがって、ド・モンフォールが多数の異端者を一度に焼き殺す機会を得たのは、一二一〇年になってからだ（一二〇九年にカストルで、少数のカタリ派完徳者の火刑を自ら指示したことはある（5））。カトリック側の年代記作者ヴォー・ド・セルネのピエールによれば、十字軍の兵士は皆これを見て「強い喜び」を覚えたという（6）。

機会が与えられたのは城塞都市ミネルヴにおいてだ。ミネルヴには男女のカタリ派完徳者が多数避難したことが知られていた。一二一〇年六月、ド・モンフォールはミネルヴを包囲して水の供給を断ち、弩や投石機で攻め立てて数週間で陥落させた。カルカソンヌと同じく大量虐殺はなかったが、ミネルヴに隠れていたカタリ派完徳者は捜し出されて捕まった。彼らは、信仰を捨てるか命を捨てるかの選択を迫られた。だが、誰一人として信仰を捨てようとしなかった。ある完徳者はカトリック司祭にこう言った。「死も生も、結びつけられた信仰からわれわれを切り離すことはできない」(7)。ベジエの虐殺からちょうど一年後の一二一〇年七月二二日(またもマグダラの聖マリアの祭日)(8)、巨大な焚き火が準備されたとヴォー・ド・セルネのピエールは記録している。捕虜たちはごうごうと燃えさかる炎の前に引き出された。そして……。

一四〇人を超える異端の完徳者が、一人ずつ投げ入れられた。実を言えば、彼らを無理に引きずっていく必要はなかった。なぜなら彼らは邪悪を悔い改めることなく、喜々として炎に身を投じたからだ。しかし女三人は命を救われ……火刑台から降ろされて……神聖ローマ教会と和解した。(9)

翌一二一一年には、さらに多数の完徳者が同じ運命をたどった。一二一一年五月三日、十字軍は長い攻囲戦の後、市壁を壊してラヴォールに突入し、街を制圧した。捕虜のうち四〇〇人以上の完徳者の男女は巨大な焚き火で焼き殺された(10)。カタリ派以外にも、守備隊を指揮した騎士八〇名が、異端をかばったかどで吊るし首にされた。ラヴォールの領主夫人ギロードは暴行の末に殺された。このオクシタニアの貴婦人はカタリ派の帰依者で、市民から非常に慕われており、「満足な食事を取らずに彼女の家を離れた者は一人もいない」と言われたほどだった(11)。ド・モンフォールから傭兵の一団に引き渡されたギロードは、市内を引き回されて罵声を浴びせられたあげく、井戸に投げ込まれ、石を投げられて殺された（12）。

一カ月後、ド・モンフォールはキャセで、さらに六〇人のカタリ派完徳者を火刑に処した（13）。一二一三年になると、スペインでムーア人に大勝して名を揚げたアラゴン王ペドロ二世が介入し、十字軍に立ち向かった。カタリ派をかばって窮地に立たされたオクシタニア貴族の中には彼の親戚が何人もいたし、アラゴンにもカタリ派信徒は多かったのだ。ペドロは希望だけでなく、二〇〇〇の歴戦の騎士と五万の歩兵をもたらした。戦況を逆転するのに十分以上の戦力だ。ところがそうはならなかった。兵力ではるかに劣るド・モンフォールがミュレでペドロを攻撃し、思い切った采配で彼を討ち取ったのだ（14）。この思わぬ悲劇にアラゴンとオクシタニアの連合軍はしり込みし、退却を始めた。退却はパニックに変わり、総崩れとなった連合軍をド・モンフォールの騎士たちが激しく追った。逃げる途中で斬り殺されたり、近くの川で溺れたり、圧死したりして数千人が命を落とした（15）。

オクシタニアの貴族たちが傷をいやし、再びド・モンフォールと対決する力を蓄えるまでに三年かかった。一二一六年にはトゥールーズ伯の起した軍が、十字軍に深刻な被害を与えはじめていた。ド・モンフォールは迷ったら攻撃するといういつもの作戦で、トゥールーズを包囲し戦いの主導権を握ろうとした。トゥールーズ側も気持ちの上で守りに回ることなく、しばしばド・モンフォールの陣に突撃隊を出すなどして果敢に反撃した。

包囲戦は何カ月も続き、防衛側の出撃はどんどん大胆になっていった。一二一八年六月二五日朝、そうした出撃に対処していたド・モンフォールは、トゥールーズの市壁に据え付けられた投石機の弾に直撃されて死んだ。発射したのは少女や婦人の隊だったという(16)。『十字軍の歌』は彼の死を次のように歌っている。

石は目標めがけて一直線に飛んでいき、伯爵シモンの鋼の兜《かぶと》に当たった。目玉や脳みそも歯も頭蓋もあごの骨も、みなバラバラに砕け散り、彼は地面に倒れた。黒ずんだ血まみれの死体となって。(17)

偽の夜明け前の、真っ暗闇

こうしてド・モンフォールが、まるで斧で殴られた牛のように倒れると、息子のアモーリーが司令官となり、一カ月もしないうちに不首尾の攻囲を中止した。だが一二一九年、彼は再び十字軍の指揮を取る。今回はフランス王子ルイも十字軍参加の義務を果たすため、「司教二〇人、伯爵三〇人、騎士六〇〇人、射手一万人」を率いて加わった(18)。両軍はマルマンドの街の外で合流した。既にアモーリーが攻囲を開始しており、両軍の共同攻撃の前に、守備側はなす術もなかった。

このときも十字軍にはつきものの、悪魔の仕業かと思うばかりの非道が行われた。カトリック側の兵士が司教らの号令で、市内の狭い通りを逃げる市民に襲いかかったのだ。彼らがマルマンドで引き起こした痛ましい事件を、『十字軍の歌』はこう語る。

彼らは鋭い剣を振るいつつ街に駆け込んだ。こうして殺戮と恐ろしい暴虐が始まった。男も女も、貴族も貴婦人も、腕に抱かれた赤子もみな、衣服をはがされ、持ち物を奪われ、剣にかけられた。地面には血や脳みそや肉のかけらが散った。手足のない胴体や切り落とされた手足、切り開かれた、あるいは穴が開いてへこんだ死体、細かく刻まれた、あるいはドロドロに潰れた肝臓や心臓も、まるで空から降ってきたように、あたりは一面、血の海と化した……道も、畑も、川べりも。男も女も、老いも若きも命を落とし、逃げおおせた者は一人もいない……。(19)

カトリック軍は、カタリ派が主張したように、悪の神に奉仕していたのだろうか？ベジエやマルマンドの惨劇や、完徳者の殉教や集団火刑、オクシタニアの荒廃にいかなる性質であれ「神」の力が働いていたかどうかについては、何も言えない。だがアルビジョワ十字軍がもっぱら教皇の主導で始まり、継続され、カトリック教会はこうした悪虐に対して直接の責任がある。さらにそれがカトリックの神の名の下で行われたことは、間違いない。

マルマンド陥落からまもなく、四〇日間の従軍義務を終えて免罪の保証も得たルイ王子と配下のフランス兵は故郷へ帰った。アモーリー・ド・モンフォールは残りの少ない手勢で戦いを続けたが、すぐに彼らだけでは勝てないことが判明した。問題の一つは指導力だった。アモーリーは有能な兵士だったが、軍事的才能では到底父に及ばなかった。また、これも同じほど重要だったが、オクシタニアでは愛国心と抵抗の気運が再び高まり、民衆も貴族も占領軍に対して敢然と反撃を始めた。トゥールーーズ伯の率いる解放軍は領土の大部分を奪回し、一二二二年八月に彼が死ぬ頃には、その勢いは止めがたいものになっていた。伯の息子の下でも進撃が続き、一二二四年一月、若きトゥールーズ伯と抵抗運動のもう一人の立役者フォワ伯がアモーリー・ド・モンフォールと平和条約を締結し、これによって十字軍の大半の撤退が決まった(20)。

だがオクシタニアの上にはまだ暗雲が立ちこめていた。一二〇九年から一二二四年までの恐怖の一五年間、オクシタニアの全住民は、宗派を越えて勇敢にカタリ派を守り、文句も言わず死んでいった。この悲惨な戦争の間、カタリ派が非カタリ派の同胞から、災の元凶として非難された痕跡が全くないことは驚嘆に値する。もう一つ驚くのは、カタリ派の帰依者は抵抗運動に参加しているが、アルビジョワ十字軍に関する膨大な史料のどこを探しても、完徳者が暴力行為に加担した例は一つも見当たらないことだ。彼らはどれほどひどい(文字どおり死ぬほどの)目に遭わされても、超人的な忍耐力で徹底した平和主義と無抵抗を貫いたようだ(21)。

これは、彼らが自殺願望の持ち主で死を望んでいたからではない。カタリ派は確かに物質や肉体を嫌悪したが、自殺には断固反対で、一人ひとりの人間は可能な限り魂の捕囚期間を全うすべきだと考えていた。だから完徳者は特徴的な黒の長衣を捨て、正体を隠して逃亡生活を送った。できるだけ隠れ家や洞穴や森に身を潜め、あらゆる手段で敵の目をくらましたが、暴力を使うことはなかった。ゾーエ・オルデンブールが指摘するように……。

あの行き詰まった社会において、この追われる身の不屈の平和主義者たちが、人々の目に、真の教父、霊的な慰めの根源、人間が従うべき唯一の真の倫理的権威と映ったであろうことは想像に難くない。(22)

教皇、仕上げにフランス人を雇う

一二二四年の条約は偽りの夜明けだった。締結のわずか一カ月後、アモーリー・ド・モンフォールは父から受け継いだオクシタニアの広大な領地の権利を放棄した。シモン・ド・モンフォールが全盛期に勝ち取った土地だ。ド・モンフォール親子がオクシタニアの正当な所有者から奪った土地はすべて、アモーリーから正式に、彼よりずっと奪った領土の維持に長けた男に譲られた。フランス国王だ(23)。

前王フィリップ・オーギュストは、教皇の度重なる要請にもかかわらず、アルビジョワ十字軍への直接的な関与を避けてきた。息子のルイや、家臣の領主や小貴族が参加することには反対しなかったが、彼自身ははっきりと不干渉政策をとった。だが老王が一二二三年七月一四日に亡くなると、王座を継いだのはルイだった(24)。一二〇九年にマルマンドで卑劣な虐殺の命を下した、あのルイだ。

ルイ八世として即位し、アモーリー・ド・モンフォールから広大な領土を譲られたルイは、オクシタニアを再訪することにした。ルイの計画は、十字軍にかこつけてオクシタニアを完全に併合することだったが、教皇ホノリウス三世(インノケンティウス三世の後継者)からも有利な条件を引き出した。教皇ホノリウス三世はルイの即位直後から、新たな十字軍を組織してオクシタニアを攻めるよう頼み込んでいたのだ。カタリ派撲滅に必死だったホノリウスはその実現のため、ルイと前代未聞の協定を結んだ。オクシタニアを制圧したら褒美として五年間、フランスの全教会の歳入から一〇分の一を与えると約束したのだ（25）。

アモーリー・ド・モンフォールからオクシタニアの土地の権利書を受け取って二年たらずの一二二六年春、ルイ八世は併合目当ての十字軍もどきを率いて出発した。あまりにも圧倒的な軍勢に、カルカソンヌやナルボンヌなどいくつかの大都市は戦わずして降伏した。彼の最初の、そして最後のつまずきは一二二六年一一月八日に起こった。ルイは突然体調を崩して死んだのだ（26）。

それでも十字軍は続行された。ルイの妻ブランシュ・ド・カスティーユは冷酷で意志の強い女で、一二歳の息子の将来に大きな野望を抱いていた（やはりルイという名で、後の「聖王」ルイ九世）。夫の死で息子の摂政となった彼女の命令によって、フランス軍はオクシタニアに留まり、徐々に抵抗を削いでいった。抵抗勢力の中心は今回もトゥールーズ伯とフォワ伯だった。一二二八年と一二二九の両年、フランス軍は非情な作戦で農村地帯を恐怖に陥れた。オクシタニア全土で村や畑が焼かれ、作物が壊滅的な被害を受けた。村を追われた住民は難民と化した。一二二九年になると、長年の戦いで疲れ切った人々に、もはや抵抗の気力は残っていなかった。トゥールーズ伯とフォワ伯は和睦を申し入れた（27）。

それは屈辱的な和睦だった。条件の一つとして、トゥールーズ伯は一二二九年四月一二日にパリのノートルダム大聖堂で公開の鞭打ち刑に処せられた（28）。これでアルビジョワ十字軍は公式に終結したが、オクシタニアの独立は永遠に失われた。かつて自由の地だった広大な領土は、実質的に被占領国として、フランス王国の支配下に置かれ、一世紀後には完全に併合されることになる。

和平条約によって、伯にはトゥールーズ周辺のわずかな世襲の領地が残されたが、同時に五年間の追放も課せられた。これには一二三〇年六月までの猶予があったが、条約署名後の六カ月はパリのルーヴル宮に軟禁された。彼が領民と過ごす時間を少しでも削り、再び反乱の中心となる危険を減らすためだった。伯が一二二九年一一月にトゥールーズに戻ったとき、この都市が二度とカタリ派に味方してフランスに逆らうことのないように、街を守っていた分厚い壁は取り壊されていた（29）。

銀のかけら

完徳者の集団虐殺や、徐々に激しさを増す迫害にもかかわらず、カタリ派は一二二〇年代を通じて、宗教としての活力を保ち、引き続きオクシタニア人の生活に重要な位置を占め、多くの信者を引きつけた。二〇年代前半の、十字軍という厄介事が片付いたかに見えた時期、カタリ派教会がかなり積極的に組織変更や構造改革を行った証拠がある。司教区の管轄を示す境界線が引き直され、一二二五年にはラーズに新たな司教区が創設された。カタリ派がもう大丈夫だと感じていたしるしだろう（30）。火刑で多数の完徳者が失われたが、それでも一二二五年の時点で男女合わせて数百人の完徳者がオクシタニア各地で活動していたとの計算がある（31）。アルビジョワ十字軍が莫大な被害と多数の死者を出したのは確かだが、異端カタリ派の撲滅という最大の目的は明らかに、まだ達成されていなかった。

十字軍の活動の中心は当然ながら軍事行動だが、一二〇九年からは異端狩りの要素も含まれた。たとえばシモン・ド・モンフォールの絶頂期だった一二一四年七月には、トゥールーズの嫌われ者、カトリック司教フルクが、「当方の各教区で司祭として……異端の撲滅や悪徳の排除、および真の信仰の普及に努めてもらうため……ブラザー・ドミニクとその仲間」を指名している（32）。この「ブラザー・ドミニク」とは、スペイン人のドミニコ・デ・グスマン神父で、一二一八年二月一一日にトゥールーズ近郊に、有名な修道会ドミニコ会を設立することになる（33）。彼は十字軍初期の、まだアルノー・アルマリックが教皇の遣外使節だった頃に異端審問の権限を与えられ、一二二一年に死ぬまで容赦なく行使した。彼がオクシタニアで行った徹底的な弾圧や調査を土台として、一二三三年には教皇庁異端審問所が公式に発足することになる（34）。

一二一八年にシモン・ド・モンフォールが死んだ後の十字軍の劣勢は、異端狩りにとっても痛手だったが、一二二六年にフランスが十字軍を再開したことで状況は一変した。敬虔なブランシュ・ド・カスティーユの指導下で、フランスは異端に対する強硬な措置を支持すると表明した。カルカソンヌのカタリ派司教ピエール・イザルンと、ラ・ベセードのカタリ派助祭ジェラール・ド・ラ・モエトが火刑に処せられたのは、それからまもなくだった（35）。

トゥールーズ伯レーモンがフランスで署名し、一二二九年四月一二日の公開の鞭打ちに耐えた和平条約には、過酷な異端狩りの手続きも含まれていた(36)。この手続きはその後、徐々に適用範囲が拡大された。「世俗の腕」であるフランス軍の協力が常にあったため、カトリック教会はオクシタニアの人々の生命と自由に対して無制限に力を行使できるようになった。条約によって、署名者トゥールーズ伯レーモンも異端の弾圧を義務づけられた。彼と父は過去二〇年間にわたって彼らを守るため懸命に戦ってきたのだ。伯は、条約で残されたわずかな領地の代官に異端信徒を捕らえるよう命じ、フランス王に譲渡した広大な地域でも異端狩りを手伝うことになっていた。

われわれは、これらの地から異端者と異端の悪臭を一掃し、領主たる王の所有となる土地の浄化を支援する……彼ら[異端者]の摘発を促進するため、今後二年間は銀二マルク、その後は銀一マルクを、異端者の逮捕に至る原因をつくった者全員に支払うことを約束する。ただし、その異端者が管轄の司教あるいは当局によって、確かに異端であると宣告された場合に限る。(37)

密告者に対する報償金に加え、レーモンは教会にも直接一万マルクという大金を払うことを義務づけられた。教会の資産が異端のために被った損害の修復費用という名目だ。さらに諸修道院に四〇〇〇マルクと、トゥールーズ大学のカトリック神学教師一四名への支援として四〇〇〇マルクを拠出しなくてはならなかった(38)。これは、中世を専門とする歴史学者マルコム・バーバーによれば、この地を「正統な信仰の砦」で満たし、「異端者が安息も保護も見いだせないようにする」ためだった

(39)。

密告文化

同時に、新たな法律が多数制定され、カタリ派信徒に対する風当たりがあらゆる面できつくなった。この四五件の冷酷で、組織的・詭弁的・官僚的な法令によって、異端排斥は事実上、法的義務となった。教会がどれほど深く日常生活に立ち入って、人々を非人間的な行為に駆り立てたかを示す例をいくつか挙げよう。

オクシタニアのカトリック司教は、教区一つひとつに、司祭一人と信頼できる一般人を二、三名任命することになった。後者は「非の打ち所ない評判」の持ち主でなくてはならず、「当該教区に住む異端者を忠実に根気よく捜し出すこと」を誓わされた。国家に動員された自警団の役目は、「怪しい家屋をすべて、居室から地下室まで念入りに調べ、隠れ場所があれば破壊すること」だった。また異端者だけでなく、どんな方法であれ、彼らに手を貸した者を逮捕するのも仕事のうちだった。

自分の土地に異端者が留まることを許した者は、その罪をただちに告白しなければならない。「さもなければ、その罪が確定した際は、その者の土地は永久に没収され、個人にも刑が課せられる」。

本人が知らない間に、または本人の許可なく異端者に土地を使われた場合も、所有者は同じ処罰の対象となる。

異端者が発見された家屋は打ち壊され、敷地は没収するものとする。

異端者が出入りすると思われる場所を管轄する代官が、その異端者を熱心に捜索しないときは、その代官は補償を受けることなく職を失うものとする。

何人であれ、異端者を捜索するためなら隣人の土地に立ち入ってよい。

異端の信仰を捨てて教会に復帰した者は、上衣に「十字を二つ付けることとする。十字は右に一つ、左に一つ付け、上衣自体とは異なる色でなくてはならない」。

すべての教区において、一五歳以上の男と一二歳以上の女全員が二年ごとに、敬虔なカトリック教徒であること、異端を拒否すること、異端者の探索に協力し、知人に異端者がいれば届け出ることを司教の前で誓わされた。このとき教区の全住民の名前が記録され、誓いを立てなかった者は、異端者の疑いがあるとして扱われた。

教区の名簿に掲載された男女（男子一五歳以上、女子一二歳以上）は年に三回以上、司祭に告解を行い、降誕祭《クリスマス》、復活祭《イースター》、聖霊降臨日祭《ペンテコステ》には聖体拝領を受けなくてはならなかった。「聖体拝領に出席しない者、したがって異端信仰の疑いがある者を、司祭は判別しなくてはならない」。

一般人が新約聖書や旧約聖書を所持することは、たとえ一部だけであっても禁じられた。ただし

『詩編』『聖務日課書』『聖母マリアの時祈禱書』は例外とするが、これらも俗語で書かれたものの所持は厳禁」だった。

「世評によって告発され、司教が悪評を知るところとなった者は、異端者と呼ばれるものとする」(40)。

このような法令によって、オクシタニアの自由な空気の中に、ナチを思わせる密告奨励文化の悪臭が漂った。こうして、ゾーエ・オルデンブールが指摘するように、「いわば警察が全住民を統制するシステム」が構築された(41)。私たちは「ナチ」という言葉を意識的に使っている。和平条約の一五年前の一二一五年に開催された第四回ラテラノ公会議で、カトリック教会はナチと同じことを思いついたからだ。ワルシャワのゲットーのユダヤ人が、ナチによって、衣服の目立つところに黄色い円を縫い付けることを強制されたのは、七〇〇年以上後のことだ(42)。だが、一二二九年の和睦後に改宗した元異端者に取られた措置も、図像こそ円ではなく二つの十字だったが、これと変わらない。十字には「汚辱のしるし」として黄色が使われることが多くなり、後の法令でこの色と、十字の正確な寸法や付け方が細かく定められた。それによれば、改宗した元異端者は……。

今後、永久に、黄色の十字を二つ、シャツ以外のすべての衣服に付けること。一つの腕木は二パーム[二〇センチ]、もう一つの横の腕木は一パーム半[一五センチ]の長さとし、それぞれ三デジット[六センチ]の幅とする。一つは胸に、もう一つは背中に付けること。(43)

十字を付けずに「自宅内外を動き回る」ことは禁じられ、違反すれば死刑を含む厳しい罰が課せられた。元異端者はさらに、「破れたりすり切れたりした十字は、繕うか取り換え」なくてはならなかった（44）。

ドミニコ会機動部隊

人と人をつなぐ思いやりや信頼を断ち切る規則が考案され、実施された裏には、冷たく計算高い何者かの存在を感じる。この規則の目的は明らかに、猜疑心と、非難と危機感の雰囲気を作り上げ、財産を失うことや、さらなる悪夢への恐怖を利用して、告発を増やすことだった。

それからの数年間、多くの異端者が捕らえられて殺された。たとえばレーモン・ド・フォーガはトゥールーズ司教の地位に就いてまもない一二三一年、高位のカタリ派完徳者一九名が集団火刑に処せられるのを眺めて歓喜している（45）。彼らは集会に集まったところを、密告によって襲撃された。ド・フォーガはドミニコ会士だった。ドミニコ会は異端との戦いを目的に、故聖ドミニコが設立した修道会だ。謹厳で熱意あふれるドミニコ会の修道士は一二一五年以来、トゥールーズのナルボンヌ門のそばにある三軒の家を活動拠点としていたが、一二三〇年に会の発展に伴ってサラセン壁の近くに引っ越した（46）。一二三四年にはトゥールーズだけで会士が四〇人を超え、ヨーロッパ各地に布教所を置くまでに成長していた（47）。

ドミニコ会が大きな注目と名声と権力を集めるようになったのは、一二二七年にグレゴリウス九世がホノリウス三世に代わって教皇となってからだ。グレゴリウスは、それまでの異端迫害に不満を持っていた。異端迫害は主に各司教の責任だったが、司教以外の者が関わることも多く、混乱が生じ、効率が悪かった。そんなとき、ドイツやフランス、北イタリアでもカタリ派の「危険」が無視できなくなり、オクシタニアのカタリ派も生き残っていた。東欧のボゴミール派も依然として衰えを見せなかった。そのため、カトリック教会の被害妄想は暴走気味となり、あらゆる場所に敵が隠れているという確信が広がった。

これはドミニコ会には幸いだった。一二三一年、グレゴリウスは、教皇直属の「機動隊」として、ドミニコ会に異端審問を任せた。彼らは司教より大きな権限を持つ独立機関として、ドイツのカタリ派の発見・逮捕・尋問・処罰に臨んだ。その成功を見たグレゴリウスは一二三三年、ドミニコ会にフランスとオクシタニアでも同じ仕事を依頼した(48)。成功は成功を呼び、フランシスコ会や地元の司教らの協力もあって、ドミニコ会は次々と大きな成果を挙げた。こうしてまもなく同会は、公式に教皇庁異端審問所として、異端に関しては他の機関の上に立つ権限を与えられた(49)。

「異端審問」という言葉は昔から、異端者から自白を引きだすための過程という意味で使われていた。また容疑者を尋問してまとめて裁判にかける「異端審問会」が、司教によって時々行われていた。だが教皇の直属として、異端審問だけを行う「異端審問官」が公式に任命されたのは、教会史上初めてだった(50)。

スペインではないスペイン異端審問所

本書のために調査を始めたとき、有名だが誤解を招く名称の「スペイン異端審問所」が、一二三三年四月に教皇グレゴリウス九世によって設立されたことも、設立目的がカタリ派の摘発と撲滅だったことも知らなかった。オクシタニアにはこれ以前にも抑圧の構造が存在したが、一二三三年以降のドミニコ会の審問官は、カタリ派信徒の自白を引き出し、信仰を粉砕するためなら、事実上どんな手段でも使える権限を与えられた。たちまち恐怖による支配が始まった。本物の、身の毛のよだつような恐怖で、安全な者は誰もいなかった。

背筋の凍るような実例を、一二三一年に教皇グレゴリウス九世からトゥールーズ司教に任命されたドミニコ会のレーモン・ド・フォーガが提供してくれる。四年後の一二三五年八月四日（偶然にも列聖されたばかりの聖ドミニコの祭日）、ド・フォーガはトゥールーズのドミニコ会修道院でミサを執り行い、その後、仲間と食事をしようと修道院の食堂に向かった。彼が手を洗っていると一人の密告者が、情報網にかかった最新ニュースを持ってきた。近所の家で熱病にかかったカタリ派の老女が死にかけている。良家の奥方だが、つい先ほど逃亡中の完徳者がやって来て、救慰礼を授けて姿を消したという（51）。

完徳者を捕まえるには残念ながら手遅れだが、老女はどこへも行きはしない！ ド・フォーガと仲間のドミニコ会士は、罪人《つみびと》をまた一人正義の裁きにかけられると喜び、夕食を中断すると、修道服だけという格好で、密告された家に急行した。すぐそばのオルメト・セック通りにある、ペティヴァン・ブロジエという男の家で、以前からカタリ派シンパの嫌疑がかけられていた(52)。死にかけているのは妻の母親だった。ブロジエは、ドミニコ会士が病室に踏み込む前に、「司教様」が来たとしか義母に伝える時間がなかったらしい。熱でもうろうとした老女は不幸にも、それがカタリックのトゥールーズ司教のことだとわからず、ド・フォーガをカタリ派の聖職者と思い込んでしまった(53)。

それからゾッとするような光景が展開された。ド・フォーガは弱った老女の勘違いにつけ込み、「この世や地上の物質に対する侮蔑の念」などと、二元論ではありふれた話をしてから(54)、彼女の信仰について質問しはじめた。恥知らずで巧妙なペテン師の術中にはまっていることを知らない老女は、カタリ派の信条をあれこれ語り、自ら異端者であることを証明した。底なしにシニカルなド・フォーガは、これからも信仰を固く守るようにと言って、こう忠告した。「死の恐怖に負けて、心から信じていること以外は、口にすべきではありません」(55)。

老女は正直に、死の床で救慰礼を受けた帰依者なら当然の答えを返した。自分の信仰について嘘をつく気はありません、そんなことをしたら、もういくらも生きられないのに、せっかくの救慰礼の効力が消えてしまいます……(56)。必要な証拠をすべて手に入れたド・フォーガは、この時とばかりに正体を明かすと、彼女の寝台にのしかかるようにして異端を宣告し、カトリックへの改宗を迫った。

老女はようやく大変なことになったと気づいたが、それまでも多くの勇敢なカタリ派信徒がそうしたように、頑として改宗を拒否した。ド・フォーガなどのドミニコ会士がしつこく説得を続けるうちに、近所の人が集まってきて、どうなることかとかたずをのんで見守った。ド・フォーガは被害者が「ますます強情に異端との結びつきを守る」ことに業を煮やして(57)、彼女を「世俗の手にゆだねる」ことにした。異端の処刑という汚れた仕事を地元当局にやらせるという意味で、教会がよく使う言い方だ(58)。このときは、事を迅速に運ぶため、あらかじめ呼ばれていた司法官が死にかけている老女に死刑を宣告した(59)!

伝令の知らせで、プレ・デュ・コント(伯爵の野原)と呼ばれる公開処刑場に、大きな焚き火が用意された。処刑はトゥールーズ中に周知され、大勢の見物人が集まった。老女にとっては、それこそ地獄のような光景だったろう。愛するカタリ派教会が常々この世は地獄だと言っていたとおりだ。彼女は歩けなかったので、ドミニコ会士が寝台にくくりつけるよう命じ、義理の息子の家から寝台ごと処刑場に運ばせた。彼女はそこで最後の棄教の機会を拒み、燃えさかる炎に生身を投げ込まれて焼き殺された。

「これが済むと」と、この事件の目撃者の一人、ギヨーム・ペリソンは書いている。彼もドミニコ会の異端審問官で、ド・フォーガのしたことを全面的に是認していた(60)。「司教は、修道士たちや従者と共に食堂に戻り、神と聖ドミニコに感謝を捧げ、用意された食事を楽しんだ」(61)

老女の娘婿ペティヴァン・ブロジエはどうなっただろう。ペリソンの上機嫌な報告からは、逮捕されたことしかわからない(62)。だが当時の異端審問の規則を考えれば、その後の尋問で助かる方法は、カタリ派の信仰を捨ててカトリックに改宗し、仲間を売るしかなかったはずだ。たとえそうしても、狭い牢屋で一生を過ごすことになっただろう。家族や友人・知人、妻の家族やそのまた友人・知人も全員が尋問を受け、互いの供述が照合され、異端の存在を示す矛盾がないかとチェックされたに違いない。

そしてもちろん、異端者であることが証明された義母をかくまったのだから、オルメト・セック通りの彼の家が取り壊されたのは言うまでもない。

これが異端審問のやり方だった。

矛盾

ギヨーム・ペリソンは、無力な老婦人を陥れて惨殺したという祝賀の報告を、このような手柄はドミニコ会だけの功に帰せられるべきではない、と、謙虚に締めくくっている。「神がこれをなされた……御名の栄光が讃えられ……信仰を高め、異端をくじくために」(63)。

こうした感想を読むと、これが初めてではないが、ペリソンのようなカトリック聖職者の言葉と行動の奇妙な「乖離《かいり》」に驚かされる。このとき彼は、同じキリスト教徒と徒党を組んで、蛮行に及んだばかりだった。とても正気ではできないような残虐な行為を、同じ人間に対して行ったのだ。なのに、そのような悪行を恥じるどころか誇りに思い、それが神の栄光を讃えることになると思っている！新約聖書のどこを読んでも、こんな行為を正当化する根拠は見つからない。彼は一体どの神について語っているのか？

この場合も、事件をカタリ派の視点で見れば、乖離感は消えうせる。ドミニコ会士たちの忌まわしい行動は理屈に合っている。もちろん彼らは、老婦人が苦しむのを見て楽しんだのだ。彼らは悪の神の教会に属しているのだから、それが当然ではないか。

もちろん私たちは半分本気なだけだ……そもそも「神」が存在するのかどうか、誰にわかるだろう? まして善の神と悪の神があるなどと誰にわかる? 確かな答えは墓に入るまで出ないのだから、私たちにできるのは、対立する説を秤にかけて、それを関係者の行動と照らし合わせてみることしかない。そうしてみると、カタリ派の神学体系なら、カトリック教会が人を火あぶりにしたり、街の住民を皆殺しにしたことを無理なく説明できる。カトリックの神学体系では、筋の通った説明はできない。それどころか、カトリック教会が起した虐殺や長期にわたる意図的な残虐行為をキリストの教えと比べると、説明のつかない、深くて大きな矛盾が生じてしまう。

この世という地獄を作る

一二三三年から毎年、優しいキリストと残忍な教会という不可能な矛盾は、異端審問によって繰り返し強化された。一二三三年後半、教皇グレゴリウス九世は公式に、ピエール・セラとギヨーム・アルノーをオクシタニア初の異端審問官に任命した。どちらもトゥールーズのドミニコ会士だった(64)。大物の後ろ盾のある官僚制度の常で、異端審問制度もとめどなく成長した。一二三〇年代末になると、セラとアルノーのようなチームがいくつも、オクシタニア各地で尋問や審理、判決、火刑執行を行っていた。異端審問官は最初から本人が法律そのものであり、司教からも世俗の機関からも指図を受けず、異端への対処に関しては無限の権限を与えられていた。

わざと相手を怖がらせるやり方が、彼らのいつもの手だった。人々を恐怖に陥れることで「表向きの連帯感にくさびを打ち込み、共同体を団結させている義理や不安を崩していく」ためだ(65)。審問団は普通、一人か二人の審問官に兵士や聖職者、裁判官という構成で、村から村、町から町、都市から都市へと巡回した。一つの審問団が捜査員、看守、判事、陪審、死刑執行人という役目をすべてこなし、容疑者を見つけて捕まえるところから、改宗あるいは火刑台に導くまでの「処理」をできるだけ短期間で済ませようという発想だ。

作業の手順は、異端が正体を隠す手段や逃亡方法の変化に応じて絶えず改善されたが、一二四〇年代までにはだいたい統一され、ドミニコ会によって詳細なマニュアルが作成された。このマニュアルによると、異端審問は教会区ごとに集会を開くことから始まる。そこの住民は全員出席しなくてはならない。出席者がそろうと審問官が登場し、異端カタリ派を非難する一般的な説教を行う。その後、一五歳以上の男と一二歳以上の女全員(犯罪歴があれば、それ未満でも(66))は、後日一人ずつ審問官の前に出頭するよう言い渡される。その教会区で異端審問が開かれるのが初めてなら、次のような告知も出された。

まだ名前が挙げられていない者、あるいは過去に免除の対象になったことのない者は、所定の期間

内に自ら悔い改め、自分や他者について真実を漏れなく正確に語れば、投獄を免除される。(67)

つまり異端が発覚する前に進んで告白し、かつ異端信仰を捨てる気があれば、処罰を免除されるか、最初から処罰されない可能性もあったということだ。逆に、たとえ些細なことでも知っていながら黙っていれば、近所の人や知人から密告されかねないという大きな危険を抱えることになる。そうなれば、異端審問を欺いたと判断されるが、これは極刑に値した(68)。歴史学者マルコム・バーバーが指摘するように、このような状況下では……。

他者を告発したいという衝動は、保身のためだけでも、ほとんど抗しがたいほどになる……異端者との接触が多い共同体では……教会から見て潔白な者は、一人もいなかっただろう。したがって、審問官の綿密な記録に記載される可能性は誰にでもあった。(69)

住民全員から個別に話を聞き、順番を待つ住民には何が語られているか聞こえないようにしたため、相互不信による告発の確率は増した。こうした密室での面接は人々の気力を萎えさせ、オクシタニア中で町や村の活力が衰退するという結果を生んだ。民衆の関心は消極的な保身に向かい、力を合わせて抵抗しようという意志は失われていった(70)。

事実、異端審問の圧倒的な力の前に、中世社会で個人の権利を守っていた昔からの法的な装置はたちまち脇に追いやられてしまった。その一例が、尋問を受ける際に弁護士を頼む権利だ。異端審問も理屈上はこのルールに従わなくてはならない。しかし現実には、異端として告発された者が審問官の前に立つ際、弁護士が付く例は皆無だった。異端の疑いがある者を弁護するような愚か者は、たちまち異端の嫌疑をかけられる。そうなれば（有罪とならなくても嫌疑だけで）弁護は認められず、自分の命も危うくなるからだ（71）。

異端審問で本格的な尋問を受けるのは、異端者であろうとなかろうと、考えただけでゾッとする話だった。延々と続く質問では、さまざまな心理テクニックに加え、自白を引き出すための拷問も、教皇が正式に許可する一二五二年より前から、日常的に使われた（72）。拷問や尋問の合間には、さらに気力を削ぐため、きわめて居心地の悪い状況に閉じ込められる。立つことも座ることも横になることもできない狭い牢は特に、審問官のお気に入りだった。ほかに膝まで沈む水牢や、牢内を真っ暗にしておく、食事を与えない、太い鎖の手かせ足かせをはめるといった方法も使われた。

被疑者が強情だと、このような尋問が何カ月、ときには何年も続いた（73）。いったん自白が引きだされ、判決が下れば、たとえ判決が明らかに間違っていても、それを法的に覆せる可能性はゼロに近かった。控訴は許されなかったので、審問官は文字どおり生殺与奪の権利を握っていたが、行き過ぎを防ぐしくみは何もなかった（74）。彼らは敵のただ中にあって、敵に対してやりたい放題だった。その結果、大勢のカタリ派が火あぶりとなり、助かるために信仰を捨てた者も、多くは死ぬまで監禁された。本人はカタリ派でなくとも、カタリ派と口をきいたなど、異端とささいな接触があっただけで、つらい巡礼の旅を強制され、何年も故郷を離れなければならなかった者は数知れない（75）。

生者も死者も火あぶりに

最初の異端審問官セラとアルノーは、カトリックの敵を粉砕する、無慈悲な種族の原型だったが、異端審問はその後六世紀も続く。就任後まもなく、彼らのスパイ情報網がどれほど役に立つかを大々的に示す機会が訪れた。トゥールーズの有力なカタリ派完徳者ヴィゴロス・デ・バコニアを罠にかけ、逮捕することに成功したのだ。彼は略式裁判にかけられ、有罪を言い渡され、生きたまま火あぶりにされた（76）。

二人が活動した一二三三年から一二三五年の二年間を皮切りに、「文字通りの恐怖による支配」と形容された時代が、まずトゥールーズで、続いてオクシタニア各地で始まった（77）。個人や少人数の火刑は日常茶飯事となり、大量の獲物がかかることも少なくなかった。例えば、一二三四年にモワサックを初めて訪ねたセラとアルノーは、カタリ派完徳者二一〇名を「反抗的な異端者」として集団火刑に処した（78）。

例によって記録を取っていた敬虔なドミニコ会士ギヨーム・ペリソンによると、この壮烈な処刑は「同地の異端者の間に、大きな恐怖を巻き起こした」という（79）。翌一二三五年には、さらに恐ろしいことが起きた。聖金曜日（復活祭前の金曜日）にトゥールーズで、一斉異端審問が開催されたのだ。人々は誰かに告発されないうちにと、我先に自分や他人の罪を告白した。カタリ派に好意的だったある人は、処刑すると脅されて、完徳者一〇人が身を隠す場所に審問官と市の裁判官を案内し、火あぶりを逃れた。完徳者三人は何とか逃げ出したが、残る七人は火刑に処せられている（80）。

一二三四年から一二三五年にかけて、多くのドミニコ会士が新たに異端審問官に任命された。だが、それでも集団自白が続いて尋問や記録整理、情報の照合といった仕事が増えたために人手が足りず、フランシスコ会士や教区の司祭も手伝いに駆りだされた（81）。負担を大きくしていたのは、異端審問が設立される前に司教らが行った調査のペーパーワークだった。古いものでは一二〇九年に行われた分もあったが、調査で得られた情報や密告、告発が、長年の戦役のため処理されないままになっていたのだ。異端審問団は、この問題を解消しようと決意した。

古い記録を調べ、すべての証言を相互に照合したところ、以前に善良なカトリック教徒として身のあかしを立てた者も、多くは異端者だったことが判明した。存命の者は逮捕され、生きたまま火あぶりにされた。だが、既に死んでいた者も見逃されたわけではない。審問団は根気よく埋葬場所を探し、墓を暴いて死体を火刑に処した（82）。ときには、朽ち果ててバラバラになった骨が大量に運び込まれ、市中を引き回されてからまとめて焼かれたりもした（83）。

このように常軌を逸した行為（死体焼却嗜好《ネクロパイリア》とでも呼ぶべきか）をすれば、今日なら直ちに精神病院行きだろう。だが、一二三〇年代から一二四〇年代のオクシタニアではカトリック教会の賞賛を受けた。一方、人前で遺体を辱められた遺族は当然ながら激怒した。とりわけ恨みを買ったのは、死後に異端を宣告された場合も生前の場合と同様に、財産を没収したことだった。結果として子孫が困窮するからだ（84）。一般市民が審問官を憎悪したのは当然だった。都市アルビで数年前に死んだ老婦人の異端が発覚し、墓を暴きに出かけたアルナルド・カタラという審問官が、怒った群衆に袋だたきにされて、瀕死の重傷を負っている（85）。

カトリック教会は金と人手をたっぷり費やし、一致協力してカタリ派の撲滅に努めたが、その努力にもかかわらず、一二三〇年代後半から一二四〇年代前半の時点でも、まだカタリ派の存続に十分な数の完徳者が存在し、住民の助けによって審問官の目を逃れおおせていた。有罪が確定した異端者に対して強制的に施された悔悛の秘跡の件数が、逆境の中でもカタリ派が根強く生き残っていたことを物語る。ピエール・セラ（一二三三年に任命された最初の異端審問官の一人）は、一二四一年から一二四二年のわずか二カ月半に、九カ所で七三二名の異端信者に悔悛の秘跡を行っている（86）。

モンセギュール陥落

オクシタニアのカタリ派が長くもちこたえた一因は、一二二九年のフランスによる占領後も長い間、重要拠点であるモンセギュールの砦を頼みにできたことにある。モンセギュールは、完徳者が被占領地域で危険な務めを果たした後に逃げ込んで休息を取り、体力を回復できる場所であると同時に、希望と抵抗運動のシンボルとしてもきわめて重要だった。砦は辺境の険しい岩山の上に立ち、その高い城壁を破るのは不可能と考えられていた。

一二四二年五月、ドミニコ会士ギヨーム・アルノー（やはり一二三三年に任命された最初の審問官の一人）とサン・ティベリのフランシスコ会士エティエンヌという、非常に憎まれていた異端審問官二人が、審問団と共にアヴィニョネの町に到着した。彼らはこの七カ月間というもの、北のラヴォールから南のファンジョーまでのほぼ全域を回って一斉審問を行い、例によって行く先々で人々を恐怖に陥れていた。次はアヴィニョネの番だ（87）。

ところが予想外の出来事が起こった。地元の代官アルファロのレーモンはカタリ派に好意的だったので、直ちに七〇キロ南のモンセギュールに早馬で知らせを送った。モンセギュール城主ミルポワのピエール・ロジェは行動を決意した。一二四二年五月二八日夜、彼は重装備の騎士らを率いてアヴィニョネに入り、一〇名からなる審問団を皆殺しにした。加害者の一人ギヨーム・ゴラリアンは後に、襲撃の理由を「異端審問をやめさせ、この地に自由を取り戻し、二度と異端審問が行われないように」するためだったと説明した（88）。

考えが甘いとはこのことだ！　異端審問がやむどころか、アヴィニョネの事件をきっかけに、モンセギュールは若きフランス王ルイ九世の軍に包囲されることになった（彼は後年カトリックの聖人になっただけあって、無慈悲に異端を排斥した）。攻囲戦は一二四三年五月に始まり、一〇カ月間の激しい攻防の末、一二四四年三月にモンセギュール陥落で幕を閉じた。

二〇〇名を超えるカタリ派完徳者がモンセギュールに逃げ込んでおり、その中には司教の地位にあったベルトラン・マルティもいた。目撃者の報告によれば、一二四四年三月一七日夜、彼らは全員「モンセギュールの砦から引きずり出された」（89）。さらに斜面を下った平らな一画に、木の杭で大きな四角い囲いが作られ、薪《まき》や藁《わら》やピッチが入れられていた。積み上げられたたきぎに兵士が無造作に火を着け、哀れな異端者はまとめて囲いの中に放り込まれた。当時の記録によれば、そこで「彼らは地獄の業火を味わった」(90)。

最後のカタリ派

モンセギュール陥落は大きな悲劇だったが、これでカタリ派の息の根が止まったわけではない。それ以後も一二四〇年代を通じて異端審問との戦いは続き、多くの人々が処刑された。たとえばトゥールーズの異端審問所は一二四五年から一二四六年に、六〇〇以上の町や村のケースを扱った(91)。このうち比較的詳しい記録が残っているマ・サント・ピュエルの村(カステルノドリーの西)の場合、なんと人口の約三分の二にあたる四二〇人が異端の嫌疑で、コー・ド・ベルナールとサン・ピエール・ド・ジャンという審問官に尋問された。この情報の出所は、現存する異端審問の登録簿二冊で、そこには一〇四カ所五五〇〇人以上を尋問した結果が詳細に記載されている。この登録簿が、もとは一〇冊あったことがわかっている(92)。

このように冷酷かつ強大で執念深く、見事にまとまった官僚組織の圧力の前に、カタリ派は活力を失いはじめ、ゆっくりと滅亡に向かった。一二五〇年代には審問官ライネリウス・サッコーニがうれしげに、オクシタニア全土で残っている完徳者はせいぜい二〇〇人と推定している(93)。歴史学者ジョセフ・ストレイヤーによれば、「カタリ派教会の組織を維持する」には少なすぎる数だ(94)。この結果カタリ派は、かろうじて次世紀まで命はつなぐものの、異端審問のせいですっかり力が弱り、もはやカトリックにとって脅威ではなくなった (95)。

カタリ派信仰の最後の盛り上がりは、高原のフォワ伯の領地周辺で起こった。ここは、かつての抵抗運動の中心地でもある。一二九九年、ピエール・オーティエという完徳者が、少数の弟子とともに、地元の農民や羊飼いを相手に福音を説きはじめた。これがほんの数年間ではあるが大成功を収め、カタリ派復活につながるかと思われた。だが彼にチャンスがあるわけがなかった。まもなく異端審問官が彼を追いはじめた。ベルナール・ギー、アブリ・ド・ジョフレ、ジャック・フォルニエといった大物たちだ。避けがたい結末として一三〇九年、オーティエは捕らえられ、その後一〇カ月の尋問を経て、一三一〇年に生きたまま火あぶりにされた。

処刑しなくてはならない有名な完徳者はあと一人、ギヨーム・ベリバストだけだった。オクシタニアは危険すぎると判断したベリバストは国外に逃れ、スペインの小さなカタリ派共同体に身を置いていた。そこに異端審問所のスパイが入り込み、彼に接触し、少しずつ信頼を得て、最終的に短期間オクシタニアに戻る気にさせた。一三二一年、オクシタニアに戻った彼は捕らえられ、投獄され、有罪を宣告された。一三二一年冬、ベリバストは火刑に処せられた (96)。

一二〇九年のアルビジョワ十字軍開始から一一二年間で、カタリ派完徳者五〇〇〇人が、キリスト教の神の名において生きながら焼かれたと言われる。ベリバストはその最後の一人であり (97)、歴史に名前が残っている最後のカタリ派でもある。

穏やかな自然死？

カタリ派はおそらく、オクシタニア各地の辺鄙な集落でさらに何年か生き長らえた後、記録に残らないほど小規模な異端審問で根絶されたと思われる。だが一二四四年のモンセギュールでの破局とその後の長い衰退期間、そして一三一〇年のオーティエ、一三二一年のベリバストの死で、カタリ派は実質的に終わりを告げている。

多数のカタリ派信徒がオクシタニアを逃れた。行き先は近隣のスペインか、やはり近場でカタリ派の多い北イタリアが好まれた。だが、異端審問の手は北イタリアにも及んだ。一二七六年一一月、シルミオーネのカタリ派住民が全員逮捕された。一二七八年二月には、故郷を追われたトゥールーズのカタリ派教会が本拠地としたヴェローナで、「約二〇〇人」が捕まって火あぶりにされた(98)。

長期にわたって安全が確保できそうな場所は、伝統のビザンティン帝国しかなかった。カタリ派本流にあたるボゴミール派は帝国内で一四世紀終盤までかなりの勢力を保っていた。ベリバストの火刑から四年後の一三二五年になっても、教皇ヨハネス二二世がボスニアの指導者に、異端者がボスニアに逃げ込んで潜んでいると抗議している(99)。

事実、ビザンティン帝国は、厳密にいえばローマ教皇ではなくコンスタンティノープルの総主教の管轄だったが、一三世紀初頭、西欧でアルビジョワ十字軍が始まったのとほぼ同時期から絶え間なく教皇の干渉を受けていた(100)。たとえば一二三三年にカタリ派撲滅のために異端審問制度を創設した教皇グレゴリウス九世は、その前後に、ボゴミール派対策を怠ったとしてボスニアのカトリック司教を辞めさせ、代わりに意味深長にもドミニコ会士を任命した。ボスニアの異端根絶を目的に十字軍を宣布してもいる。一二四〇年まで続いたこの十字軍を積極的に指揮したのはクロアチア公だった。バーナード・ハミルトンが指摘するように、実際には「ハンガリーが十字軍の名を借りてボスニアに仕掛けた戦争だった」(101)。教皇は一二三八年にも、ブルガリアに十字軍を送るよう、盟友であるハンガリー国王ベーラ四世を説得した。ただし、これは一二四一年から一二四二年にモンゴル人がハンガリーに侵入したため実現しなかった(102)。

一四世紀になるとオスマン・トルコの動きが活発化し、ビザンティン帝国のあちこちで領土を削り取ってはイスラム教の帝国に組み込んだ。一三九三年にブルガリアが征服され、それ以降、ブルガリアでボゴミール派の名を耳にすることはなくなった。ブルガリアのボゴミール派について、現存する最後の記録は、それより早い一三七〇年のものだ(103)。ボスニアではもう少し持ちこたえたが、一四六三年のスルタン・メフメト二世(「征服者」と呼ばれた)の侵入によってついに姿を消した(104)。一五世紀になると、ボスニアの住民はほぼ全員イスラム教徒となった(105)。マルコム・ランバートは言う。「反論と、取り締まりに多大な労力がかけられた末、カタリ派は西方教会によって消滅させられた。対照的に、ビザンティンのボゴミール派は穏やかな自然死を迎えた……」(106)。

異端審問団がブルガリアやボスニアまでやって来ることはなかったが、彼らが非人間的なやり方で達成した成果や、東へ逃れてくる大勢のカタリ派の恐ろしい目撃談を聞けば、ボゴミール派も絶望的な気分になったに違いない。一四世紀初頭以降、ボゴミール派の勢いが明らかに衰えたのは、そのせいかもしれない。ボゴミール派は東欧では引き続き盛んだったものの、信仰を世界に広めるという使命は完全に放棄したように見える。とどめを刺したのはイスラム教徒だったが、その頃までにはカトリック教会も正教会も異端に対する警戒を強めていたから、ボゴミール派がキリスト教世界で教えを広め、信者を増やす機会はいずれにせよ、二度と訪れなかっただろう。

オクシタニアが失われたとき、すべてが失われた。一〇〇〇年ぶりに好機が訪れ、ものにしたが、最後には奪われた。

古代のグノーシス主義的な宗教は、数世紀の年月を経て、暗闇から再び現れ、それまでとはまったく異なる見解のキリスト教を提示し、力強く花開いて世界に広まる兆しを見せながら、結局は完全に失敗してしまった……。

本当にそうだろうか？

ルネサンス

ボゴミール派の残り火がスルタン・メフメト二世のボスニア侵攻によって消される少し前の一四六〇年夏、レオナルド・ダ・ピストイアというトスカーナの僧が、ロバでひっそりとフィレンツェに入った。ロバの脇腹には、布に包んだ一揃いの書物がくくりつけられていた。

長い旅を終えたレオナルドは、貴重な荷物をフィレンツェの総督コジモ・デ・メディチのもとに、直接、届けた。
知的な「核爆弾」が、まもなく炸裂しようとしていた。

第七章

もう一つの秘教

「イタリア・ルネサンスの体現者として、メディチ家は驚くほどの金持ちで、その富と気質を通じてフィレンツェを統治し、教皇庁を支配し、大陸全体の政策に影響を与えた」

（クリストファー・ヒバート著『メディチ家の盛衰』、Morrow Quill刊、ニューヨーク、一九八〇年）

「他に適当な名前がないので、私は「星魔術」と呼ぶことにする……」

（フランセス・イエイツ著『ジョルダーノ・ブルーノとヘルメス的伝統』、シカゴ大学出版局、シカゴ／ロンドン、一九九一年、p．六〇）

一四六〇年夏というと、ボゴミール派の残り火がスルタン・メフメト二世のボスニア侵攻によって消される少し前だが、レオナルド・ダ・ピストイアというトスカーナの僧が、ロバでひっそりとフィレンツェに入った。彼はマケドニアへの危険な任務から数カ月ぶりで戻ったところだった。フィレンツェを支配する博学な大富豪コジモ・デ・メディチに雇われて、古代の珍しい文献を手に入れるために旅行していたのだ。すでに、膨大な数の貴重な文献や写本や書物が集められていた。だがレオナルドは、コジモが満足していないことを知っていた。かつて流布していたが教会によって禁止され、一〇〇〇年近い間、世界から失われていた、ある書物を見つけなければならなかったのだ。コジモは、その書物がどこかに残っていると確信していた。そこでレオナルドに、費用はいくらかかっても構わないから、見つけて買ってくるようにと命じたのだ。

レオナルドはこれまでに、何度もそれなりに価値のある本をフィレンツェに持ち帰ったが、ようやく主人が探していた古代の本を見つけることができ、非常に誇らしかった。それはエジプトの知恵の神トトから伝わった知識の本だ。トトは、ギリシャではヘルメス・トリスメギストスとして知られている。レオナルドもコジモも知らなかったが、この謎に包まれた「ヘルメス」文書は、一世紀から三世紀のアレクサンドリア、つまりナグ・ハマディのグノーシス主義文献と同時代に同じ場所で編纂されている。レオナルドが購入した「ヘルメス」文書の一つに『アスクレピオス』があるが、これは、四世紀後半にナグ・ハマディに埋められ、一九四五年まで発見されなかったグノーシス派の写本にも含まれている。これを考えると、両者の結びつきはさらに強くなる（1）。

肉体は墓

ローマカトリック教会は昔から、教会の見解と一致しない知識、文書、探究、叡知、宗教上の自己表現を、激しく排斥してきた。この事実に異議を唱える人はいないだろう。既に述べたとおり、三九一年のアレクサンドリアでセラペイオンを襲撃したのは、地元のカトリック大司教テオフィロスに扇動されたキリスト教徒の暴徒だった。彼らは神殿に逃げ込んだ「異教徒」やグノーシス派を一人残らず殺し、周囲を取り巻く回廊を利用した素晴らしい図書館を、収蔵されていた古代のかけがえのない書物や巻物ごと破壊した。カトリック教会は異教徒やグノーシス派に何度も容赦ない弾圧を加えており、文献や伝承の破壊に関しては非常に効率的で、セラペイオンでの暴虐は、そのほんの一例に過ぎない。

こうした、正統派が認める狭い知識以外の知識への敵意が、別のかたちで現れた事件がある。それは、キリスト教徒の皇帝ユスティニアヌスによる、アテネの有名なプラトン・アカデミーの閉鎖であり、五二九年に起きている（2）。このアカデミーはプラトンによって、紀元前三八〇年代に、アテネから二キロほど離れた古くからの聖地に設立され、その後九〇〇年以上にわたって存続した。だが、偏狭なユスティニアヌス帝とキリスト教徒によって、「異教」の思想を広めたかどで潰された。

アカデミーで何が教えられていたか、正確なところはわからない。だが、プラトンが書き残した大量の文献から判断して、数学（和音論や天文学も含む）、論理学、自然科学、政治理論に精通した、少数の賢明な哲学者を養成する機関だったと、大方の学者は考えている（3）。卒業生は「アカデミーを離れると、権力を握るためではなく、権力者を任命し、助言を与えるために、政治の道に進んだ」（4）。

キリスト教グノーシス派の偉大な教師であったエジプトのヴァレンティヌスは、二世紀前半のアレクサンドリアで、プラトン哲学を学んだことが知られている（5）。だから、カトリックを弁護をするヒッポリュトス（一七〇～二三六年）が、グノーシス派は「プラトンの弟子」であり、プラトンと同じやり方で「数学を教義の根本原理としている」と非難したのは、驚くにあたらない（6）。われわれにとってもう一つ興味深いことに、ギリシャ語で「公共の工作者」を意味する「デミウルゴス」という言葉を、物質世界の創造者を指して使ったのは、プラトンが最初らしいことだ。つまり、プラトンが言いたかったのは、後世のグノーシス主義者と同じく、創造主は真の神ではなく格下の存在で（7）、物質世界は理想世界の不完全なコピーだということだ（8）。ティム・フリークとピーター・ガンディによれば、プラトンはまた、当時の非キリスト教の秘教でよく使われた、「肉体は墓」という言葉を好んで使っている。「グノーシス派の参入者も、肉体を自己と同一視する者は、霊的に死んでいるので、永遠の生命に生まれ変わる必要があると理解していた……」（9）。

プラトン哲学とグノーシス派の共通点と相違点を逐一挙げるのは、本書の範疇を超えている。私たちが言いたいのは、五二九年のプラトン・アカデミー閉鎖は、知識の探求に対する幅広い攻撃の一部であり、その同じ攻撃によって、キリスト教グノーシス派が事実上の滅亡に追いやられたことだ。そのグノーシス派が一〇世紀のブルガリアに再び姿を表わしたようだが、それまでの数世紀間、焚書は教会によって敬虔な行為とされ、教会の決めた厳格な境界線を踏み越えた学者を弾圧することは、正当な神への奉仕と見なされた。

霊の根拠なき独占と暴力的強制

歴史学者が五世紀から一〇世紀を「暗黒時代」と呼ぶのには、正当な理由がある。だが、ヨーロッパ文化に本格的な光明が差す前に、この闇はさらに深まった。一二世紀のオクシタニアでは既に述べたとおり、カタリ派の急激な勃興に伴う驚くべき「ミニ・ルネサンス」が起こった。それに対するカトリック教会の反応は、オクシタニア文化の発展を阻んだアルビジョワ十字軍であり、一世紀にわたるテロと暴力、カタリ派完徳者五〇〇〇人の虐殺、そして異端審問だった。

読者も詳しくなったと思うが、カタリ派とカトリックは知識の利用と管理に対する姿勢が大きく異なり、その根底には、大きく異なる哲学があった。グノーシス主義の伝統を受け継いだカタリ派にとって、人間の苦境の原因は「無知」にあり、「知識」はそこから抜け出す唯一の確実な道だった。彼らは新約聖書（キリスト教の根幹をなす文書）をそうした知識の宝庫だと考え、信徒の一人ひとりが普段使っている言葉で読めるようにすべきだと強く感じていた。

だからオクシタニアのカタリ派は新約聖書を、普通の人には読めないラテン語から民衆語であるオック語に翻訳させ、手間のかかる手書きの写本を多数作って流布させた。写本に使う安価で扱いやすい材料が必要だったことから、ヨーロッパにおける製紙のパイオニアにもなった。カタリ派はこの新しい仕事をこなす職人を多数育成し（10）、精神の解放につながる新技術の普及に多大な貢献をした。

これと並行して、カタリ派の子供たちは小さいときから聖書を読んで研究することを教えられたので、当時のヨーロッパでは極めて珍しいことに読み書きができた。また、これも他の地域では見られないことだが、女子も男子と同じ教育を受けた（11）。その結果、この異端が栄えた短い間は、教養と学問を身につけた、自由な考えを持つ女性の存在が、カタリ派共同体の特色となった。

この点をはじめ多くの面で、カタリ派の行動は啓蒙的としか形容しようがない。誰でも読める民衆語の新約聖書というアイデアも、時代をはるかに先取りしていた。カトリック教会や異端審問所はこれと対照的に、一般人が新約聖書を所持することを厳しく禁じた。「『詩編』『聖務日課書』『聖母マリアの時祈禱書』は例外」とされたが、それもラテン語版しか許されず、「俗語」への翻訳は「厳禁」していた（12）。

「異端」と呼ばれる側が新約聖書の知識を普及することに全力を尽くし、「真の教会」があらゆる手段でそうした知識を管理し制限しようとしたのは皮肉に思える。だが、この行動を理解するには、カトリックの基本哲学を思い出すだけでいい。カトリックは個人による知識の探求に断固反対し、代わりに盲目的信仰と教皇の説く教理の絶対確実性に対する無垢の信頼を教え込む。紀元前三世紀から紀元後三世紀のアレクサンドリアでは、複数の素晴らしい図書館を中心に、科学や霊に関する探究が盛んに行われたが、その輝く光を吹き消したのもこうしたカトリック教義だ。グノーシス主義だけでなく、「異教徒」に伝わっていた古代の知識を排斥することで世界を暗黒時代に突き落としたのも、カトリック教義だ。そして盲目的信仰と無条件の服従という、この同じ教義が一〇〇〇年の時を経ても最重要視されていたため、一三世紀から一四世紀のアルビジョワ十字軍と異端審問という重大な倫理上の過ちが起こり、書物や知識の排斥、異端の火刑、恐怖のまん延や愚行へとつながったのだ。

だが一五世紀になると、個々の異端者に対する迫害は相変わらずだったが、ヨーロッパ社会はこうした狂った暴力や検閲や偏狭さに疲れ果て、嫌悪を覚えるようになっていた。さらにカタリ派という脅威を根絶してから時間が経ったため、教会の警戒心も自然と緩みはじめていた。この小康状態を利用して、どのような結果を招くことになるのか予測できないまま、開かれた精神を持った一部の学者が、危険を承知の上で古代の文献を探しはじめた。失われた古代の叡知を再発見すれば、それが未知の未来に進む際の、優れた道案内にならないかと願ったのだ。

そうした学者の一人が、レオナルド・ダ・ピストイアを本探しに雇ったコジモ・デ・メディチだった。マケドニアから乗ってきた小さなロバにまたがってフィレンツェに入ったレオナルドは、ロバの脇腹にくくりつけた包みを気遣わしげに撫で、これから主人に届ける奇跡のような書物の輪郭と重みを確かめた。

行動力を備えた哲学者

メディチ家の起源は不明だが、「メディチ」という言葉は医師を意味するので、先祖は医者か薬屋だった可能性が高いと考えられている。家系をさらにさかのぼれば、近郊の町ムジェッロからフィレンツェに引っ越した、卑しい炭焼き男だったとの説もある。だがメディチの名に色を添えたのは、一族の起源にまつわるある伝説だ。それによれば、五世紀にメディチ家を興したのは、ムジェッロにやって来た勇敢な騎士だという。この騎士が人々を苦しめた恐ろしい巨人を退治した。騎士はその褒美として、盾に八つの赤い玉を付けることを許された。巨人の攻撃で盾に八つの傷がついたからだった。この赤い玉は丸薬か、あるいは後年メディチ家の名を有名にした銀行業の硬貨を表しているとも言われる。

メディチ一族は一二三九年から公式にフィレンツェのゴンファロニエーレ（旗手の意で、市民軍の司令官を指す）を務め、コジモの生まれた一三八九年には、既に大金持ちの名家だった。これはコジモの父ジョヴァンニが始めた銀行業のおかげだった。ジョヴァンニは教皇ヨハネス二三世ことバルダッサーレ・コッサと個人的に親しく、それでずいぶん得をしたらしい。ちなみにヨハネス二三世はその後一四一四年に、異端、聖職売買、暴政、前任者アレクサンデル五世殺害、およびボローニャで二〇〇人以上の婦女を誘惑したかどで告発されている（13）！

ジョヴァンニの息子は聖コスマスの日である九月二七日に生まれたのでコジモと名づけられ、カマルドリ会のサンタ・マリア・デリ・アンジェリ修道院で教育を受けた。ここでフランス語・ドイツ語・ラテン語と、初歩のヘブライ語・ギリシャ語・アラビア語を学び、十代の頃はフィレンツェきっての高名な学者ロベルト・デ・ロッシの講義や授業に出席した。やはりフィレンツェの裕福な旧家の出身であるデ・ロッシの影響で、若きコジモは古典、特にプラトンの作品に対する生涯にわたる敬愛と、地上における人間の役割や目的に対する飽くなき興味を身に付けた。つまり彼は古代の意味での哲学者だったが、同時に知識を愛するものには珍しいほどの行動力を備えていた。

コジモは政治的策謀、とりわけ教皇庁への影響力を通じて（教皇と親交があり、また教皇庁の財政を事実上、一手に取り仕切っていた）、既に大金持ちだったメディチ家の富を、さらに大幅に膨らませた。これによって彼の影響力も増し、まもなくフィレンツェの実質的な支配者となり、生涯その地位を守った。失われたヘルメス文書が手元に届けられるわずか二年前の一四五八年、教皇ピウス二世は彼を「この国の主人」と呼んだ。「政治的な問題は彼の家で解決される。官職には彼が選んだ者が就く……平和か戦争かの決定を下し、法律を支配している……彼は名前以外のあらゆる意味で王である」(14)。

フィレンツェの歴史家フランチェスコ・グイッチャルディーニは、「ローマの滅亡から今日まで、一般市民が誰一人として享受したことのない名声の持ち主だった」とまで言っている(15)。

コンスタンティノープルのすべての学問と新プラトン・アカデミー

一四三八年、コジモは素晴らしいアイデアを思いついた。それは不思議ななりゆきで間接的に、西洋の学問の道筋を変えてしまうことになる。ローマ教皇を頂点とするカトリック教会は何世紀も前から、コンスタンティノープルの総主教を頂点とする東方正教会と、教義を巡って対立していた。この宗教の東西大分裂が危機的状態に達した一四三〇年代、コンスタンティノープルに対するイスラム教オスマン・トルコの脅威が深刻になりはじめた。トルコからエジプトまで広がっていた東ローマ帝国は、六四二年のエジプトとアレクサンドリアの劇的な陥落以来、イスラム勢力によって少しずつ削り取られ、一四三八年の時点で、キリスト教徒の手に残ったのは「第二のローマ」と呼ばれる首都コンスタンティノープルだけになっていた。オスマン帝国のスルタン、メフメト二世の有名な言葉を借りれば、コンスタンティノープルは「体を失った怪物の頭」だった。その後、メフメト二世は、一四五二年に、六週間の包囲戦でこの都市を攻め落としている。

一四三八年、コンスタンティノープルの東ローマ帝国皇帝ヨハネス八世パライオロゴスは、東方におけるキリスト教世界最後の砦をイスラム教徒の手から守るため、全キリスト教徒の名においてローマ教皇に軍事援助を求めた。教皇エウゲニウス四世はこれに応えて、イタリアで公会議を開催することに決めた。コジモ・デ・メディチは、公会議で東と西の教会が和解すればもたらす威光を見越して、地元フィレンツェでの開催を決意した。教皇との親交と、全経費を持つ上に教皇庁に多額の貸付を行うという約束によって、事はコジモの思いどおりに運んだ。一四三九年の冬、嵐と大雨の一夜が明けると、東ローマ皇帝、ギリシャ正教会総主教、ローマ教皇はそろってフィレンツェに乗り込んできた。

数カ月の討論の末、一四三九年七月にようやく妥協案が見出され、東西教会の再統一が実現した。だが予想通り、これは長続きしなかった。東の使節団がコンスタンティノープルに帰り着いたとたん、このもろい合意の履行を拒んだためだ。しかし思わぬ収穫もあった。東ローマ皇帝はビザンティンやギリシャの学者を多数会議に同行したので、フィレンツェやイタリア、そしてやがては西ヨーロッパ全体が、この大随行団から活発な知的刺激を受け、計り知れない恩恵を被ったのだ。東の学者たちが強力な触媒となって、まもなく古典の歴史、美術、哲学の驚異的復興《ルネサンス》が始まった。コジモ・デ・メディチのプラトン作品に対する情熱も、彼らに触発されてさらに倍増した。東ローマ皇帝に同行してきたビザンティンの大学者ベッサリオンは、プラトンの権威である同僚ゲミストス・プレトンともども、説得されてイタリアに留まった(16)。

プレトンの講義に出席したコジモは、また名案を思いついた。莫大な私財の一部を投じて、プラトンによる古代のアカデミー(学院)を手本にした、プラトン主義の新アカデミーを造る計画だ。プレトンが去り、コジモも別件で忙しかったため、計画は数年後にようやく実現した。新アカデミーは当初フィレンツェのモンテヴェッキオ荘に置かれ、コジモは養子で優秀な学者であるマルシリオ・フィチーノを初代学長に任命した。実のところ、フィチーノはコジモの言いつけで、何年も前からこのような仕事に備えて準備を重ねていた。コジモはフィチーノのプラトンに対する熱意を見込んで、彼の教育やギリシャ語・ラテン語の特別研究に気前よく金を出した。

コジモは長年、重要な珍しい本を収集しており、一四三九年の会議に出席したビザンティンやギリシャの学者からも何冊か貴重な書物を買い取った。古典や宗教的著作に関してはヨーロッパ随一と言われた彼の蔵書は、メディチ・アカデミーの中核となり、後にヴァティカン図書館のモデルとなる。だが一四六〇年までは、究極の宝であるヘルメス・トリスメギストスの作とされる伝説の書物は、彼を含めてヨーロッパの誰も手に入れることができずにいた。

長旅で服は汚れ、疲れてもいたが、レオナルド・ダ・ピストイアは慌てずに小さなロバをフィレンツェにあるコジモ・デ・メディチの豪邸、カレッジ荘に向けた。彼はすぐ中に通され、遠路はるばる運んできた包みを直接コジモに手渡した。

モーゼより古く、プラトンより偉大

ギリシャの偉大な哲学者プラトンも、彼以前のソロンやピタゴラスも、エジプトを訪れたことがあり、エジプトの賢者たちのもつ叡知を学んだとされる。これはルネサンス期のヨーロッパの学者にはよく知られた話だった。特にプラトンはエジプト人を「哲学者の民族」と呼び、特別な尊敬の念を抱いていたと言われる（17）。プラトンの著書『ティマイオス』は、アトランティスに言及した現存する最古の文献として有名だが、その中で、アテネの有名な政治家で詩人でもあったソロンの話として、ソロンが紀元前六〇〇年ごろエジプトを訪れた際の出来事を語っている。それによれば、デルタ地帯のサイスという場所で、ネート神殿のエジプト人神官がソロンの賢さを認め、世界の起源について話し合うことに同意した。ソロンがギリシャの神話をいくつか紹介すると、神官の一人が彼の話をさえぎり、大声でこう言った。

おお、ソロン、ソロンよ。あなたがたギリシャ人は皆、子供のようだ。年を取った［賢い］ギリシャ人など存在しない……あなたがたは皆、精神が若く……古代の伝統に根差した信仰も、古《いにしえ》の知識も持っていない……。（18）

ソロンはエジプトの神官たちから、次のような話を聞いている。地上は定期的に大洪水や火災に見舞われ、そのためにいくつもの文明が崩壊し、消滅した。だがエジプトはナイル川渓谷にあるおかげで奇跡的に被害をまぬがれ、古代の神殿や聖域がすべて残っている。そうした場所にのみ、遠い昔の大事件や、人類がこれまでに成し遂げたことの完全な記憶が保存されている。それには世界の始まりに関する記録や、人間が神々と親しく交わった黄金時代の知識すら含まれている。

ヘロドトスやシチリアのディオドロス（ディオドロス・シクロス）、プロクロス・ディオドコスといった、エジプトを訪れたり、エジプトで暮らしたりしたことのある古典時代の著作家も同様に、エジプト神官の持つ太古の叡知、とりわけ星々の動きや天についての深い知識を賞賛した。多くの人がエジプトを聖地とみなし、かつては神々が住んでおり、人間に神聖な科学を教え、十分な資格をもつ者には不死の秘密が明かされた、と考えていた(19)。ところが、コジモ・デ・メディチのようなルネサンスの学者にとって、エジプトの素晴らしい純粋な科学は手の届かないものだった。こうした知識を記した謎の文字ヒエログリフを読める者が、誰もいなかったからだ。神聖な古代エジプトは深い眠りに陥り、二度と目覚めることはないかと思われた。

そこで一四六〇年に、長らく失われていたヘルメス・トリスメギストスの伝説的著作集のギリシャ語版（訳者は不明）を入手した、と、コジモ・デ・メディチが興奮気味に発表したとき、フィレンツェの知識人の間にどれほどの知的衝撃が走ったかは想像できるだろう。ルネサンスの世界的権威でデイム（男性の「サー」にあたる）の称号を贈られた故フランセス・イエイツは、この発見のスケールを次のように説明している。

初期のキリスト教徒の著作家から……ヘルメス・トリスメギストスについて、さらに知ることができる。特にアレクサンドリアのクレメンスが語る、エジプト神官の行列は印象的だ。彼によれば、先頭の歌い手は音楽と賛歌についてのヘルメス書物を二巻持ち、占星術師は星々に関するヘルメス書物四巻を持っていた。クレメンスはこの話の中で、ヘルメス・トリスメギストスによる書物は四二巻あり、うち三六巻にはエジプト哲学のすべてが、残り六巻には医学が収められていたと述べている。クレメンスが現存するヘルメス文書のうちの一つでも知っていた可能性はきわめて低い。だがルネサンス期の読者は、クレメンスの語る神聖な文書の一部は生き残り、ヘルメス選集やアスクレピオス篇に含まれていると信じていた。(20)

コジモやその同時代人は、「神のごとき」プラトンもエジプト神官から哲学を学んだと信じていた。コジモ・デ・メディチの想像力をかき立て、行動を起こさせたのは、この哲学の源流との接触を取り戻したいという願いだった。

プラトンはやめてヘルメスを訳せ

ヘルメスの書物がコジモに届けられたとき、養子マルシリオ・フィチーノは、プラトンの著作をより多くの人が読めるよう、ギリシャ語からラテン語に翻訳している最中だった。コジモは彼に、プラトンは今すぐやめてヘルメス文書《ヘルメティカ》（レオナルド・ダ・ピストイアがマケドニアから持ち帰った書物は現在こう呼ばれる）の翻訳に取りかかるよう命じた。

このとき二七歳のフィチーノは、既に優れた学者・神学者・言語学者として名声を獲得しており、とくにギリシャ語とラテン語に堪能だった。彼は一四三三年にフィレンツェの医師の息子として生まれた。父親はコジモ・デ・メディチの親しい友人だったので、父の死後、コジモに引き取られ、情熱を傾けていたプラトンの研究を続けるよう励まされた。

ローマカトリックには、五二九年の初代プラトン・アカデミー閉鎖以前からプラトン哲学を批判してきた長い歴史がある。だが一四〇〇年代になると、教会内にもプラトン支持者が再び現れはじめた。フィチーノもその一人だった。彼はきわめて計画的に、その知性をプラトン哲学とローマカトリックの融合のために使いはじめた。彼は後年、「エジプトの賢者」ヘルメス・トリスメギストスが書き残した哲学でも同じことを試みるのだが、これについては後述する。それにしても、後にコジモ・デ・メディチの新プラトン・アカデミーの学長まで務めた人物が、プラトンを棚上げしてヘルメス文書の翻訳に専念せよと命じられるとは、ただごとではない。フランセス・イエイツが言うように。

これは異例の事態だ。プラトンの全著作が目の前にありながら、フィチーノが急いでヘルメスを翻訳するのを待たなくてはならない。おそらくコジモが、死ぬ前に読みたいと望んだからだろう。これ

こそが、謎に包まれた三重に偉大な者［ヘルメス］の名声の証だ。(21)

フィチーノは一年足らずでヘルメス文書一四巻（一四篇）のラテン語訳を完成させた。その一〇年後の一四七三年、フィチーノはローマカトリックの司祭に任命され、やがてフィレンツェの大聖堂の高官となる。彼が翻訳したギリシャの古典、特にプラトンの著作がイタリア・ルネサンスの原動力の一部だったことは、広く学界で認められている。それに比べれば認知度は低いものの、彼の翻訳したヘルメス文書もまた、西洋文化やカトリック教会そのものに、多大なというより、革命的な影響を及ぼしている。

全集

フィチーノは翻訳に『ピマンデル』という題をつけた。ピマンデルは謎めいた「宇宙の知的な心」の名称で、ヘルメス文書に記された神聖な叡知をヘルメス・トリスメギストスに授けたという。印刷術は一五年前に発明されたばかりだったが、『ピマンデル』の出版は大成功を収めた(22)。はじめのうちは手書きの写本が流通したが、一四七一年にはトレヴィゾで（おそらくフィチーノの許可なく）印刷されたものが、『ピマンデル、あるいは神の叡知と力』という題で出版された。だが、この題名は誤解を招くかもしれない。というのも、ピマンデルとは原書のギリシャ語では「ポイマンドレス」で、「レーの知識」を意味する「ペイメ・ン・レー」に由来する。レーはラーともいい、エジプトの太陽神だ。ところが、ピマンデルはこの本の冒頭に少し登場するだけなのだ。ヘルメス文書の他の巻には、ピマンデルは全く出てこない。

それはさておき、トレヴィゾ版が大成功したので、一四七二年にはフェッラーラの別の出版社が、またもフィチーノに無断で別の版を出版した。驚いたことに、コペルニクスの有名な『天球の回転について』の初版がニュルンベルクで出版された一五四三年までに、五〇種類余りのヘルメス文書がヨーロッパに出回っていた!

話を一四六三年に戻すと、フィチーノが翻訳したヘルメス文書には「完全なる対話」、一般に『アスクレピオス』と呼ばれる巻が含まれていなかった。これは、この巻(前述のとおり、ナグ・ハマディ文書にも断片が含まれている)は、古代にギリシャ語の原典からラテン語に翻訳され、既に中世からヨーロッパの学者の間に流布していたからだ。『アスクレピオス』については後で詳しく述べるが、簡単に紹介しておこう。これは古代エジプトの魔術的宗教と、エジプト人が彫像などに星の力を封じ込めてタリズマン(護符)を作る際に使ったとされる、秘密の技術を解説した本だ(23)。フィチーノに深い感銘を与え、彼の弟子の多くに影響を及ぼしたのは、この種の魔術だった。

『アスクレピオス』は一四六九年に、アプレイウス(ローマ時代の哲学者・風刺作家)の全作品と共に初めて印刷された。フィチーノの『ピマンデル』の最初の印刷版が出たわずか二年後だ。このため、まもなく『アスクレピオス』をヘルメス文書に添付することが習慣化し、これを含めて全体を「哲学の」ヘルメス文書、または『ヘルメス選集《コルプス・ヘルメティクム》』と呼ぶのが普通になった。さらに『アスクレピオスの注解』という小編も、この選集に加えられることがある。

『アスクレピオスの注解』は一四八四年、つまりヘルメス文書より二〇年ほど遅れて再発見されたのだが、パリ・ソルボンヌ大学で人文科学を教えるフランス人研究者ジャン・ピエール・マエ教授によれば、その状況は、僧が小さなロバに乗ってフィレンツェ入りという牧歌的な光景に比べると、はるかに劇的で派手だった。ルドヴィコ・ラザレッリなるイタリア人が『エノクの手紙』という、あまり知られていない小文の中で、主人であるドン・ジョヴァンニ・メルクリオ・ダ・コレッジョの協力で、ヘルメス・トリスメギストス（イタリア語ではメルクリオ）の失われた書を見つけたと語っているのだという。一四八四年四月の棕櫚の聖日《パーム・サンデー》（復活祭直前の日曜日）。当時、キリストが十字架にかけられたとされる年齢の三三歳だったジョヴァンニ・メルクリオは、二人の召使いに引かせた黒い雄馬でローマに入り、ヴァティカンへ向かった。黒い服に金の帯、紫の靴といういでたちで、頭に荊の冠をかぶり、額には三日月をかたどった銀の飾りを着けていた。三日月には、こう書いてあった。

これは我が子ピマンデル、私が自ら選んだ者である。幼い頃より非常な高さに成長し、悪魔を退け、わが真理とわが正義をすべての国々に布くための力を、私が与えた。彼を敵に回してはならぬ！　彼の言葉を心に留め、畏敬の念をもって従うべし。これは世界のすべての聖域の主であるイエス・キリストの言葉である。(24)

それからジョヴァンニ・メルクリオは、鞍の袋からチラシの束を取り出して周囲にまいた。集まった群衆の中には、彼を狂人と思った者も、妙な願掛けをしていると思った者もいたが、大半は預言者として讃えた。ヴァティカンでは、この奇妙な光景に戸惑ったスイス衛兵が、道を空けて彼を通した。ジョヴァンニ・メルクリオは大聖堂に入ると、ピマンデルの生まれ変わりだと宣言した。それから数日は群衆と話をして過ごし、その後ボローニャの故郷に帰ると、大勢の女や子供が歓呼で迎えた。当然ながら、彼は神を冒瀆したかどでまもなく異端審問所に逮捕され、あわや火あぶりかと思われたが、一四八六年、当時のフランス王シャルル八世の庇護の下に釈放された。

この風変わりなエピソードは、ほとんどすべての面で、ルネサンス人の集合意識にヘルメス文書が絶大な影響を及ぼしたことを裏付けている。だが、さらに興味深いのは、ヘルメス／メルクリウス・トリスメギストスがキリスト教と結びついていることだ。

ジョヴァンニ・メルクリオが短期間といえどもヘルメス・トリスメギストスの風変わりな「預言者」として過ごしたことで、思わぬ影響を被ったのがルドヴィコ・ラザレッリだった。詩人で占星術師でもあった彼は、一四八四年の棕櫚の聖日《パーム・サンデー》にローマに乗り込んだジョヴァンニを目撃し、すっかりヘルメスに心酔して、「エノク」（やはりヘルメスの生まれ変わりとされる）と名乗るようになった(25)。そしてジョヴァンニの最も熱心な弟子となり、本人によれば、次のようないきさつで『アスクレピオスの注解』を発見した。

刺激を与えてくれる著者たちの古い書物を飽きずに吟味しているうちに、偶然にも、ヘルメス・トリスメギストスという大きなクラテル（容器）から流れ出たに違いない、この上なく甘美な飲み物をなみなみと湛えた杯に行き当たった。私が言っているのは、『アスクレピオスの注解』と題された、小さなギリシャ語の本のことだ。それを読むと私はたちまち、その簡明さと、その叡知の不可思議な真実性に魅了され、感嘆の念で一杯になった。(26)

ラザレッリはただちに『アスクレピオスの注解』のラテン語訳に取りかかったが、この本が出版されたのは、彼の死後の一五〇七年のことだった。『アスクレピオスの注解』は、フランスの新プラトン主義者・神秘家《オカルティスト》サンフォリアン・シャンピエの著作と共に、シャンピエの著書『四重の生の書』の中で発表された。西洋の学者はこれでようやくヘルメス・トリスメギストスが書いたとされる全作品を手に入れた。そしてまもなく、驚くべきことが起きた……。

教会の中のヴェールをかぶったヘルメス　(一)

マルシリオ・フィチーノの頭の中では、ヘルメス・トリスメギストスは古代エジプトに住み、実際にヘルメス文書を書いた、歴史上の実在の人物だった。これはルネサンス期の人文科学者や哲学者に共通の見方で、たとえばフィチーノと同じくすっかりヘルメス文書に魅了された偉大なキリスト教へルメス／カバラ主義者ピコ・デラ・ミランドラもそうだった。ジャン・ピエール・マエ教授は言う。

マルシリオ・フィチーノによれば、ヘルメス・トリスメギストス（三重に偉大なヘルメス）という異名は、彼が同時に最も偉大な哲学者・神官・王であったことから付けられた……彼の後継者にはオルフェウス、アグラオフェモス、ピタゴラス、プラトンの師フィロラオスがいる……したがってトリスメギストスの著作はまさに古代の叡知の源泉だった。神のごときプラトンのみならず、伝説的なピタゴラスや、オルフェウスらの優れた詩人までもが、同じエジプトの教えを後代に伝えている。彼らは皆、同じ一つの古代神学を、いわば木霊《こだま》のように繰り返したのだ……。(27)

とはいえ、聖書の権威をおろそかにしては、異端審問所の注意を引きかねない。そこでヘルメス主義の学者たちは当初、ヘルメス・トリスメギストスはモーゼより後代の人であることを受け入れた。この安全策は、マニ教の「聴講者」からカトリックに改宗し、偉大な教会博士となった聖アウグスティヌスに始まる。アウグスティヌスは、ヘルメス・トリスメギストスがギリシャの諸哲学者よりずっと古い時代に生きたことは認めたが、同時にこうも主張した。

［ヘルメス・トリスメギストスは］アブラハム、イサク、ヤコブ、ヨセフ、モーゼより後に登場した。なぜならモーゼはアトラスの時代に生まれている。アトラスはプロメテウスの兄弟で、偉大な天文学者だった……その孫が古いほうのメルクリウス［ヘルメス］で、そのまた孫が［ヘルメス・］トリス

メギストスにあたる。(28)

だが、この年表に賛同しない者もいた。『アスクレピオスの注解』を翻訳したラザレッリは、ヘルメス・トリスメギストスの起源がもっと古いことを少しも疑わず、こう主張している。

トリスメギストスが生きたのはモーゼの時代ではなく、それよりずっと前であることは、シチリアのディオドロスの著作を読めばすぐわかる。ディオドロスはエジプト諸王の年表の中で、はじめは神々が統治し、後に人間が統治したと述べている。このことから、メルクリウス［ヘルメス］・トリスメギストスが神々の時代に生きたことは明らかだ……だがモーゼのほうは聖書にも、古代エジプトで知られていたその他の文献にも、ファラオが統治する時代に生きたとはっきり書いてある。(29)

ローマとフィレンツェの中間にあるシエナという町に、有名な大聖堂がある。ここを訪れると、一四八八年につくられた大理石の床一面に宗教画や神話の場面が描かれている。そうした場面の一つでは、エジプトの賢者ヘルメス・トリスメギストスが、うやうやしく立ってわずかに頭を下げるオリエント風の人物に一冊の本を渡している。本にはラテン語でSuscipite O Licteras Et Lege Egiptiiと書かれている。「この文字と法律を受け取れ、おお、エジプト人よ」という意味だ。頭を下げている人物は、フランセス・イエイツによれば「おそらくモーゼ」だという(30)。この驚くべき指名を裏付けると思われるのが二人の足もとの銘で、そこには「モーゼの同時代人ヘルメス・メルクリウス」と書いてある。イエイツによれば、このことが暗示するのは……。

（もし頭を下げている人物がモーゼなら）ヘブライ人の立法者がエジプト人の立法者に、エジプトの信仰や道徳を復活させくれるよう頭を下げている……このキリスト教の建物にヘルメス・トリスメギストスの姿が、それも入ってすぐの所に描かれて、霊的に非常に高い位置を与えられている。これは単発的な事例ではなく、イタリア・ルネサンスが彼をどのように見ていたかの象徴であり、彼がその後、一六世紀から一七世紀にかけてのヨーロッパでどれほど非凡な経歴を築くことになるかを予見するものでもあった……。(31)

教会の中のヴェールをかぶったヘルメス (二)

古代エジプトの賢者ヘルメス・トリスメギストスと、彼が書いたとされる文書は、ルネサンス期に輝かしい経歴をたどることになった。たとえば一五四四年にフランスの古典学者アドリアン・トゥルネブ（トゥルネブスの名でよく知られている）がヘルメス文書のギリシャ語原典の初版にフィチーノのラテン語訳を付けてパリで出版した際、神学者ペトルス・パウルス・ヴェルジェリウスは序文でこう述べた。

ヘルメス・トリスメギストスは、民族的にはエジプト人だ……彼は、多くの記録者が考えるとおり、ファラオの時代より前に活躍した。キケロを含めて何人かは、エジプト人がトトと呼ぶ者だと思っている……彼はファラオの時代より前に生きたに違いなく、したがってモーゼよりも前の人ということになる……彼は当時、神秘哲学や神学について多数の書物を著した。このうち『アスクレピオス』と『ポイマンドレス』の二冊は特に重要だ。(32)

トゥルネブス版の後、エールの司教フランソワ・フォワ・ド・カンダーユことフルッサスが、ヘルメス文書の新版を出版した。フルッサスは先人よりもさらに熱意にあふれ、次のように述べて、この作品を神聖ローマ皇帝マクシミリアン二世(在一五六四～一五七六年)に捧げた。「ヘルメス・トリスメギストスは聖なる知識を獲得し、まずエジプト語、次にギリシャ語で書きました。その知識は使徒たちや福音書の作者たちに並び、ヘブライ人の預言者たちに啓示された知識をしのいでいます」。

救世主から教えを受けた者たちから、これ以上の知識を得られるだろうか? だがこの男(ヘルメス)は、主の弟子らより時間的に前であるばかりか、すべての預言者や法の教師たち、さらには古《いにしえ》人《びと》の言うように、モーゼ自身より前の存在なのだ。(33)

一五九一年、今度はイタリアのプラトン主義学者フランチェスコ・パトリッツィが、著書『普遍哲学の革新Nova de Universis Philosophica』にヘルメス文書を含めて出版している。彼はヘルメス・トリスメギストスを、あらゆる叡知の源泉という以上の存在と見ていた。パトリッツィは、教皇グレゴリウス一四世宛てに書いた序文の中で、ヘルメス文書はカトリックへの「改宗」をうながす道具として使えるから、イエズス会士を含む、すべての人に教えるべきだ、と訴えている。

私は、猊下《げいか》と猊下の後継者が、この新たに復興された宗教哲学を取り入れ、あらゆるところで学ばせることを願っております……猊下や今後のすべての教皇に、私が名前をあげた書物のうちいくつかをあらゆるところで継続的に教えるように命令を下していただきたいのです。私はすでに過去一四年間フェッラーラで教えてきています。そうすればイタリア、スペイン、フランスの有能な男はみな教会の友となるでしょう。ドイツの新教徒ですら、それにならってカトリック信仰に回帰するかもしれません。この方法で彼らの心を勝ち取るほうが、聖職者を咎めたり、世俗の腕を使うよりずっと簡単です。あれほど良い仕事をしているイエズス会の学校でも、この教義を教えるようにすべきです。そうすれば未来の人々の間でも、偉大なる栄光が猊下を待つでしょう。また、これを行うにあたっては、ぜひ私にも手伝いをさせていただきたく存じます。(34)

パトリッツィのいう「教義」とは、かつてプラトンが教えたものと同じであり、また、少なくともパトリッツィによれば、もともと古代エジプトでヘルメス・トリスメギストスが編み出し、人間に伝えたものだという。パトリッツィの考えでは、これがエジプト滞在中のプラトンに伝えられ、プラトンからアレキサンダー大王の家庭教師を務めた弟子のアリストテレスに伝えられた（35）。パトリッツィは、ヘルメス文書や関連文献が原始教義、つまり古代エジプトにルーツを持つ古代神学を含んでいると信じ、驚いたことに、これらの文書を正典とするよう教皇に頼んでいる。もっとも当時の状況を考えると、異端的に見えるこの要請は、実はさほど突拍子もない考えではない。それどころか、このようなアイデアをきわめて真面目に受け取った教皇が、少なくとも一人は存在した……。

ピコとヘルメス的魔術とカバラ

ルネサンス最高の思想家の一人は、ピコ・デラ・ミランドラという名のフィレンツェの若い学者だった。モデナの名門出身のピコは、マルシリオ・フィチーノのヘルメス思想、特にヘルメス的魔術から多大な影響を受け、これを完全に受け入れたばかりか、フィチーノを上回る熱意と意気込みで広めていくことになる。

フィチーノはヘルメス・トリスメギストスを、「非ユダヤ人」のキリスト教預言者と位置づけたが、ピコはこれに全面的に賛同し、さらに一歩進めた。彼はヘルメス文書の中に、ある種の神秘主義的教義や「自然魔術」を見たが、それをユダヤ教の「カバラ」と結びつけた。カバラとはユダヤの秘教に根差した神秘主義の体系で、特に一二世紀のオクシタニア沿岸のユダヤ人共同体において非常な発達を遂げた。それから三〇〇年以上を経て、ピコは、ユダヤ教と「エジプト系」の二つのカバラ的魔術を統合し、キリスト教会の利益のために使わなくてはならないと心から信じた。

フランセス・イエイツによれば、「ヘルメス思想とカバラ主義の融合」はピコ・デラ・ミランドラの発明だという。彼はまた「ヘルメス的魔術とカバラ的魔術を統一」して、大まかに「キリスト教ヘルメス的カバラ」と呼ばれる、パワフルな知的調合を創りだした。これがルネサンス期の神学者に与えた多大な影響は、やがて教皇庁の内部にも及ぶことになる(36)。中世的な意味での魔術は教会から忌み嫌われ、実質的に非合法化されていたが、ピコは次のように主張した……教会の考える魔術とは、「最近の」悪魔的な魔術であり、これは確かに忌むべきものである。だが自分が提唱しているのは全く別物で、善良で美しい古代のmagia naturalis、つまりエジプトの賢者ヘルメス・トリスメギストスが編み出した自然魔術なのである。この主張は受け入れられた。自然魔術は、ピコだけでなく多くの人々から、天と地の間に良いつながりをつくる「共感魔術」の一種と見なされていた。要するに、ピコの頭にあったのはヘルメス文書、特に『アスクレピオス』に出てくる、タリズマン(護符)を用いる「エジプト的」魔術だったのだ(37)。ただしピコはフィチーノと違って、この「エジプト的」魔術を「実践的カバラ」、つまりカバラ的魔術で「補完する」必要があると考えた。そしてこれこそが、ルネサンス魔術の発達に対するピコの知的貢献だったと、イエイツは言う(38)。

カバラという言葉は「伝統」を意味し、具体的には神がヘブライ語でモーゼに伝えたとされるユダヤ秘教の特殊な伝統を指す。カバラ主義者によれば、これをヘブライ語のアルファベット二二文字の暗号として読み解くと、秘教的・魔術的な意味が浮かび上がるという。カバラ主義者はヘブライ語の文字や単語を、古代エジプトで敬虔な信者が、像やオブジェを見たのと同じ見方で見ているのだ。つまりそれは、何らかの「魔術」によって魔法や秘義の意味を封じ込め、放出させることが可能な護符《タリズマン》なのだ。ピコは、ヘルメス的エジプト魔術の体系（エジプトの立法者ヘルメス・トリスメギストスによる）とカバラ的ヘブライ魔術の体系（ユダヤの立法者モーゼによる）は、互いに足りない部分を補い合うと考えた。それなら次の段階として、両者を統合すべきではないか。そして、ヘルメス・トリスメギストスとモーゼが、どちらも唯一神から叡知を授かったということは、二人ともキリスト教の「預言者」なのだから、ヘルメス的魔術とカバラ的魔術が融合した新たな魔術も、キリスト教会に属するに決まっている！　これがピコの論理だった。

カバラの複雑な「科学」を解説するのは本書の目的ではないし、ピコがどうやってカバラを『アスクレピオス』のヘルメス的魔術と統合し、カトリック信仰に組み込むつもりだったのかを詳しく述べるのは不可能だ。だが簡単に言えば、ピコはキリスト教へルメス的カバラを使って三位一体の「真理」が正しいことを人々に示せると考えた。つまり、ピコ自身の言葉を借りれば、彼のキリスト教へルメス的カバラは、「ヘブライの叡知という土台の上にキリスト教の信仰を確立する」手段だった(39)。

教会としても、ピコの提唱するカバラがユダヤ人をカトリックに改宗させる道具として使えることは、さほど頭を使わなくとも理解できた。何と言ってもカバラは古代ユダヤの秘義なのだから。この単純だが恐ろしく効果的な「道具」の一例が、イエスという名についてピコが強力に展開した説だった。イエスはヘブライ語でIesuというが、カバラの原理と方法論で解釈すると、「神」・「神の子」・「神の叡知（あるいは霊）」という三つの意味が導き出せる。つまりイエスの名は、父と子と聖霊というキリスト教の三位一体を表しているというのだ（40）。要するにピコは、ユダヤの秘教を利用してユダヤ人の心をつかもうと提案したのだ。実際、この「キリスト教ヘルメス的カバラ」でヘブライ語の単語を処理するという、一見単純だが説得力のある方法は功を奏し、イタリアに住む大勢のユダヤ人が、ユダヤ教の教典に「キリスト教の真理」が隠されているという説明を信じてカトリックに改宗したという（41）。

「魔術やカバラほど、キリストの神性を確信させてくれる科学はない」というピコの大胆な、しかし無分別な主張は、当然ながら教皇庁異端審問所の関心を引いた。異端審問所の下っ端はピコの「真意」をつかみそこね、直ちに異端と糾弾した（42）。教会との関係が悪化したため、ピコはやむを得ずフランスに逃亡し、シャルル八世の保護を求めた。やがてフランス王の手紙を携えてイタリアに戻ったピコは、豪華王と呼ばれるロレンツォ・デ・メディチの庇護を受けるようになる。一四六九年から一四九二年までフィレンツェに支配者として君臨したロレンツォは、祖父コジモの伝統にならって、この逃亡者の政治的な後ろ盾となり、教皇との仲を取り持った（43）。ピコは人生最後の数年をフィレンツェで過ごし、一四九四年に三一歳の若さで世を去った。

ピコは偶然にも、マルシリオ・フィチーノがヘルメス文書の初のラテン語訳を完成させた年に生まれている。ピコの人生には、この手の幸先の良い偶然がついて回ったようだ。死の前年には、ピコが異端だと宣告した教皇インノケンティウス八世に代わり、悪名高いアレクサンデル六世が教皇の座に就いた。アレクサンデルは前任者と違って、魔法やカバラやヘルメス思想に抵抗がなく、好意的とさえいえた。一四九三年六月、アレクサンデル六世はピコ・デラ・ミランドラに赦罪を与え、彼に対する告発を取り下げた。さらに、個人的に手紙を書いて、ピコを「神の広い度量」に触発された「教会の忠実な息子」とまで呼んだ(44)。

突然、ごく短期間だが、ヴァティカンの扉に裂け目が生じた。その裂け目から、夜の盗人のようにこっそりと、だが確実に、「エジプトの賢者」ヘルメス・トリスメギストスの叡知と魔術が、教皇庁に入り込んだ……。

ボルジア家、ヴァティカンの乱交パーティ、天井のイシスとオシリス

教皇アレクサンデル六世は俗名をロドリーゴ・ボルジアといい、かつてカタリ派が隆盛を誇ったスペイン北東部のアラゴンで生まれた。悪名高いボルジア家は、莫大な富と絶大な権力を持つ一族だった。ロドリーゴはおじのヴァレンシア司教（後の教皇カリストゥス三世）の勧めでイタリアのボローニャで学んだ後、ローマカトリックの枢機卿の地位を与えられ、賄賂と策謀で巨万の富を築く。産ませた私生児は数知れないが、ローマの貴婦人ヴァノッツァ・カタネイとの間に、認知した子が四人いた。その子どもたちの中の、狡猾なチェーザレ・ボルジアと美しいルクレツィア・ボルジアは、後に

陰謀と不正の代名詞となった。

放蕩児との評判にもかかわらず、驚いたことにロドリーゴは一四九二年に教皇に選出され、アレクサンデル六世を名乗った。彼は賄賂と要職に身内を置く人事で、すぐにヴァティカンを思いのままに支配しはじめた。悪魔のような息子チェーザレ・ボルジアは二〇歳にもならないうちに、やはりボルジア一門の若いアレッサンドロ・ファルネーゼ（後の教皇パウルス三世）と共に枢機卿に昇格した。後者の姉は教皇お気に入りの愛人で、美貌のジュリア・ファルネーゼだ（教皇の私生児を少なくとも一人生んだ）。同時代の記録は、ヴァティカンで乱交パーティが行われたと述べており、歴史学者は、教皇アレクサンデル六世が直接関係した毒殺事件を、少なくとも二件突き止めている。実際、アレクサンデル六世の在位中は腐敗と悪があまりにはびこったので、彼の死後、当のヴァティカンが、彼はいわゆる「悪の教皇たち」の中でも最悪だったと断罪せざるを得なかった。ボルジア一族がカトリック教会の評判をどれほど傷つけたかを思えば、これでもずいぶん控えめな言い方だ。

アレクサンデル六世についてはもう一つ、もっと奇妙な逸話も残っている。もしかするとこれで、アレクサンデル六世がピコ・デラ・ミランドラの提唱したキリスト教ヘルメス的カバラや、ヘルメス・トリスメギストスの「エジプト的」自然魔術に関心を持ち、好意的でさえあった理由の説明がつくかもしれない。

ジョヴァンニ・ナンニというドミニコ会の大修道院長（アンニウスまたはエンニウスと呼ばれることもある）は高名な歴史学者で、アレクサンデル六世の個人秘書も務めていた（45）。彼が手がけた中で比較的よく知られている仕事に、大洪水からトロイの陥落に至るまでの人類史があるが、ナンニはその中で、アレクサンデル六世のボルジア一族はエジプトのオシリス神の子孫だという驚くべき説を唱えている。オシリス神はナンニの時代には、「エジプトのヘラクレスの父」とも呼ばれていた(46)。ヘロドトス、シチリアのディオドロスなど古典の権威と、彼が捏造した古代史料の「権威」を利用して、ナンニは驚くほど説得力のある説を展開した。「エジプト人の叡知」、つまりヘルメスの叡知は古代、オシリスが文明化という大きな使命のため世界を放浪した際に、オシリスから直接イタリア人に伝えられた、というのだ(47)。デンマークの学者エリク・イヴァーセンによれば、ナンニは次に「ボルジア一族はオシリス神の息子であるエジプトのヘラクレスの直系の子孫であり、ボルジア家の紋章の牛は実はオシリス神の聖牛アピスであることを証明し、それによってパトロンである教皇に英雄の系譜を提供した」(48)。

教皇はこの考えを大まじめに受け取ったらしい。すぐにルネサンスの有名画家ピントゥリッキオを呼んで、教皇庁のボルジアの間の天井に、ヘルメス・トリスメギストスからの場面や、エジプトの女神イシス、オシリスの聖牛アピス（古代アレクサンドリアのギリシャ・エジプト融合神である牛神セラピス）の絵を描かせている。場面の一つは明らかに、『アスクレピオス』に登場するヘルメスの「自然」魔術あるいは「星」魔術の寓意となっている。そこに描かれているのは、大きな天球の下に立つヘルメス・トリスメギストスで、頭上には大きな星が一つ吊り下げられている。うやうやしく周囲に立ち、教えを受けているように見える賢そうな男たちは、おそらく古典時代の哲学者だろう

(49)。

ナンニとボルジア家出身教皇のこの奇妙なエピソードは、もちろん茶番だ。フィチーノやピコをはじめとする知識人がヘルメス文書に対して取った博学で学究的なアプローチとはほとんど関係ない。それでも、ルネサンス期のイタリアやヨーロッパにヘルメス思想がどれほど深く浸透していたかがうかがえる。さらに重要なのは、「エジプトの」ヘルメス・トリスメギストスの文書にある古代の叡知を再発見し、聖なる秘密を求めた者たちに、謎めいたヘルメス・カバラ・タリズマン的「魔術」が奇妙な力を発揮したことだ。

ピカトリクスと「星の民」の謎

フィチーノが独自のタリズマン的「自然魔術」を編み出したきっかけが『アスクレピオス』を読んだことであるのは疑う余地がない。だがフランセス・イエイツら一部の学者は、ヘルメスの魔術を扱った書物『ピカトリクス』も、フィチーノに多大な影響を与えたと考えている(50)。これは普通、ヘルメス選集の正典には含まれないが、ヨーロッパでは遅くとも一三世紀から複数のバージョンが流布しており、ピコ・デラ・ミランドラの蔵書からも見つかっている。フィチーノや彼の仲間も所持していたか、少なくともどこにあるか知っていたのは、間違いない(51)。

『ピカトリクス』は最初、現在では失われているアラブ語版からラテン語に翻訳された。アラブ語版が書かれたのは一二世紀のスペインと考えられているが、一一世紀中葉のエジプトとする学者もいる。

アラブ語版の題名Ghayat Al Hakimは「賢者の意図」を意味し、イタリア・ルネサンスの学者たちが「ピカトリクス」という題をつけた理由は誰も知らない（52）。

『ピカトリクス』の原典は、ヘルメス思想、占星術、魔術、カバラ、錬金術に関する二二四篇の古代の手稿と考えられ、古代のタリズマン魔術についての現存する最も完全な文献の一つとされている。今日ではヨーロッパの諸言語に翻訳され、研究者ヘルムート・リッターによるドイツ語版が一九三三年、マルセリーノ・ヴィジェガスのスペイン語版が一九八二年、アメリカ、ブラウン大学の研究者デイヴィッド・ピングリーによるラテン語版が一九八六年、ダヴィデ・アレッコとステファノ・ズッフィのイタリア語版が同じく一九八六年に、それぞれ出版された。英語版は二〇〇二年にハシェム・アッタラーによる抄訳が出版され、現在デイヴィッド・ピングリーも翻訳中と聞いている（53）。ピングリーは一九八一年に『ウォーバーグ研究所紀要』で『ピカトリクス』に関する包括的な論文を発表している。また、フランセス・イエイツ著『ジョルダーノ・ブルーノとヘルメス的伝統』にも『ピカトリクス』について、豊富な引用に裏打ちされた、非常に役立つコメントがいくつもあり、本書は主にこれを参考にしている。『ピカトリクス』のドイツ語版とラテン語版を研究したイエイツは、この作品はヘルメス的伝統と関連づけるべきだと結論した。ヘルメス・トリスメギストスについての言及が多いからだけでなく、ハラン（現トルコ南東部）のアラブ民族サバ（シバ）人の思想が取り入れられていることが、ほぼ間違いないからだ。サバ人は九世紀にヘルメス文書を「宗教」として採用し、『アスクレピオス』のタリズマン魔術を実践していた（54）。

サバ人は月の神シンを崇め、熱心に星を観察したことでも知られている。彼らの名前の由来については、一九三〇年代にギザのピラミッドを調査したエジプト学者セリム・ハッサンが、興味深い説を唱えている（55）。サバ人はアラブ語でSaba'iaというが、これは古代エジプトの言葉で「星」を意味するsaba'aが語源ではないかというのだ。ハランのサバ人は太古の昔から少なくとも一一世紀まで、毎年、ギザのピラミッドに巡礼に行き、ピラミッドで天文観測や儀式を行ったが、この儀式は古代エジプトの星信仰の名残だった可能性もある。サバ人はピラミッドを星々に捧げられた記念碑《モニュメント》と認識し、そこでSabai'ia「星の民」と名乗るようになったのだろうと、ハッサンは考えている（56）。

だが、別の説明も可能だ。エジプトでヘルメス思想やグノーシス主義の教団がローマ教会に弾圧されたとき、一部の参入者がヘルメス思想やグノーシス主義の書物を持ってハランへ逃げたのかもしれない。ハランでは星の礼拝や星魔術が行われただけでなく、月信仰もあったので（エジプトのトト／ヘルメスは月の神でもあった）、ローマやキリスト教徒による迫害から身を守る場所を探していたヘルメス主義者やグノーシス派にとっては絶好の隠れ家だったはずだ。いずれにせよ、サバ人の星魔術やタリズマン魔術がスペインやオクシタニアのアラブ人学者に伝わり、そのかなりの部分が『ピカトリクス』などの書物の中に残っているのは確実だ。『ピカトリクス』の内容をすべて紹介するのは本書の目的ではない。この本がタリズマン魔術の実用マニュアル的な役目を果たしたこと、具体的には、霊と星の世界のパワーを物に封じ込めてタリズマンを作る方法を、順を追って説明している、とだけ言っておけば十分だろう。

例をあげたほうがわかりやすいかもしれない。全く同じ単三の電池を二つ思い浮かべてほしい。ポータブル・カセットやCDプレーヤー、ペンライト、カメラなどの電源として日常的に使われるものだ。ただし、片方はたっぷり充電されているが、もう片方は切れている。たっぷり充電された電池は、電気のエネルギーを放出することによって音楽や光を発生させられるが、切れた電池は何の役にも立たない物体でしかない。これと似たようなもので、あらゆる物体には、ちょうど電池を充電するように、知力、霊力、あるいは感情といったエネルギーを封じ込めることができる。つまり、タリズマン(護符)にすることができるのだ。一人の青年が恋人とレストランに行き、キャンドルの明かりで食事をしたと想像してほしい。青年はタイミングを見計らって愛を告白すると、小さな箱を取り出す。箱にはダイヤの指輪が入っており、青年がそれを愛の証《あかし》として差し出したとしよう。相手の反応がどうであれ、この時点で指輪はただの指輪ではなく、タリズマンとなる。

現代人のわれわれは「感傷的価値」という言い方をするが、古代エジプト人やサバ人、あるいはヘルメス思想家なら「タリズマン的価値」という言葉を使うだろう。タリズマンは誰でも持っている。それは指輪だったり、ネックレスやブレスレットだったり、お守りやクリスタルだったり、いろいろだ、だが、万一なくしたり、盗まれたりすると、ひどく落ち着かない気分になる。第一線の研究者の多くは以前から、古代エジプトの美術や彫像、オベリスク、ピラミッド、都市までもが、強力なタリズマンとして働くように作られたことを認めている。また、このようなタリズマンを、視覚だけでなく他の感覚にも刺激を与えるように作れば、潜在意識に及ぼす効果は何倍にも増幅されることも知られている。たとえば注意深く選ばれた音楽は、ほぼ確実に雰囲気を盛り上げ、経験を豊かなものにするし、香水や焼香や照明にも同じことが言える。にぎやかなツアー客に混じって大聖堂を見学するのと、ほのかなキャンドルに照らされ、香が焚きしめられ、聖歌隊の歌声が流れる中を一人で訪れるのでは大違いなのは、誰でも知っている。

もう一つ知っておくべきなのは、タリズマンは必ずしも人工物でなくてもよいことだ。自然の環境もまた、「神殿」として機能し得るし、実際に機能している。長年故郷を離れていたスコットランド人が愛するハイランド（スコットランド北部の高地）に戻ってきたところや、長年都会で暮らしたベルベル人が砂漠に戻ったところを想像すれば、大体の感じがつかめると思う。これもある意味で、フィチーノやピコが「自然魔術」と呼んだものに含まれる。

とはいえ、「神殿タリズマン」が最も感銘を与えかつ効果的なのは、人工の「神殿」と自然の「神殿」が完璧に組み合わされている場合だ。たとえばフランスのヴェルサイユ宮殿、インドのタージ・マハル、カンボジアのアンコール・ワット、春のパリや夏のローマ、秋のワシントンDCといった都市を思い浮かべれば、原理が理解できるだろう。

実験と合理性と分析的思考が重視される現代社会では、こうしたことは怪しいエセ科学のように思われるかもしれない。だが、私たちがタリズマン的魔術や「聖なる科学」をどう考えようが、人間というものが自然の微妙な影響を受けながら何億年もかかって進化した複雑な生きものだという事実は変わらない。五感が繊細な受信機として機能するおかげで、人間は周囲の自然や宇宙を直感的に理解することができる。この能力が自然魔術であり、古代には、はっきりしたシンボルやタリズマンに、自然のさまざまな面を強調し封じ込めることで、見事にこの能力を増幅した。古代エジプトの神官はこの神秘的な魔術の名人であり、エジプトの神殿は、神殿というより、大宇宙の出来事に影響を与える目的で作られた、強力なタリズマンだったと言っても言いすぎではないだろう。エジプトの神殿に入るということは、人間の精神を通して見た宇宙の模型に入り込むことだ。神殿は単なる礼拝の場ではなく、人間もその一部とならねばならない一つの環境であり、その雰囲気、空間のバランス、注意深く選ばれた絵や像、シンボル、魔法の言葉、テキスト、タリズマンの聖域といったものすべてに、根源的な価値や宇宙の原理、自然の理想が込められていた。ところが『ピカトリクス』には、聖なる神殿よりもはるかに大掛かりなタリズマンの作り方が書いてある。この本は何と、一つの都市を丸ごと、そして、全世界をタリズマンにする奥義を解説したマニュアルなのだ。

世界の神殿

『アスクレピオス』として知られるヘルメス文書には、世界の真の宗教を完全に復活させようという、未来の「賢者」たちへの呼びかけが含まれている(57)。真の宗教とは、かつて聖地エジプトで実践されていた魔術的・タリズマン的宗教のことだ。これを読むとすぐに頭に浮かぶのが、ナグ・ハマディのグノーシス文献に登場する謎の「組織」だ。ナグ・ハマディ文書は『アスクレピオス』とほぼ同時代の作で、『アスクレピオス』の断片も含まれていた。ナグ・ハマディ文書から読み取れるのは、この「組織」がグノーシス派の秘密結社とでもいうべき存在であり、その目的はやはり「真の宗教」（この場合はグノーシス主義）の復活だったことだ。

『アスクレピオス』の格調高い散文から、問題の箇所を見てみよう。ヘルメス・トリスメギストスが愛弟子のアスクレピオスに対し、エジプトとエジプト古来の宗教に滅亡の時が迫っていることを予言して嘆くくだりだ。

知らないのか、アスクレピオスよ、エジプトは天のイメージであることを？　より正確に言えば、天で統治されて動くものはすべてエジプトに下ろされ、移されたのだということを？　実を言えば、この土地は全世界の神殿なのだ。そこで、賢者はあらゆることを事前に知っているべきであり、お前も無知であってはいけない。エジプト人は神々を忠実に、労を惜しまず信仰して敬ってきたが、それがすべて無駄だったのか、と思う日々がやって来る。彼らが行った神聖な礼拝はすべて徒労に終わり、効力を発揮せずに消滅してしまう。それというのも、神々が地上から天に帰り、エジプトは見捨てられてしまうからだ。崇拝の場であった土地は力を断たれ、見捨てられた状態になるだろう。外国人が土地や領土を占領すると、信仰がおろそかにされるだけではない。さらに悪いことに、信仰や忠誠や礼拝は、法と呼ばれるものの下に禁じられ、逆らえば罰を受けることになる。そうなれば、この最も神聖な国、祭壇と神殿の地は、墓と死体で一杯になるだろう。

おお、エジプトよ、エジプトよ、お前の敬虔な行いは物語の中にしか残らず、子供たちには信じられない話となるだろう！　石に刻まれた言葉だけが生き残り、お前の信仰による仕事を語り、スキタイ人かインド人のような、近隣の野蛮人がエジプトで暮らすようになるだろう。それというのも、神々は天に帰り、すべての人々が死んでしまうので、残されたエジプトには神も人もいなくなるからだ。私はお前に呼びかける、聖なる川よ、そしてお前の未来を語る。血の奔流がお前を岸まで満たし、お前は岸を超えて勢いよく溢れる。血は、お前の聖なる水を汚すだけではない。その水があらゆるところに噴き出して、墓の中の者の方が、生きている者より多くなるだろう。生き残った者も、言葉からエジプト人とわかるだけで、振る舞いは外国人のようになるだろう。

アスクレピオスよ、なぜ泣くのだ？　エジプト自身もそそのかされて、これよりはるかに邪にふるまい、はるかにひどい悪徳に浸るようになる。かつては神聖にして神々を深く愛した国、その信仰心ゆえに地上で唯一神々が住んだ国、聖性と忠誠を説いた国が、徹底的な不信心の見本となる。その時代の人々は疲労ゆえに、世界を驚きや崇拝の目で見なくなる。昔も今も将来もこれより優れたものはないほど良いものすべてが危険にさらされる。人々はこれを重苦しく感じ、蔑むようになる。彼らはこの世界のすべてを大事にしなくなる。つまり比類なき神の業《わざ》、輝かしい建築物、多種多様な絵や像の賜物、虚心に神の仕事を支え、神の意志を行う機構、見る者に尊ばれ、讃えられ、ついには愛されるすべてが一つになったものなどだ。彼らは光より影を好み、死を生よりも得策と見るだろう。誰一人、天を見上げる者はいなくなる。敬虔な者は頭がおかしいと、不敬な者は賢いと思われる。狂人は勇敢と思われ、ならず者が真人間と受け取られる。私がお前に明かしたような、魂についての教え

（魂は不死として始まり、いつか不死に到達する）は、単に滑稽というだけでなく、実体のない幻と思われるだろう。信じられないだろうが、知的な精神に敬意を捧げる者は誰であれ、極刑に直面するだろう。彼らは新たな法、新たな正義を定めるだろう。聖なるもの、尊いもの、あるいは天や天上の存在に値するものは何一つ、話に聞くことも、信じられることもなくなる。神々が人間から離れるときは、どれほど悲しいことだろう！ 災いの天使らだけが残って人間と交わり、不運な者を捕らえては、非道な犯罪に駆り立てる。戦争、略奪、ペテン、その他、魂に反するすべてのことに……。(58)

まるでローマ占領下のエジプト人の悲惨な境遇を予見していたかのようだ。さらに興味深いのは、キリスト教がローマ帝国の国教となった後に起こるエジプト古来の宗教の衰退を予言している点だ。『アスクレピオス』は三世紀かそれ以前に書かれたとされており、熱心なキリスト教徒のテオドシウス帝が「異教」を非合法化する勅令を発布したのは三九一年だから、この縁起でもない文章を書いた不詳の作者の不吉な予感は、控えめに言っても驚嘆に値する。ところが、話はこれで終わらない。嘆きに続いて未来への希望の言葉が、まるで神殿の鐘のように響き渡る。

これがすべて実現したとき、アスクレピオスよ、そのときは、主にして父であり、原初の力を持つ神、最初の善の統治者が、この行状を見るだろう……そして意志の力（これが神の仁愛だが）によって、あらゆる悪徳や堕落に立ち向かい、過ちを正し、恨みを洗い流すだろう……そののち、彼は世界に古《いにしえ》の美を回復し、世界は再び崇敬と驚きに値するものになるだろう。そして、その時代の人々は、絶え間ない祝福と高らかな賞賛の宣言をもって、かくも偉大な仕事を行い、再生させた神を讃えるだろう。これが、世界の誕生となるだろう。すべての良いものが再構成され、自然の最も敬虔にして、神聖なものが復旧される……。(59)

回復、再構成、復旧で、かつての生き方や美を取り戻す……。

だが誰が、「回復、再構成、復旧」を実現するのか？　どうやって、いつ？

さらに読み進むと、この計画（これが計画なら）の一部は、明確な天文学やシンボルの原理に基づいて、魔法のタリズマン都市を建設、再建することであることが明らかになる。

地上を支配した神々はいつの日か、エジプトの一番端にある都市に復活する。夕陽に向かって築かれるその都市に、限りある命の人間は、みな陸路海路で急ぐだろう……。(60)

フランセス・イエイツによれば、これは魔法のかかった理想郷、いわば古代エジプト版キャメロット（アーサー王伝説で王の宮廷があった場所）のことだという。この理想郷は、優秀な神官たちが星魔術を駆使することによって建設される。彼らは「天文学、数学、音楽、形而上学ほか、スピリトス（星のパワー）をタリズマンに込めるために必要なことなら、ほとんどあらゆる術に精通」している、とイエイツは言う。そしてこれは「星々のイメージを、正しい素材に、適切なタイミングと適切な心構えで印す」ことによって達成されるという(61)。魔法の都市についてイエイツは、「没落前の理想的なエジプト社会、あるいは未来において世界的再興をとげるエジプト社会の理想的なパターンとしても見ることができそうだ」と述べている(62)。

ヘルメス文書の一つに『コレ・コスモ』、つまり『世界の処女』と呼ばれるものがある。これはエジプトのオシリス神の妻、女神イシスを指すが、息子のホルスに次のように教えている。

地球は宇宙の真ん中で、天界に顔を向け大の字になって横たわっています……頭は南を向き……右肩は東を、左肩は西を向いていて、足は大熊座の下に(北)あります……私たちの祖先たちの正しい聖なる土地(エジプト)は、地球の中心にあるのです。人体の中心は心臓という聖域であり、心臓は魂の宿る場所です。だから息子よ、この土地の人々は……より知的(賢い)なのです。彼らが地球の心臓で生まれ育たなかったら、そうはなっていないのです。(63)

この記述から、何らかの星魔術をもとにした地理的計画がうかがえる。エジプトが世界の中心にあるといわれ、子午線のようなものが通る場所にあるようだ。この計画に大熊座が出てくるのも興味深い。古代エジプトには、「ひも伸ばし」という儀式があった。これが、大熊座(北斗七星)の延長線上に神殿を建設する儀式であったことがよく知られている。これで、『アスクレピオス』でエジプト全体が「神殿」（より正確には「世界の神殿」）と言われている理由が理解しやすくなる。古代人がエジプトを「神々の地」と呼んだのは、この意味だったのだろうか？　エジプトは文字どおり宇宙のイメージとしてつくられた、神聖な土地だったのか？

都市アドセンティン

このことは『ピカトリクス』の第四部でさらに詳しく説明されている。ここではヘルメス・トリスメギストスが、ある魔術的な太陽都市の創設者として登場する。この都市は占星術の思想に基づいて設計され、見事なタリズマン彫像をはじめ、いろいろと不思議なものが設置されていたという。『ピカトリクス』の不詳の作者によれば、このヘルメスの魔法都市の秘密は、タリズマン魔術という科学に熟達していたカルデアの祭司《マギ》によって後世に伝えられている。

カルデア人のなかには、この術を完璧に身に付けた者たちがいる。彼らは、最初に方法をつくったのはヘルメスで、彼はこれを利用して月の動きに逆らってナイル川を制御する方法を知っていたと断言する。この男は太陽の神殿を建設し、その中に身を隠し、誰にも見えないようにする方法も知っていた。彼はまた、東エジプトに長さ一二マイルの都市を建設し、その中に城を建てた。城の四つの部分にはそれぞれに門があった。彼は東の門に鷲［ホルス？］、西の門には雄牛［アピス？］、南の門には獅子［スフィンクス？］、北の門には犬［アヌビス？］の像をつくった。彼はこの四つの像に声を出して言葉を話す霊を宿らせた。許可のない者は門を通って街に入ることができなかった。そこに彼は木々を植えた。木々の中央には、すべての世代［不死？］の実がなる大木があった。城の一番上には高さ三〇キュービットの塔を建て、その上に灯台を置いた。灯台の色は日ごとに変わり、七日経つと最初の色に戻った。このため街は、これらの色に照らされた。街のそばには多くの水場があり、たくさんの種類の魚が住んでいた。街の外周には彫刻した絵をいくつも置いた。この置き方のおかげで、市民は絵の効力によって有徳になり、あらゆる邪悪や危害から遠ざけられていた。この都市の名はアドセンティンという。(64)

フランセス・イエイツが非常に役立つコメントをしている。

この箇所には、ハランのアラブ人の豊かな想像力を通して、『アスクレピオス』の語る古代エジプトの宗教魔術を思わせるものが見えるようだ。ここには人工の神々、動物や鳥の形をしたエジプトの神々の像がある。ヘルメス・トリスメギストスはそれらに霊を宿らせ、像が口をきき、魔法のユートピアの門を守れるようにした。中央の塔からは惑星の色が放たれている。外周の絵は黄道十二宮か、あるいは十分角の星座だろう。ヘルメスは、天の好ましい影響だけが街に流れ込む絵の配置方法を知っていた。エジプト人の立法者［ヘルメス］は、従うしかない法を与える。なぜなら彼は星魔術を強力に操って、この都市の住人が有徳で、健康かつ賢明になるように保っているからだ……この都市は、ヘルメス・メルクリウス［トリスメギストス］が、エジプトの神官にしてゴッドメーカー、哲学者にして魔術師、王にして立法者という三重の役目を負っている証拠であると言ってもいい……古《いにしえ》のヘルメスの手になるこの二つの「神聖な」書である『ピマンデル』と『アスクレピオス』の信奉者は、この都市の生き生きとした描写に感銘を受けたに違いない。ここでは、プラトンの理想国家と同じく、賢明な哲学者が支配者であり、『アスクレピオス』に述べられているエジプト神官が操る魔術によって、強力に統治されているのだ……。(65)

『ピカトリクス』のアラブ語原典では、ヘルメスの魔法都市はアドセンティンではなく、アル・アシュムナインという名前になっている。これは中エジプトに実在する場所だ。ナイルのほとりに位置し、緑豊かで魚や動物も多く、古代にはまさに楽園だったことだろう。ギリシャ・ローマ時代はトト／ヘルメス信仰の中心地で(66)、昔はトト神の有名な神殿が立っていたことから(67)、ギリシャ人はヘルメスの都市、ヘルモポリスと呼んだ。もとのエジプト名はクムンといい、「八」を意味する。こちらは創造前の世界を象徴する八人の神にちなんだ名前らしい(68)。

クムン／ヘルモポリス／アル・アシュムナインが、『ピカトリクス』に登場するヘルメス・トリスメギストスの魔法とタリズマンの都市のモデルだという確証はない。困ったことに、ここに描かれているアドセンティンは、エジプトのどの都市にもおよそ似ていないのだ。もっとも太陽神殿なら、古代エジプトにはいくらでもあった。中でも北のヘリオポリスと南のルクソールとカルナックは有名だ。

『ピカトリクス』原典のアシュムナインAshmunainという言葉は、アイン・シャムスAin Shamsnoが転訛した可能性もある。この言葉は「太陽の目」を意味し、エジプト人は今もヘリオポリス周辺をこう呼んでいる。

だが、『ピカトリクス』のタリズマン都市が私たちの興味をそそるのは、古代エジプトの実在の神聖都市と関係がありそうだからではない。それよりはるかに重要なことは、この都市が、原型あるいはひな形の役割を果たしたことだ。この都市は、後代になって建設あるいは再建された英国、イタリア、フランス、アメリカの首都のモデルとされているのだ。これらの都市では、主な建造物や建築、ときには地区全体の道路の配置までもが、ヘルメス思想に基づいた秘密の計画と結びついている。われわれは次章以降でこのことを証明していく。

この考えが正しければ、何百年もの間、己の存在と目的を隠しつつ、壮大な魔術的都市計画を進めてきた、ある「組織」の痕跡を発見したことになる。しかも計画のすべては公共の目にさらされながら、「隠されて」いる。いったいなぜ、そんな大胆なことをする気になったのか？　それを理解するためには、まず、宇宙都市アドセンティンの陰にあるヘルメス主義の宗教を詳しく見なくてはならない。

第八章

二羽の不死鳥

一つの神聖な都市が、私のために築かれた。私はそれを知っており、その名前も知っている……。
(『古代エジプト　死者の書』一〇九章)(1)

私は神の都市にやって来た……原初に存在した場所に。
(『古代エジプト　死者の書』一八三章)(2)

都市への入り口は炎でおおわれている……神はそれを、喜んで従う者たちのためにつくった……彼は、好きなときに暮らせるようにその都市をつくり、大いなる変容の日のほかは、誰もそこに入ることができない……。
(『古代エジプト　死者の書』一四九章)(3)

古代文献を専門に研究する学者の多くは、古代エジプトのすでに知られている宗教文献(紀元前二三〇〇～紀元前〇年頃)とヘルメス文書(エジプトのアレクサンドリアで紀元後〇年～三〇〇年ごろ成立)の起源に、強い遺伝子的なつながりはないと主張する。「ヘルメス文書には、エジプトの神話や典礼、神官についての専門的な情報が欠如している」と、トビアス・チャートンは言う。「エジプトの宗教について学ぶところが何もない。一般的な情報はあるが、旅行案内書の古代エジプトの項を読めばわかる以上のことはない」(4)。

ヘルメス文書の学術的な分析は、アイザック・カゾボン(一五五九〜一六一四年)から始まった。晩年の彼は、ヘルメス文書のどれ一つとして、ヘルメス・トリスメギストスという名の古代エジプト人が書いた可能性はなく、一四六〇年の再発見以来、そう考えられてきたのは間違いだと主張して、受け入れられた。彼は巧みなテキスト分析によって、文書の年代をキリスト教の初期である一世紀から三世紀と判定した、それで、モーゼと同時代かそれ以上に古いという「誤った」考えは覆された。カゾボンの発見が認知されるまでには何年もかかったが、認知されたところでは、非常に古いという思い込みから発生していた威光が薄れ、その後一世紀半にわたって「ヘルメス文書は人々の関心を失い、顧みられなくなった」(5)。

ヘルメス文書に対する学術的関心が再び高まったのは、一九六〇年代のフランセス・イエイツの功績で、本書も彼女の著作を頻繁に引用している。イエイツがヘルメスを「科学革命の前段階における重要人物」であるとし、ルネサンスに不可欠の触媒だと位置づけたおかげで、ヘルメス文書は再び「近代思想や文学を学ぶ者にとって必読の書」となっている(6)。

イエイツに言わせれば、一七世紀のカゾボンの暴露は、風呂の湯も赤ん坊も一緒に捨ててしまったという。確かにヘルメス文書の起源は古代エジプトではなく、カゾボンはその点では正しい。だが、メディチ・アカデミーの学者やヨーロッパ中のその後継者たちは、二世紀近くにわたって「エジプト幻想」を信じていた。そして、この誤解がヘルメス文書に、パワーと影響力と時間を与え、人々の世界観や人類の苦境に対する理解を大きく変化させたという（7）。

本質を保存する

古さとは別に、実際的な見地からヘルメス文書の影響を研究すべきだという主張は、このテーマを再び学術的に価値あるものとした。だが、文書の起源についての理解を深める上では全く役に立たなかった。私たちはいまだに、この驚くほど哲学的なテキストが、紀元後の最初の三世紀間に、背景も進化もなしに、いきなり完成したかたちで現れたと信じるしかない。「哲学的なヘルメス文書の正確な起源は、ほぼ謎のまま」（8）なのだ。

一つ確かなことは、一世紀から三世紀のアレクサンドリアでヘルメス文書を書いた哲学者や宗教思想家と、同時期に同じ都市でグノーシス主義のナグ・ハマディ文書を書いた哲学者や宗教思想家の間には、密接なつながりがあったことだ。これについては、専門家の意見も全員一致している。それは、ヘルメス文書の一部（『アスクレピオス』など）が、ナグ・ハマディ文書にも含まれているからというだけではない（9）。含まれていたことは、当時のヘルメス主義者グループとグノーシス主義者グループの関心の対象に、重なる部分があったことを強く示唆している。だが、それよりずっと重要なのは、両文書の間に、発想のレベルで構造的な深いつながりがあることだ。

このつながりを証明し、古代末期の哲学や宗教の底流にある驚くべき思想の理解への第一歩となる綿密な研究を行ったのは、正統的な「主流」の学者だった。だが、カゾボン以降、ヘルメス文書の起源が古代エジプトにある可能性を追求するのは、学問的には自殺行為になった。

「神の都市」の建設

ヘルメス文書は一貫して、都市を重要視している。

第七章の終わりでは、『ピカトリクス』に登場する魔法の「宇宙都市」アドセンティンに注目した。遠い昔にヘルメス・トリスメギストスが建設し、天界の好ましい影響が住民に流れ込むよう設計されていた都だ。さらにこれに似た、神々によって建設された魔法の都市が、最も有名なヘルメス文書『アスクレピオス』にも出てくることも指摘した。後者は興味深いことに、過去の都市ではなく予言された都市、未来の都市として描かれている。この都市は「夕陽に向かって築かれ」、そこに向かって「限りある命の人間はみな陸路海路で急ぐだろう」という（10）。

もし学者たちの言うように、古代エジプトとヘルメス文書の起源に遺伝子的つながりがないとしたら、紀元前一二〇〇年頃に書かれた『古代エジプト　死者の書』の一八三章に、興味深い一節があるのは偶然ということになる。「私は原初の地にある神の都からやって来た。そこの地には魂とカーと霊がいる。その神の名は、真理の主であり、法を所有し、すべての地は彼に引きつけられる……」（11）。

魂とカーと霊は、どれも人間を構成する要素の一つで、古代エジプトでは三つとも、死後も存在しつづけると信じられていた。「真理の主」とは、知恵の神トトつまりヘルメスに使われた別称だ。ということは、『死者の書』にも「神の（それも、後にヘルメスとなった神の）都」があり、それに向かって「すべての地が引きつけられる」。これは一四〇〇年以上時代を下った、つながりはないはずの『アスクレピオス』（二六八～二七三年頃）に現れる、「限りある命の人間はみな」神々の建設した都市に向かって急ぐ、という発想と基本的に同じではないか？

さらに時代をさかのぼると、紀元前二三〇〇年ごろ書かれた世界最古の教典、古代エジプトの『ピラミッド・テキスト』にたどり着く。ここにも、聖なる機能を持つ都市の記述があるが、ずっと後の、関連がないとされるヘルメス文書に登場する都市とよく似ている。特に興味深いのは発話三一九で、治世中に神の都を建設するのは王の役目であると述べていることだ。「王は天界を統一し、王の力は南と北の地と、以前いた神々に及ぶ。王は正しいやり方で神の都を建設した」(12)。

天と地を和合させ、住人に恩恵を与える都市を建設するのは王の神聖な義務であるという思想は、約四〇〇〇年後、偉大なヘルメス主義の哲学者トマソ・カンパネッラに取り上げられることになる。カンパネッラは一七世紀初頭、ヘルメス文書を独自に研究した結果に基づいて、「目にするだけであらゆる学問を身に付けることができる、素晴らしい都を建設する」ことができると主張した(13)。彼はその後、フランス王ルイ一四世がこの不思議な「太陽の都」を実際に建設するだろうと予言している。

フランセス・イエイツは、『ピカトリクス』に登場する魔法の都市アドセンティンは「天の好ましい影響」だけが住人に届くように「星魔術を強力に操って」、人々を健康かつ賢明に保ったと述べている。これと、住人が目にするだけで学習し、恩恵を受けられる都市を建設できるというカンパネッラの主張との間に、どれほどの隔たりがあるだろう？　あるいは、古代エジプトの『ピラミッド・テキスト』の、「私はお前をつくった、おお、私の都よ。お前は私が望む良いことをすべて行ってくれる、私がどこへ行こうとも、代理をつとめてくれる」(14) というくだりとは、どれほど違うだろうか？

天と地

古代エジプトとヘルメス文書に共通する宇宙的な「神の都市」あるいは「太陽の都」への関心の根底には、いくつかの鍵となる概念があると思う。その中で最も重要な概念は、ヘルメス文書すべてに一貫して流れる、「下にあるものは上にあるものに呼応し、上にあるものは下にあるものに呼応する、一つの奇跡を成就する中で……」というテーマだ (15)。この文章は、いわゆる「哲学の」ヘルメス文書ではなく、「錬金術の」ヘルメス文書の一つ『ヘルメス・トリスメギストスのエメラルド碑板』の一節だ。「錬金術のヘルメス文書」とは、さまざまな時代に書かれた多数の文献の総称で、今論じていることとはあまり関係ない。だが、錬金術のヘルメス文書にも哲学のヘルメス文書にも、さらには、それよりはるかに時代の古い古代エジプトの文献にも、同じ印象的な比喩が一貫して使われている。つまり、「空」「天」「上」などが、魂の向かうべき非物質的な霊の世界とされ、「陸」「地」「下」などが、魂の捕らえられている卑俗な物質世界を象徴している。こうした文献には、完全なものは「上」の世界にしか存在せず、「地」あるいは「下」の世界は、欠陥のある不完全なものだという理解が暗示されており、はっきり示されていることも少なくない。

まずは古代エジプトの文献から、いくつか実例を見てみよう。語り口の違いはあれ、どれもファラオの宗教で信じられていた死後の世界について述べ、参入者にそこへ行く心構えをさせている箇所だ。

お前の魂は空へと向かい、お前の遺体は地面の下にある……お前は空に上がり……地よりも上にいる者たちのところへ昇る……。(16)　（古代エジプト　死者の書）

お前は空へと昇り、天空を渡り、星々と交わる……。(17)　（古代エジプト　死者の書）

この王はオシリスで、塵の悪魔の中にいる、地上はこの王の嫌悪するところ……この王は空へと向かう……。(18)　（ピラミッド・テキスト）

起きよ、身の土を除き、塵を払い、立ち上がり、霊たちと共に旅ができるようにせよ、なぜなら、お前の翼はハヤブサの翼、お前の輝きは星の輝き……。(19)　（ピラミッド・テキスト）

「あなたに会えて、なんとうれしいことでしょう、なんと快いお姿でしょう！」とイシスは言った。「あなたが空へ昇るとき、あなたの力も、恐れも、魔法も足もとにあります……空の扉はあなたのために開き、星々の天空はあなたのために開け放たれるでしょう……。(20)　(ピラミッド・テキスト)

古代エジプトの「霊と物質の二元論」思想とも言えそうな例が、紀元前一九〇〇年頃のコフィン(棺)・テキストに見られる。

王は純粋になり、大いなる墓の台地の上にある。王は己の邪悪を排除し、罪を除き、己の肉についていた諸悪を地上に投げ捨てた……。(21)

この一節に含まれる、物質＝悪、霊＝善という等式は、キリスト教初期のグノーシス派や、その二元論を受け継いだボゴミール派やカタリ派のところで繰り返し遭遇したので、今ではすっかりおなじみだと思う。だがこれは現存する最古のグノーシス主義文献よりも二〇〇〇年前、一二世紀のカタリ派勃興からは三〇〇〇年も前に書かれたものだ。

ヘルメス文書も全く同じ思想体系の存在を思わせるが、これは偶然ではないと思う。少数の例をあげれば十分だろう。

悪というものは、前にも言ったとおり、この慣れ親しんだ地上で暮らすしかない。なぜなら悪の住み処は地上なのだから。(22)（ヘルメス文書「魔法の書」第九部）

物質に元来備わっている諸悪は、人間の体と混じり合った。(23)（ヘルメス文書『アスクレピオス』第三部）

こどもの魂は……まだ宇宙の魂とほとんど隔たりがない。だが体が大きくなり、魂が物質の塊の奥に引き込まれてしまうと、忘却が起きる。すると魂は美しく善良なものから切り離され、もはやその一部ではなくなる。そして、この忘却を通じて、魂は悪となる。(24)（ヘルメス文書「魔法の書」第一〇部）

神の恵みによって、私の中に、物質からできていない形態が存在することがわかった。私は己を抜け出して不死の肉体に入った。(25)（ヘルメス文書「魔法の書」第一三部）

地上の住み家をたたんだ今、お前は浄められた。(26)（ヘルメス文書「魔法の書」第一三部）

最後の一節もヘルメス文書の引用だが、これが救慰礼を受けたカタリ派完徳者の心境を表していると言っても、違和感はないだろう。完徳者は救慰礼の後、物質世界とのつながりを一切断つ。そして、古代エジプトのピラミッド・テキストの「身から土を除き、塵を払い落とす」(27)という文句も全く同じ意味、同じ目的で使われている。

分裂した生きもの

グノーシス主義とヘルメス思想が遺伝子的な強いつながりもつことは、学界でも異論なく受け入れられている。だが、ヘルメス思想の宗教と古代エジプト宗教の間に同じような密接なつながりがあるという考えは、真っ向から否定されている。それなのに、人間が物質と霊の両方で構成される、どっちつかずの「二元的」な存在だという根本認識について、三者が完全に一致しているのは、大問題ではないだろうか。

この問題にかかわるグノーシス主義、ボゴミール派、カタリ派の教義は、すでに詳しく説明した。彼らの教えや神話では、天から落ちた天使の魂が、物質的な異世界で男や女の体に閉じ込められたいきさつを生き生きと語っていた。この人間の状況からの印象は、「泥」と腐敗から創られた生き物なのに、不死の神聖な火花で光を与えられた矛盾した存在だ。つまり大部分は「地」のものでありながら、「天」のかけらを内包している生きものだ。

『古代エジプト　死者の書』一五六章の謎めいた一節「彼の片腕は空に向かい、もう片腕は地に向かう」(28)も、この永遠の二元性をほのめかしているのだろうか？　ヘルメス文書『ポイマンドレス』の次の箇所が、それを語っているのは間違いない。

人間は、地上のほかのどんな生きものとも違って、二面性を持つ。肉体という意味では死ぬ定めだが、永遠の要素も持っているので不死でもある……人間は天の機構よりも高められているが……それでいて肉欲と忘却に支配されている。(29)

ヘルメス文書『アスクレピオス』では、このことについて、アスクレピオスが師ヘルメスにもっともな質問をする。「ですが、トリスメギストス、人間はどんな必要があって物質世界に置かれたのです？　なぜ神のいるところで暮らし、完全な幸福を享受しなかったのですか？」(30)。これに対してヘルメスはこう説明した。神は当初、人間を「肉体を持たない永遠の存在」としてつくった。つまり霊的な人間、不滅の魂、「神の火花」だ。ところが、その後……。

神がつくった人間は、物質で包んでやらないと、地上のあらゆるものを世話できない。そのことに気づいた神は、人間を肉体という覆いで保護してその中で暮らすようにさせ、すべての人間がこのような形につくられるよう定めた。(31)

ヘルメス文書はこの時点から、グノーシス派・カタリ派のシナリオ（魂は善の神、肉体は悪の神によってつくられたとする）とは全く違う方向へ向かう。だがそれでも、非物質的な魂が物質の中に入っているという大筋は、瓜二つといっていいほど似ている。ただし、一つ大きな違いがあることを認めなくてはならない。それは物質に対する見方だ。グノーシス派やカタリ派は、教義からの当然の帰結として、物質は憎むべきものと考えた。だが、ヘルメス主義者は創造や、全体計画の中における人間の立場について、両派よりずっと前向きな結論に達している。

こうして彼［神］は人間を、心《マインド》という原料と肉体という原料からこしらえた。永遠のものと、命に限りがあるものだが、この両方の原料を適量ずつかき混ぜた。その結果できた生きものは、己をつくる両方の原料の要求を満たすことができる。つまり天のものを崇拝すると同時に地のものを治めることだ。(32)

知識、理性、知性……

同じヘルメス文書『アスクレピオス』のもっと先では、内容が再びグノーシス思想に近くなり、人間の魂は最終的には地上の仮住まいを終えて、本来の住み処である天に帰る運命なのだと語られている。

神は、すべての生きものの中で人間のみが、理性や知識を必要とすることを見て取った。己の肉体に元来備わっている悪の情熱を退け、消すことができるようにするためだ。そこで神は人間に、理性という贈り物を授け、同時に……不滅への希望と、それに向かって努力する力も与えた。(33)

グノーシス主義の宗教の場合、天への帰還は盲目的信仰ではなく、グノーシスつまり「啓示によって与えられる、現実についての知識」を通じた努力によって果たされる。ヘルメス主義の宗教では、知識が重視されるところは同じだが、「理性という贈り物」も組み合わされる。『アスクレピオス』は、人間の「神に授かった部分」は「心《マインド》と知性と霊と理性」からなっており、人間が「天に昇る能力を持っている」のは、こうした「高次な要素」のおかげだとまで言っている(34)。

この天に戻るという目標は「グノーシスを得た者にとっての仕上げ」だと、『ポイマンドレス』ははっきりと述べている(35)。『ヘルメスの対話』の一つには、グノーシスとは正確なところどのような知識なのかについて、役に立つ定義がある。どうやらグノーシスは「口で教えることも、耳で聞いて学ぶこともできない」らしい。「知識は、五感による知覚とは全く違う……この知識は非物質的で、使う器官は心そのものだ。そして心は肉体の逆だ」(36)。

個人がグノーシスを探求するには、ヘルメス思想であれ純粋なグノーシス主義であれ、物質世界とそれが見せる幻影を退けなくてはならない。第一部で述べたとおり、アレクサンドリアのグノーシス主義の賢人や、その後継者であるカタリ派やボゴミール派の完徳者は禁欲生活を送ったが、ヘルメス文書の作者が見たら、きっと是認しただろう。『アスクレピオス』にあるとおり、「人間が神の意図を理解するなら、すべての物質的なものを卑しむようになる」からだ(37)。

逆に、無知を改めようとしない者にとって、物質世界に元来備わっているあらゆる悪は……。力を増し、魂に癒えることのない傷をつける。魂は毒に冒され汚れ、例えていえば、できものが生じたような状態となる。これを免れるには、知識と知性という至高の妙薬によって魂を癒すしかない。(38)

ヘルメス文書はこのように、魂が不死となるためには知識や知性が重要だと一貫して述べているが、この点もやはり、古代エジプトの葬礼文書に顕著な先例を見ることができる。葬礼文書には、ラーの供をして太陽の船に乗る、シアというあごひげを生やした神が登場する。シアは知性の擬人化だ(39)。そこで、冥界で死者の魂を安全に導き運ぶという彼の役割が繰り返し強調されているのは興味深い。例えばコフィン・テキストの呪文二三七では、死者はこう言って、自信を持って死後の旅に出る。「私はシアが知っていることを知っており、私のために道が開かれる……」(40)。これより前の呪文三八八は、次のように言う。私はシアの櫃(貴重品を入れる丈夫な箱)を見た、その中身も知っている……」(41)。知性の重要性を示す例えは、呪文六八九にもある。「この王はシアを呑み込み、この魔術師の魔術を食べた」(42)　『デュアトにあるものの書』のシアは、冥界を旅する死者に付き添い、本人には開けられない炎の門を開けてやる(43)。

星や天使が地上に落ちる

古代エジプトでは、死後、冥界(デュアト)を旅することは、「完成した魂」(地上で転生している間に必要な知識を得た者)にとって、物質という罠を永遠に抜け出し、霊の世界に昇って、象徴的な意味で天の星になる機会だった。グノーシス主義でも、キリスト教初期のグノーシス派であれ、後世のカタリ派であれ、参入者の目指す「昇天」は、やはり昔、天から落ちた天使である人間の魂が、再び天に戻ることだと理解されていた。

第二章で、天使が天に開いた穴から「雨のように地上に降り注いだ」という生き生きとした描写を紹介した。サタンに誘惑されて下界へ降りた天使たちは、人間の肉体に閉じ込められて転生を繰り返すことになった。古代エジプトのテキストにも、あまり注目されない箇所だが、本質的に同じ思想を表している箇所があり、古代エジプトの宗教とヘルメス思想・グノーシス主義の三者の間に隠れたつながりがあることを裏付けている。たとえば『死者の書』の九九章に、次のような記述がある。「この地は害意ある場所で、星々は均衡を失って、地にまともに墜落した。そして今に至るまで、天に戻る手助けを見つけられずにいる……」(44)。

古代エジプトのテキストでは星は慣例として「完成した幸いな魂」の比喩として使われる。したがって、落ちた星が空に戻れないというこのイメージと、落ちた天使が天に戻れないというグノーシス神話のイメージは、同じことを表現していると考えられる。もちろん、グノーシス主義やカタリ派では、非常に清浄で霊的な天使はそもそも誘惑に乗らず、地上に落ちなかったとされる。この事情は古代エジプトでも同じで、例えば紀元前二三〇〇年のピラミッド・テキストはこう語る。「王も、決して空から地に落ちることのない……そうした存在の一人……」(45)。

永遠をコピーで再現

このようなイメージの中心には、古代エジプトでもグノーシス主義でもヘルメス思想でも、物質と霊、天と地は根本的に分かたれたものだという思想がある。既に見たとおり、この三つの宗教は三者とも、「下」に捕らわれた魂が脱出を果たすためには、何らかの特別な知識《グノーシス》が必要だと説いた。カタリ派の場合、救済手段である知識は、禁欲生活と学習、および救慰礼として知られる参入儀礼によって得られる。ヘルメス思想や古代エジプトの宗教では、できる限り天に似せた、「天のイメージ」である都市を建設することに、奇妙なほど関心が払われた。ヘルメス文書からは明らかに、何らかの方法で完璧な天上世界の複製を地上につくる、つまり天をコピーすれば、その都市は住民に計り知れない恩恵をもたらすことが読み取れる。住民は「有徳」にならざるを得ず、「健康かつ賢明」に保たれるのだ(46)。

最初のヘルメス文書『ポイマンドレス』(ピマンデル)では、天を地に複製するという概念が、天地創造の記述にまで見られる。ここでは、五感では感知できず、心にのみ認識可能な「原型」の存在が暗示される。この「原型」は、「物事の始まる前から存在しており、限りがない」。物質世界は「神の意図から発した。あの麗しい世界［原型］を見てそれを複製したものだった」(47)。『アスクレピオス』にも「高度の」宇宙の原型が登場する。こちらも五感では感知できないが、人間が物資的存在として生きる下界の、「感知可能な宇宙」に影響を及ぼす。「すべてを考えてみれば、感知可能な宇宙自体が、そこに含まれるすべてを含めて、上位の宇宙によって衣のように織られている真実がわかるだろう」(48)。少し後には、こうも書かれている。

神は……動かずに立っている。永遠も、決して変化することがない。その永遠に内包されている宇宙には始まりがない。われわれが「五感では感知不可能な」と正しく呼んでいる、あの宇宙ですら同じだ。この感知可能な宇宙［われわれの周囲に見られる物質と空間の宇宙］は、あの別の宇宙のイメージに作られ、永遠を複製で再造しているのだ。(49)

『ヘルメスとタトの対話』を読むと、この「複製」のメカニズムがもっと詳しくわかる。「すべての力は下から上ではなく、上から下へと作用する。天は地から恩恵を受けないが、地は天からあらゆる恩恵を受ける」(50)。

美しく謎めいた『コレ・コスモ』はさらに詳しく、この点を改めて強調している。

下の世界のすべては、上にあるものによって満たされ、秩序づけられる。なぜなら下にあるものは、上に秩序をもたらすことはできないからだ。弱い神秘は強い神秘にゆずらなければならない。上のシステムは、下よりも強いのだ。(51)

ヘルメス的風景

これらを知ると、古代エジプトは「天のイメージ」だというヘルメス思想の核となる概念が、さらによく理解できる。

知らないのか、アスクレピオスよ、エジプトは天のイメージであることを? より正確に言えば、天で統治されて動くものはすべてエジプトに下ろされ、移されたのだということを? 実を言えば、この土地は全世界の神殿なのだ。(52)

エジプトが「天のイメージ」で、「全世界の神殿」なら、それを信じる者たちが、「天のイメージ」である神殿を、スケールこそ小さくとも建てたいと望むことは想像できる。同じ論理は、大きな記念物の建設や位置についても言える。そしてもちろん都市の計画や建設、あるいは再建にも同じことが言える。別の言い方をすれば、ある人物がヘルメス思想の信奉者ならば、なんらかの意味で天の「まね」あるいは「複製」をしている神殿や記念碑や都市に関心を持つという予測ができる。その信奉者が一国の王など、建築計画の決定に大きな影響力を持つ人物なら、その関心を行動に移すのではないだろうか。

地上の「複製」は、モデルとなった天の原型より常に劣ると理解されていた。なぜなら「地上には良いものが何もなく、天には悪いものが何もない」し、「天には縛られているものはないが、地上には自由なものがない」からだ(53)。しかしそれでもヘルメス文書の論理は明らかに、天を地上に複製するほうが、どれほど出来が悪くても、何もしないよりずっと良いというものだ。『ヘルメスとタトの対話』には、次のような一節がある。

地上のあらゆるものは……非現実だ! だが中には、全部ではなく少数だけだが、現実の複製もある……上から天の姿が流れ込むと、それは現実の模倣になる。だが上からの力が作用しなければ、幻でしかない。肖像画は人間の体の姿をそのとおりに映すが、それは人間の体ではないのと同じだ。(54)

そうとわかれば、ヘルメス思想家の王は当然、記念建造物や神殿や都市をつくる際、「上からの力」が作用するように建てたいと考えるだろう。それには、ヘルメス文書に書いてあるとおり、建築環境を「現実の模倣」「天のイメージ」「コピーで再現された永遠」にすればいい……。

原型の美

一〇世紀から一四世紀のヨーロッパで信仰されたグノーシス主義宗教であるボゴミール派・カタリ派は、物質対霊という徹底的な二元論を説いた。思想体系がこれだけ密接につながっていれば当然予想されることだが、両派はヘルメス思想や古代エジプトと同じタイプの、天と地のたとえも用いた。ボゴミール派やカタリ派のこうした教えの例は、第二章でもいくつか挙げた。たとえば彼らの聖典の多くが「天で書かれ、地に運び下ろされた」と考えられていたことや、次のような、いかにも「ヘルメス主義的」な教義などだ。「地で起こることは天でも起こる。地にあるものは、天にあるものの複製なのだから」(55)。

これについても、印象的な例が、関連がないはずの古代エジプトの葬礼文書に見られる。たとえば参入者に対して、空のデュアトと呼ばれる領域の複製を、オリオン座（オシリス神と結びつけられる）とシリウス星（女神イシスの星）も含めて地上に複製しなさい、という呼びかけが何度もなされている(56)。古代エジプトでは、空のデュアトは冥界の場所と考えられ、死者の魂はここに旅して審判を受ける。したがってデュアトや、デュアトで魂を待ち受ける審判に関する知識を得ておくことは、きわめて重要だと考えられた。『デュアトにあるものの書』（紀元前一四〇〇年頃）によれば、この知識《グノーシス》を得る方法の一つは、「ヌトの体［空］にあるデュアトの隠された円」の複製を地上に建設することだった(57)。

これらの形の正確な複製をつくり、それを知る者は誰であれ、必ず、常に、永遠に、天でも地でも支度の整った霊となるだろう。(58)

誰であれ、その複製をつくり、地上で知れば、それは天でも地でも、必ず、常に、永遠に、その者の魔法の守りとして働くだろう。(59)

『デュアトにあるものの書』もヘルメス文書と同じく、心でしか感知できない天の原型と、五感で認識できる地上の複製を区別しているが、関連がないテキストにしては不思議だ。さらに、どちらの伝統でも、本来は神々にしか見えないものを「見る」修業を積んだ者たち、つまり参入者の集団の存在が暗示されている。

デュアトの秘密の姿は、男にも女にも知られていない。(60)

デュアトのアメントにあるものは、目にすることも見ることもできないが、アメントの写しに従ってその姿の複製をつくる者、秘密のイメージを知る者は誰であれ、旅の支度が整った霊と同じ状態になるだろう……。(61)

「旅の支度が整った霊」になるのは、古代エジプトの宗教システム全体の目的だった。つまり物質の拘束から解放され、霊の不滅を達成できるよう、参入者に心構えをさせたのだ。だが、これがうまくいかず、魂が完全に壊れてしまうこともある。悪事ばかりを繰り返すことは、魂にとって致命的だったし、無知を自覚しながら改めない（ヘルメス主義の賢人たちは、これを嫌悪した）ことも、永遠の命を得られない危険を非常に大きくすると考えられた。こうして「デュアトの秘密の姿の全部、あるいは一部を知らない者は、破滅への道をたどることになる」(62)。

繰り返しになるが、古代エジプト人は、デュアトが星空の一画にあると理解しており、死後、消滅せずに永遠の命を手に入れたい者にとって、デュアトの知識を得ることは必須といってよかった。これとそっくりの筋書きがヘルメス文書にも出てくるのは偶然だろうか？　こちらでは、空と星々について長々と語られた後、突然、次のような話が出てくる。

こうした知識を得た者は、神とはどんなものかを正確に把握することができる……だが息子よ、まだ肉体に入っている者が、この幸福を達成するのは不可能なのだ。人間は、あの世に行って神に目通りを許されたとき、神へと続く道を見逃さないように、この世で魂の修業を積むのだ。しかし、肉体を愛する人間が、「美しく善良な者」を見ることはあり得ない。形も色もないものの美は、息子よ、どれほど壮麗なことか。(63)

ここで言われている美とは、原型の美のことで、心でしか感知できず、五感では認識できないので、参入儀礼を済ませていない男女には「目にすることも見ることもできない」のだ。

世界の変革

知性や理性、それに心を使って「魂の修業を積む」ことが繰り返し強調されるのがヘルメス文書の特徴で、一五世紀中葉に再発見されて以来、科学や科学的思考に絶大な影響を与えている。ヘルメス文書は、個人による知識の探究や啓蒙を奨励することで、ルネサンスや啓蒙時代に、教会の独断的教条や受け身の知恵といったものに対する、強力な解毒剤として作用した。ちょうど中世におけるカタリ派のグノーシス主義的教義と同じだ。私たちの見るところ、カタリ派のグノーシス思想が一二世紀にミニ・ルネサンスのきっかけとなったのは偶然ではない。これらの密接につながった思想体系が働いたところでは、それがいつの時代のどこであれ、そういう副次的効果が発生するのは当然なのだ。

第一章で、もし一三世紀にカトリック教会がカタリ派を徹底的に叩き潰さなかったら、カタリ派が宗教や哲学思想、音楽や詩、文化や社会秩序に巻き起こした革命は、その後の世界を変えたのではないかと述べた。確かにバルカン諸国では、散り散りになった少数のボゴミール派が、一五世紀まで細々と生き長らえた。だが事実上、キリスト教時代の始めから途切れなく続いてきたグノーシス派という異端の鎖は、一三二一年、最後のカタリ派完徳者であるギヨーム・ベリバストが火あぶりにされたときに断ち切られた。

だから、それから一二〇〇年と経たないうちに、基本的に同じ思想が別のかたちで西洋文化に入り込んできたのは驚くべきことだ。私たちが言っているのは、もちろん、一〇〇〇年の沈黙を経て荒野から再び姿を現し、一四六〇年にフィレンツェのメディチ・アカデミーに持ち込まれたヘルメス文書のことだ。

偶然か、あるいは何らかの隠された意図が働いたのかはわからないが、ヘルメス文書は絶妙のタイミングで最適な場所にたどり着いた。教会が息の根を止めたはずの、「知識による救済」を説く古代宗教を生き返らせるのに、これ以上の環境は考えられなかった。ただし今回の転生は表面上、以前よりずっと「古代エジプト」色が濃く、「キリスト教」色が薄かった。おそらくそのために、厭世的なグノーシス主義では無理だったと思われる、世界変革に向けた前向きで生命力に溢れた道を準備することができたのだ。

ヘルメス思想家はグノーシス主義者と同じく、悪は物質に元来備わっているものなので、肉体を持つ限り、人間と悪は切り離せないと考えた。ただしこの認識は、カタリ派の二元論では、一つ間違えば救いのない虚無主義や「種の自殺」につながりかねなかったが、ヘルメス思想の場合はそういった誘惑に駆られることはなかった。ヘルメス思想の「方法」は、現状を受け入れ、人間に内在する霊的要素を高めることで変革の道を模索し、直接の責任は個人それぞれの良心が負うというものだった。

人間の置かれている状況に黙従しないのが人間の務めだ。強い心で神聖なものごとについて深く考え、人間の死すべき部分を軽蔑し、嫌悪するとよい。それらは、この下界の番や世話をするのに必要だから付け足されただけなのだ。(64)　（ヘルメス文書『アスクレピオス』）

さらにヘルメス思想では、「下界の番や世話をする」ことは、むかつくようなことでも物質に捕らわれる不愉快なことでもない。人間にしか果たせない、宇宙の中で必要な、神聖な役割なのだ。ヘルメス文書はそれを雄弁に語る。

人間には神聖な部分と、死すべきさだめの部分とがある。だが、死すべきさだめの部分があるからといって、低級な存在だと考えてはいけない、むしろ死すべきさだめゆえに高められていると考えるべきだ。そのようにつくられているからこそ、人間はあらかじめ定められた目的を、より適切かつ効果的に果たすことができる。人間が二種類の中身からできていなかったら、二つの役割を両方とも果たすことはできないだろう。人間は、地の世話と神への奉仕の両方ができるように造られている。(65)

だから、人間とは驚嘆すべきものなのだよ、アスクレピオス。このような存在は褒め称え、敬意を払わなくてはいけない！……人間は、自らの神聖な部分に力づけられ、単に人間的な性質を拒絶する……敬意に満ちたまなざしを上の天に向け、下の土の世話をする……人間はあらゆるものに接することができる。鋭い思考によって海の底まで潜ることができる一方で、天も人間にとって高すぎることはない。なぜなら人間はそれを、己の賢さによって、まるで手の届くところにあるかのように測るのだから。(66)

人間は、宇宙のうち土と水でできた部分を任されている。宇宙のうちの地の部分は人間の知識と、技術や科学の応用によって秩序が保たれる。なぜなら神の意志は、人間が己の役目を果たすまで、宇宙を完成させないことだからだ。(67)

己に課された役割、つまり世話をするという特別なつとめを完全に引き受けるなら、人間は宇宙の正しい秩序の手段となり、それが人間の宇宙となるだろう。(68)

学者たちは、ヘルメス文書と古代エジプトの宗教の間に明確なつながりはないという。だが歴代のファラオも、適切なやり方で天と相互に作用し合い、それによって宇宙の正しい秩序（マアト）を維持する力として働くことが、本人と聖なる土地の役割だと信じていた(69)。事実、ファラオは優れたヘルメス主義の王だった。既に述べたとおり、ファラオが宇宙の「正しい秩序」に対する責任を果たす一つの方法は、神殿か、あるいは都市を丸ごと「天のイメージ」につくることだった。紀元前一四世紀の『デュアトにあるものの書』からそれを示す箇所をすでに引用した。上エジプトのエドフの神殿に紀元前三世紀に刻まれた、謎の多い『ビルディング・テキスト』も、ヘルメス＝トト神の言葉として、次のように述べている。

私は［神殿の］長い辺を正しくし、幅を正確にし、すべての寸法を基準に合わせ、すべての聖域をあるべき場所に置き、広間は天空に似せる。(70)

イシスとオシリスの輝かしい息子ホルスを祀ったエドフ神殿は、紀元前三〇〇〇年以来聖地とされていた場所に、紀元前二四六年から紀元前五一年まで何段階かに分けて建てられた。建設を命じたのはギリシャ系のプトレマイオス朝の王たちだった。プトレマイオス一族は古代エジプトの宗教に改宗していたし、この信仰をきわめて真剣に考えていたことも間違いない。彼らは、アレキサンダー大王のエジプト征服後、紀元前四世紀末になってエジプトを支配しはじめた新参者だった。

アレキサンダー大王は紀元前三二三年に夭折したが、その前にエジプトの地中海沿岸に、永遠に彼の名を留めることになる都市、アレクサンドリアを建設した。その数世紀後、この街に、キリスト教グノーシス派とその異教の双子ヘルメス思想が、古代エジプト宗教の灰の中から不死鳥のごとく現れ、現代に向かって静かに羽ばたきはじめることになる。

第九章

神王の都

生きているときアレキサンダーは、一つの都市を建設し、死んでからは普遍的な大都会《メトロポリス》を生んだ……。

（フランソワ・ド・ポリニャック、『アレキサンダーの影』、Editions Autrement刊、シリーズ一九、p．四八）

紀元前三三二年秋、イッソスの戦い（シリア）でペルシャ軍に圧勝したアレキサンダー大王は、マケドニア軍を率いて意気揚々とエジプトに乗り込んだ。ペルシャによる二世紀近い支配を憎悪していたエジプト人は、アレキサンダーを解放者として歓呼で迎えた。彼はメンフィスでナイル渓谷に入ると直ちにファラオとして戴冠し、太古の昔からエジプトを支配してきた歴代ファラオ、つまり神聖な太陽王の正当な後継者となった。

この時点でアレキサンダーが取った行動は、彼の心境について多くを物語る。アレキサンダーがファラオとして真っ先に命じたのは、上エジプトのカルナックとルクソール（メンフィスから約五〇〇キロ南）にある有名な双子神殿の補修と修復だった。ペルシャ支配下で傷みが進んでいたのだ。アレキサンダーはなぜ、この件をこうも優先したのだろう？　答えは、紀元前三五六年の彼の誕生を取り巻く奇妙な状況にある。

アレキサンダーの母オリュンピアスは、イピロス（現ギリシャ西北部）の王の娘で、ドドナにあるゼウス＝アモンの神殿・神宣所の巫女だった。現代のイオアニナ市南西に位置するドドナの神宣所は、古代世界で最も有名な神宣所の一つで、その起源はエジプトのカルナック／ルクソールにあるアムン（アメン）神の神殿と関係がある。ここはまた、やはりゼウス＝アモンを祀るエジプト、シーワのオアシスの神殿兼神宣所と「対」になる神殿と考えられていた。ヘレニズム研究家ジョーン・ウィン・トマスが、このあたりの関係を簡潔にまとめている。

紀元前四世紀のアテネでは公に生贄を捧げられていたゼウス＝アモンだが、この宗派はもともとエジプト、シーワのオアシスで始まった。宗派は当然ながら、エジプト・ギリシャ的だった。アモンまたはアムンは、エジプトではアムン・ラーとも呼ばれるエジプト神話の全能の神で、ギリシャ人からはギリシャ神話の偉大な神ゼウスと同一視されていた。（1）

エジプトの太陽崇拝であるアムン（アモン）信仰がギリシャ本土に伝わった理由や経緯は、本書とは無関係なのでここでは追求しない。ただ、その背景となった言い伝えについて、アレキサンダーの生まれる一〇〇年ほど前の紀元前四五〇年ごろにエジプトを訪れた古代ギリシャの歴史家ヘロドトスは、次のように報告している。

神宣所だが、ギリシャのドドナと、リビア［西エジプトまたはシーワ］のアモン神の神宣所について、エジプトには次のような言い伝えがある。ゼウスに仕えるテーベの神官［カルナック／ルクソールのアムン・ラーの神官］によれば、かの神殿［カルナック／ルクソール］の務めに関係した女が二人フェニキア人にさらわれて、一人はリビア［シーワ］に、一人はギリシャに売り飛ばされた。この女たちが両国で神宣所を開いたのだという。テーベの神官に、なぜそれがわかるのかと尋ねたところ、当時行われた入念な捜索は成功しなかったが、後になってこうした事実が判明した、という答えだった。だが、ドドナで神託を伝える巫女の話は少し違う。エジプトのテーベ［カルナック／ルクソール近辺］から二羽の黒いハトが飛び立って、一羽はドドナに、もう一羽はリビア［シーワ］に舞い降りた。前者はオークの木に止まり、人間の言葉で、ここにゼウスの神宣所を建てよと告げた。これを聞いた者たちは、天のお告げであると考えて直ちに従った。リビア［シーワ］に飛んでいったハトも、リビア人に、ゼウスの神宣所でもあるアモンの神宣所を建てよと告げた。私はこの話をドドナの三人の巫女から聞いた……。(2)

ヘロドトスによると、「儀式や行列や典礼」の使用をギリシャ人に教えたのはエジプト人だという。また、ギリシャ人はエジプトの神々をギリシャの神々のモデルにしたとも述べている。

ドドナ、オリュンピアス、エジプト、ペルシャ人

今ではヘロドトスのようなことを言ったら、ヘレニズム研究者やエジプト学者の失笑を買う。ギリシャ人はゼウス＝アモンやヘルメス＝トトのように、ギリシャの神々を古代エジプトの特別な神々と同一視する傾向があったことはよく知られている。だが、双方の神々に構造的なつながりはないというのが、学界のコンセンサスになっている。とはいえ、アムン・ラー信仰が遅くとも紀元前五世紀、おそらくそれよりずっと早い時期にギリシャに伝わり、ドドナの神殿・神宣所に何らかのかたちで関係したのは間違いないと思われる。

ドドナは、アレキサンダー大王の故郷である古代マケドニア王国に隣接したイピロスの、のどかで美しい山地にある。ここがいつ、そしてなぜ聖地となったのか、正確なことは誰も知らない。だが、大方の見解では……。

この神宣所の祭壇はもともと「地母」の女神を祀ったもので、おそらく紀元前二〇〇〇年以前から存在していた。これはギリシャ南部の信仰で、ゼウス信仰と同じく東方起源である。青銅器時代初期、つまり紀元前二五〇〇年ごろの遺物が出土し、イオアニナの博物館に収蔵されている。ホメロスも『イリアス』の中でこの神殿に言及しており、これが知られている限り最古の記録だ……。(3)

ドドナの巫女はヘロイまたはセロイと呼ばれ、神託や予言の解釈は彼女たちの役目だった。これは聖域内のオークの木立がたてる葉擦れの音に耳をかたむける方法で行われた。伝説によれば、イアソンらが乗ったアルゴー号の船首は、この聖なる森の木から作られたという(だから船首像が口をきき、予言をした)。

マケドニアのフィリッポス二世、つまりアレキサンダー大王の父は殊に、ドドナの神殿・神宣所を尊んだ。もとから頻繁に神託を求めていたフィリッポスと神宣所の縁は、オリュンピアスとの結婚でさらに深まった。オリュンピアスは前述のとおりドドナの元巫女で、エジプトのアムン神の熱心な信者だったことがわかっている。

二人が知り合ったのはフィリッポスが二六歳、オリュンピアスが一六歳のときだった。運命の出会いは、ギリシャのトラキア沖に浮かぶサモトラケ島で起こった。フィリッポスとオリュンピアスはカベイロイという祭りに参加するため、それぞれこの島を訪れていた。カベイロイはさまざまな神話の場面を題材に、豊饒と性の荒々しい儀式が繰り広げられる風変わりな祭りだ。フィリッポスとオリュンピアスが恋に落ちたのは、こうした儀式の最中だった。こうして世界の歴史を変えることになる強力な結合が始まった。

若く美しいオリュンピアスは、深遠で神秘的な性格で、ディオニュソス神に似た神の子を産む運命だと思い込んでいた。ギリシャ神話のディオニュソスはゼウスを父に、セメレという人間を母に生まれたハンサムな英雄で、その名は文字通り「神の子」を意味する。ギリシャの歴史家ヘロドトスはこれより一世紀前の著作で、ディオニュソスをエジプトのオシリス神と同一視しているが（4）、オリュンピアスはきっとそれも知っていただろう。

オリンピュアスがフィリッポス二世の妃となった紀元前三五七年のエジプトは、ギリシャやマケドニアの不倶戴天の敵ペルシャの猛攻にさらされていた。紀元前五二五年、伝説の王キュロス一世の息子カンビュセスはエジプトを占領し、広大なペルシャ帝国をさらに拡大した。その後継者ダレイオス一世はナイル渓谷で起きた大規模な反乱を平定し、ペルシャによる支配を固めた。彼はその後、軍を率いて地中海を渡り、トラキアとマケドニアを占領したが、紀元前四九〇年のマラトンの戦いで決定的敗北を喫した。それから約一〇年後、ペルシャ王クセルクセスがギリシャに侵攻し、アテネに壊滅的被害をもたらしたものの最後には敗れた（紀元前四七九年）。

ダレイオスもクセルクセスもギリシャでは失敗したが、再びペルシャが侵略を試みるのでは、という不安には現実味があった。近隣諸国も標的にされていた。エジプトは一旦ペルシャの支配を脱したものの、アレキサンダーが生まれた紀元前三五六年には攻撃を受けており、紀元前三五〇年に再占領された。敗北し、誇りを傷つけられたエジプトは、ペルシャの新たな「王の中の王」アルタクセルクセス三世の下で辛酸をなめた。アルタクセルクセスも息子のアルセスも、残虐で非情な抑圧者だった。彼らの統治は激しい憎悪を買い、結局は二人ともバゴアスという宦官に毒殺された。バゴアスはペルシャの「王の中の王」の玉座をダレイオス三世に差し出し、褒美として己の毒を飲むことを強制された。

ネクタネボ、オシリス、アレキサンダーの血筋

短い間だが、エジプトは再びペルシャを追い払った。最後のエジプト人ファラオとなるネクタネボ二世は、アレキサンダーが生まれる二年前の紀元前三五八年に、兄テオスから王位を奪っていた。ネクタネボについては面白い話がある。ほぼ確実に作り話だが、アレキサンダーの誕生を取り巻く奇妙な事情と関係があるので、紹介する価値があると思う。だがその前に、時代背景を説明しておこう。

ネクタネボ二世はペルシャ軍撃退に成功した当初、偉大な英雄、解放者として国民に讃えられた。軍功と最高神アムンへの献身（彼はアムン神の息子を自認していた）で人気の高かったネクタネボ二世は、魔術師としても高名だった（5）。古代エジプトではきわめて大事な評判だ。後年のアレキサンダーと同じく、ネクタネボも戴冠にあたって、ペルシャ軍に破壊され汚されたアムン神の多くの聖域の大規模な改修を命じた。カルナック／ルクソールの神殿一帯には特に注意を払った。カルナックとルクソールをつなぐ壮麗なスフィンクス参道（一部が現存）は、ネクタネボの父親も建設にかかわっている。ネクタネボはまた、シーワのアムン神殿を修復し、立派な神殿を新築した。これはウム・イバイダのオアシス近辺に今も跡が残っている（6）。

フィリッポスという夫がいる身であっても、「アムン神の子」を産む夢を抱いていた若いオリュンピアスが、ネクタネボ二世とシーワの神殿・神託所との結びつきに心を動かされることは考えられる。若く多感な王妃は、体内をアムン神の血が流れ、シーワの神宣所やルクソールと密接なつながりを持

つファラオの子を身ごもることを夢想したかもしれない。この意味で、アレキサンダーの伝記作者の一部が語る奇妙な話には、何らかの真実が含まれているかもしれない。一つはカリステネスの偽書に出てくる話だが、それによれば、ネクタネボはペルシャの侵略で王座を追われ、エジプトを脱出してギリシャのマケドニアへ行った。そこでフィリッポス二世の宮廷に迎えられたネクタネボは、魔術師であり占星術師であると述べた。だが夜になると亡命中のファラオは、アムン神の象徴である大蛇に変身し、その姿でオリュンピアスを誘惑して孕ませたという（7）。

アレキサンダー大王の血筋をエジプトのオシリス神に結びつける、別の伝説は、紀元前一世紀のギリシャの年代記作者ディオドロス・シクロスが語っている。有名な『歴史叢書』の第一巻では、ギリシャの誕生からトロイ滅亡までにまつわる伝説を紹介しているが、ここにオシリスの謎の「息子」マケドンが登場する（8）。

ディオドロスによれば、オシリスは兄弟アポロと共にエジプトを離れ、世界をまわって人間にぶどうの木を植え、小麦や大麦の種をまくことを教えた。

オシリスの二人の息子アヌビスとマケドンも……父と共に出発した……オシリスはパン［エジプトのミン］も、この旅に連れていった。

［アフリカとアジアの諸国を訪れた後］オシリスは……ヘレスポント海峡を越えてヨーロッパに渡っ

た。トラキアでは　オシリスの計画に反対した蛮族の王リュクルゴスを倒し……息子のマケドンをマケドニア王として後に残した。マケドニアの国名は彼の名に由来する……。

ディオドロスは出典を明らかにしていないが、『歴史叢書』のギリシャ史の部分はエフォロスやカルディアのヒエロニムスなどの書物からの引用だと、一般に考えられている。エジプトの部分については、証拠から見て、主にアブデラのヘカタイオスを参考にしたらしい。

ヘカタイオス（紀元前三六五～前二七〇年）は、アレキサンダー大王によって建設された古典都市の原型アレクサンドリアに住み、プトレマイオス一世ソテルの庇護を受けていた。アレキサンダー配下の将軍だったソテルは、アレキサンダーの夭折後、紀元前三〇五年にファラオの座に就いた。ヘカタイオスは外国人旅行者として、南はカルナックとルクソールの神殿まで訪れ、エジプトにおけるギリシャ文化とエジプト文化の融合の初期段階を目撃している。彼がギリシャの読者を対象に書いた『エジプト史』はかなり理想化されているが、ディオドロスが二〇〇年後に独自のエジプト史を書くにあたって参考にしている。

ヘカタイオスがエジプトに滞在した時期の状況を見てみよう。第一に、プトレマイオス一世ソテルは、自ら創設したマケドニア系「ファラオ」王朝と本家のエジプト系王朝との融合を望んでおり、それに役立つ方策なら何でもきわめて熱心に奨励した。エジプトの歴代ファラオは太陽神の化身で、その神聖な血統はオシリスまでさかのぼると信じられていた。したがって、オシリスがギリシャに行ったとか、マケドニアは「息子」マケドンが建国したという話は、アレクサンドリアのマケドニア人「ファラオ」と、エジプトの歴代ファラオの神話的起源を結びつけるための、ヘカタイオスのでっち上げだった可能性も十分ある。

エジプト神話では、オシリスの息子はホルス一人で、ホルスの聖獣はディオドロスのいうオオカミではなく、タカまたはハヤブサとされている。だが、オシリスとマケドニア王家の起源を結びつける神話と、カリステネスの偽書が語るオリュンピアスの懐妊についての奇妙なエピソードが一緒になって、アレキサンダーをエジプトの神々に結びつける効果を発揮し、それによってマケドニア人がファラオの座にあることの正当性が増したことは想像に難くない。この奇妙な信念と、アムン神とオリュンピアスの象徴的な性的結合という繰り返し語られるテーマは、その後のエジプトの歴史や、エジプト文化を取り入れたヘレニズム世界全体に、計り知れない影響を及ぼすことになる。

雷の種とシリウス星

伝説によれば、オリュンピアスがアレキサンダーを産んだとき、オリュンピアスの住まいの屋根を飾っていた二体のワシの石像に雷が落ちたという。本物のワシが飛んできて屋根に止まったという説もある。また、女神ディアナ＝アルテミスがアレキサンダーの誕生に立ち会うため、エフェソスの神殿を留守にしたところ、誕生の瞬間に神殿が焼け落ちたという話もある。ディアナ＝アルテミス、ワシ、雷というつながりは非常に興味深い。というのもディアナ＝アルテミスはエフェソスでは聖なるオムパロスのかたちで礼拝されていたからだ。オムパロスは円錐形またはピラミッド型の石で、雷で発射されたかのように、「空から落ちてきた」と考えられている。また、デルフォイのアポロの神宣所は、ゼウスから送られた二羽のワシが、オムパロスのそばに舞い降りたのが始まりとされていた。一方、エジプトにはベンベン石と呼ばれる、「天から下された」ピラミッド型の石があり、歴史が始まる前から神聖都市ヘリオポリスにおける礼拝の中心だった(9)。このような聖石やオンパロスは、古代の多くの宗教で重要な役目を果たし、豊饒や神の誕生と結びつけられていた。

プルタルコスによれば、オリュンピアスは胎を雷に打たれ、その際にゼウス=アムンの種を宿してアレキサンダーができたと主張した(10)。プルタルコスは、エジプトの聖牛女神(イシスの化身)も神の雷によって身ごもり、新たなアピス神となる仔牛を産んだという話も書いている。聖牛アピスは太陽王ファラオ、つまりホルス王の象徴だ(11)。エジプトの宗教的図像では、女神イシスはしばしば頭上に五稜星形(☆)を戴いた雌牛の姿で表された。この星はシリウスで、ギリシャ人はソティスと呼んだ。エジプトにおいては、シリウスのヘリアカル・ライジング(日の出の直前に昇ること)は伝統的に、太陽王誕生のしるしと考えられていた。したがって、古典時代の多くの著者がアレキサンダーの誕生をユリウス暦の七月二〇日(当時、シリウスのヘリアカル・ライジングはこの日かその前後に起こった)としていることは注目に値する。つまり、この星がアレキサンダーの誕生神話に重要な役割を果たしたとほのめかしている。アレキサンダーはこのために古来のギリシャ暦を廃止して、エジプト暦と同じくシリウスのヘリアカル・ライジングをもって新年とする暦を採用したと、フランスの著者ジャン・ミシェル・オージュベールは指摘する。これは、アレキサンダーの軍がエジプトに到達する前に行われた。

今やエジプトの扉は彼のために開いていた。しかしアレキサンダーは、テュロスの港でも抵抗に遭った。テュロス攻囲は紀元前三三二年一月から七月までの半年間続き、アレキサンダーはこれを放置して進みたくなかった。そこへ驚くべきことが起こった。テュロスを陥落させた日がちょうど天狼星シリウスのヘリアカル・ライジングにあたっていたのだ。つまり、シリウスが一年のうち一定の期間［七〇日］空から消えた後に、東の地平線に再び姿を現して、アレキサンダーの勝利を祝い、彼がまもなくファラオの冠を戴くことになると告げた……［そこで］アムン神の敬虔な息子アレキサンダー大王はギリシャ暦に変更を加え、以後はエジプトと同じく、シリウスのヘリアカル・ライジングが新年となるようにした……。(12)

アレキサンダーとシリウス星に明白なつながりがある感触をさらに強めるのが、ジャン・ミシェル・オージュベールの指摘する、いわゆる「アレキサンダーの昇天」だ。これは中世に人気のあった絵画のモチーフで、天に昇る神格化されたアレキサンダーと、太陽を乗せた車を引くグリフォン（ワシの頭と翼にライオンの胴体を持つ架空の動物）と、それを先導する五稜星（オージュベールによればシリウス）が描かれる。

彫刻、絵画、宝飾品の多くの場面に、この神格化された姿が描かれた……この英雄の「昇天」でよく見かけるのは、グリフォンまたはライオンがヘリオス（太陽）の二輪戦車を引き、その上にアレキサンダーが立っている構図だ。別のパターンとして、王座に座って運ばれるアレキサンダーや、ワシに乗って太陽に向かっていくというタイプもある。どの場合も、人物の頭上には星が一つ輝いている。これは明らかにシリウスであり、エジプト人によると、王の運命を司るという星だ……。(13)

こうした「誕生星」シリウスとのつながりは、アレキサンダーの後継者や、アレクサンドリアという都市そのものにも見られる。プトレマイオス朝の専門家であるフランスのエジプト学者シドニー・オーフェールによれば、プトレマイオス朝の女王は女神ソティスの頭飾り、つまりシリウスを着けた姿で描かれた(14)。また、アレクサンドリアには古代世界の七不思議の一つでもある有名な灯台ファロスがあったが、この灯台の女神もやはりソティス／シリウスにほかならないとオーフェールは言う。だとすれば、エジプトの海岸に近づく船乗りが目にしたはずの明るい光は、アレクサンドリアに戻ってくる船乗りを導く、東から昇るシリウスの光と結びつけられていた可能性が高い。

アムン神の息子

プルタルコスはアレキサンダーの誕生神話として、また別の話も伝えている。ネクタネボ二世の登場するカリステネスの偽書にある話と関係がありそうだが、ネクタネボは登場しない。プルタルコスのバージョンでは、フィリッポス二世が婚礼の夜、鍵穴からオリュンピアスの部屋を覗いたところ、新妻が寝台で大蛇と激しく交わっているのを見て仰天する。ショックを受けたフィリッポスがデルフォイのアポロの神宣所に赴いて相談すると、ゼウス＝アムンに特別な捧げ物をせよとお告げが下る。大蛇はよく知られたゼウス＝アムンの象徴だったからだ。

アレキサンダーとゼウス＝アムンのつながりを反映していると思われるエピソードは他にもある。アレキサンダーの生まれた日、アフィティスという都市が戦わずしてフィリッポス二世の軍に降伏した。アフィティスの人々はゼウス＝アムンの崇拝者だった。そのために一五〇〇年前には、スパルタの偉大な将軍リュサンドロスの攻撃を免れていた。リュサンドロスも神託を求めてシーワの神宣所に巡礼したほどの、ゼウス＝アムンの敬虔な信者だったからだ（15）。

アレキサンダーは、メンフィスでエジプトのファラオとして戴冠し、ネクタネボ二世の正当な後継者と認められた後、少数の友人を供にしてシーワのオアシスへ向かった。一行には幼なじみのプトレマイオス（エジプトの未来の「ファラオ」）や、アリストテレスの甥カリステネスも含まれていた。彼らはラコティス（後にアレクサンドリアが建設される場所）から砂漠を西に進み、三二〇キロほど離れたマルサ・マトルーフを目指した。アレクサンドリアとマルサ・マトルーフ間は今日なら車で四時間だが、アレキサンダーたちは馬で少なくとも一週間かかった。

一行はそこから真南、つまり内陸に向きを変え、ゆっくりとシーワを目指して進んだ。シーワまでは、さらに八日かかった。アレキサンダーの時代も同じはずだが、この道のりはすべて乾燥した平坦な砂漠で、ところどころに丘や小山があるだけの、月面を思わせる単調な風景だ。しかし、これが何時間も続いた後、周囲は突然ミニ・グランドキャニオンのような景色に変わる。そして遠くに、まるで砂漠の理想郷《シャングリラ》のように広がる緑のオアシスと、その東西に二つの湖が見える。

シーワに着いたアレキサンダーは、「アムンの息子」を讃える大歓声に迎えられた。それからゼウス＝アムンの神宣所に連れていかれ、大神官の案内で至聖所に入った。そこでアレキサンダーが何を体験し、何を見たかはわからない。だがアムン神の聖なるオムパロスを、彼自身の神性の証拠として見せられただろう(16)。

アレクサンドリアの知的ルーツ

シーワよりはるか南の都市テーベ（現ルクソール）には最高神アムンを祀った大規模な神殿群があり、ギリシャ文明の絶頂期でさえ、古代世界随一の神聖都市だった。さらに古くは、エジプト北部の、大ピラミッドで有名なギザの近く、ヘリオポリスが栄華を誇ったが、アレキサンダーの時代には、エジプトの太陽王に正当性を与え、神格化する役割はテーベに移っていた。したがって「アムン神の息子」であるアレキサンダー大王が、テーベとの間に縁を結んでおきたいと望むのは当然のことだった。

アレキサンダーが即座にエジプトのアムン神信仰の中心となる神殿群の修復を命じたのは、こういう訳があったのだ。神殿の至聖所に自らの名前をつけた礼拝堂に転用したことも考え合わせると明らかに近い将来ルクソールに巡礼に赴き、そこで歴代ファラオと同様に「アムン神の息子」として神格化してもらうつもりだったのだろう。ところが運命のいたずらか、アレキサンダーは出征先のバビロンで死んでしまった。軍隊は遺体を彼の「父」であるゼウス＝アムンの国、エジプトに埋葬することに決めた(17)。エジプトの支配権を手に入れ、まもなくファラオに即位することになるプトレマイオスは、葬列を途中で止めてアレキサンダーの遺骸を確保したが、それをアレクサンドリアに迎え入れるのは何年も後のことになる。

アレクサンドリアはアレキサンダー大王の夢だった。彼は地中海沿岸に叡知と学びに捧げられた新たな都市、東と西を結ぶ知の掛け橋を築きたいと願った。それは世界を知の光で照らす都市になるはずだった。

アレキサンダーが子供の頃、フィリッポス二世は息子のために特別な家庭教師を選んでいる。当時最も偉大で最も創意に富み、最も影響力を持っていた哲学者アリストテレスだ。

アリストテレスは紀元前三八四年、マケドニアのスタゲイロスという都市で生まれた。父ニコマコスはマケドニア王アミュンタス二世（アレキサンダーの祖父）の侍医で、友人でもあった。アリストテレスは一七歳でアテネに出てプラトンのアカデミーに入学し、たちまち師のプラトンが「当学院の知性」と呼ぶほどの優秀さを発揮した。紀元前三四七年にプラトンが死ぬと、アリストテレスはアカデミーを去り、ギリシャや小アジアの各地を旅して回った。紀元前三四七年、マケドニアのフィリッポス二世は彼をペラの宮廷に招き、一四歳の息子アレキサンダーの家庭教師に任命した。四二歳になっていたアリストテレスは、優秀な甥カリステネスと科学者テオフラストスも同行した。この知識人の一行はペラ近郊のミエザに屋敷を与えられ、アレキサンダーは三年間、そこで教育を受けた。

アレキサンダーが二一歳で王位に就くと、アリストテレスはマケドニアを去ってアテネに戻り、有名な学園《リュケイオン》を開いた。ここは大学図書館の原型で、蔵書は彼の死後、エジプト・アレクサンドリアの大図書館に移されることになる。アリストテレスは、アレキサンダーがバビロンで死んでから一年後、六二歳で死んだ。彼の講義は一五〇巻にまとめられ、その内容は哲学、倫理学、政治学、そして彼の最も愛した自然科学に及んでいる。アリストテレスは中世まで、科学のあらゆる事象についての最高権威と見なされていた。彼は、おそらくアレキサンダーを念頭において、次のように書いている。「もし善良さと政治力において他の誰よりも秀でた者がいるとしたら、その者は人間の中で神のような存在と考えられ……他の者は喜んで服従しなくてはならない。なぜならそのような者たちは永遠の王なのだから」(18)。

アレキサンダーの抱いていた使命感に、アリストテレスがどの程度まで影響を与えたかは、さまざまな推測や論議の的になっている。アリストテレスはアレキサンダーに学問を教えるほか、「美徳」の観念を身に付けさせることにも力を尽くした。アリストテレスの考えでは、最も重要な美徳は理性だった。アリストテレスはアレキサンダーの教師となる数年前に、有名な『政治学』を完成させたが、その中でさまざまな「政体」を比較検討し、「理想国家」という概念について詳しく説明している。彼は間違いなく、「理想国家」について若きアレキサンダーと語り合っただろう。このとき未来の王の心に刻まれた美徳や理想が、やがてエジプトのアレクサンドリアで実践されることになる(19)。また、アレキサンダーはアリストテレスから贈られたヘロドトスの『歴史』やホメロスの『イリアス』『オデュッセイア』を宝物にしていた。

ホメロスの『オデュッセイア』には、アルゴー号の冒険譚にからんでエジプト沖の伝説の島ファロスが登場する。ヘロドトスは、トロイのヘレンとパリスが逃避行中に　現在のアレクサンドリアから数キロ東のヘラクレイオンに身を寄せたと述べている。アレキサンダーはこれらの壮大な物語に夢中になってすっかり感化され、アリストテレスの甥カリステネスがおおっぴらにホメロスを批判したときは、怒って平手打ちを食わせたという話がある。こうした文学と母オリュンピアスの影響が、東西の世界を融合した大帝国を築き、理想国家をモデルとした光の都市アレクサンドリアから支配するという、情熱をかき立てたに違いない。

世界都市の建設

よく言われるが、軍事的原則に従えば、地中海に面したラコティス半島がアレクサンドリアの建設地に選ばれたのは当然だという。これは、アレキサンダーが小さなファロス島と半島の間の自然湾を、港の建設に理想的だと見たという考えだ。伝承によれば、場所を選んだのはアレキサンダーだが、市街の設計はロードスのデイノクラテスが担当したという。だが実はそうではなく、この大事業には最初から、エジプトの強力な魔法がかかっていたことを証明したいと思う。

この場所には、アレキサンダーや、プトレマイオスやカリステネスといった教養豊かな側近たちがとても無視できない、魔法のような不思議な魅力があった。ここを通ったときの彼らの高揚した心理状態を考えればなおさらだ。彼らは全員、ホメロスの熱心な読者だったから、きっと『オデュッセイア』の次の一節が心に浮かんだはずだ。「エジプト沖の波立つ海に、ファロスと呼ばれる島がある。投錨に適した港があるので、彼ら（アルゴー号の乗組員）は水を汲んでから出帆した」(20)。

ホメロスの『イリアス』や『オデュッセイア』が、アレキサンダーと彼の忠実な側近たちに及ぼした影響は、聖書が中世のキリスト教徒の騎士に及ぼした影響に匹敵する。教養あるギリシャ人なら大抵、ホメロスから長文を暗唱することができたし、今日私たちが聖書の言葉を引用するように、日常の生活や道徳の規範として、しばしばホメロスを引用した。アレキサンダーは特に、『イリアス』や『オデュッセイア』を、精神的・倫理的指針としてだけでなく、人生の実用ガイドとしても利用していた。そしてアレキサンダーは、自らを、ホメロスの作品に登場するような、限りない勇気と活力を備えた英雄と見ていた節がある。

ここで注意してほしいが、古代ギリシャ人は、こうした英雄たちを神話や伝説ではなく、黄金時代に神々にまじって生きた、歴史上の人物と考えていたことだ。だから、ホメロスが温かく描写した島に行き当たったとき、一行は神々の示した吉兆を見たと思っていいだろう。アレキサンダーと彼の技師や建築家たちの頭には、「幾何学と哲学の父」ピタゴラスや、同じく高貴なプラトンもやはり下エジプトに、ヘリオポリスの神官の客人あるいは「生徒」として滞在し、そのとき学んだ叡知がギリシャ文化を偉大なものにしたことが浮かんだはずだ。ホメロスやピタゴラス、そして特に、アリストテレスの師だったプラトンに思いをはせた二四歳の若き征服者は、その想像に触発されて、ホメロスゆかりの魔法の島ファロスのそばに素晴らしい大都市を建設しようと思い立ったに違いない。彼の念頭にあったのは、ピタゴラスやプラトンやアリストテレスの教えが古代エジプトの叡知と混じり合うことが可能な、アテネにも比肩する大都会だった。

だから、お抱え建築家のデイノクラテスがピタゴラス幾何学を応用して未来のアレクサンドリアの設計図を描きはじめると、アレキサンダーが直々に細かくチェックした。この新都市は細長いかたちで、碁盤の目のように区切られている。東西に走る幹線道路は後に、ホメロス作品に登場するトロイのヘレンを乗せた船の伝説的な水先案内人カノポスにちなんで、カノープス通りと名付けられた。ある伝説によれば、ヘレンと恋人のパリスはトロイに向かう途中、アレクサンドリアの海岸線の東端にあたるカノープス（現アブキール）に身を寄せた。ヘレンはゼウス神がレダに生ませた娘で、有名な不死身のディオスクロイ、つまり黄道十二宮の双子座の星となった双子のカストルとポルックスとは兄弟にあたる。

トロイのヘレン、エジプトのアフロディテ、イシス＝ファリア

ヘレンについては、興味深い話がある。これはアレキサンダー大王がエジプトに感じていた思いと関係があり、それを読むと歴代ファラオと同じ神々の血を引くというアレキサンダーの主張の背景が

さらによくわかる。これはステシコロスの詩（紀元前六三二～前五五三年）に出てくるエピソードで、それによると、ヘレンとパリスはヘレンの夫（スパルタ王メネラオス）から逃げて船でトロイに向かったが、途中悪天候のため、エジプトのカノープスに近い海岸に漂着した。ここで「本物」のヘレンはファラオのプロテウスに引き留められ、ヘレンの「幻」（後世のグノーシス派の福音書に出てくるキリストの「幻」あるいは「幻影」とよく似た概念）が、パリスと旅を続けてトロイに着いたという。

この話はエウリピデスによって紀元前四一二年ごろ戯曲化されたが、そのときにはさらに変化し、「本物」のヘレンを拘束したのは伝説のプロテウスではなく、やはり伝説的な息子のテオクリュメノスになっている。ヘロドトスも、エジプト神官から聞いたとして似たようなエピソードを伝えるとともに(21)、王都メンフィスにある「異人アフロディテ」の神殿はヘレンを祀ったものだと述べている。

囲いの中には異人アフロディテの神殿がある。これはテュンダレオスの娘ヘレンを祀ったものだろう。ヘレンがプロテウスの宮廷でしばらく過ごしたという話を聞いたことがあるが、さらに、アフロディテを「異人」と呼んでいるが、［エジプトの］他の神殿では決してこのようには呼ばないことから、そのように思われる。(22)

ギリシャ人が「エジプトのアフロディテ」といえば、それは古代エジプト人がハトホルと呼んだ女神のことだ（23）。だがギリシャ人は、女神イシスの愛情深い一面もアフロディテと結びつけた。このことから、古代エジプト神話においてハトホルとイシスが密接に結びついていることを、ギリシャ人は知っていたと思われる。ハトホルとイシスはどちらもシリウス星と結びつけられるが、彼らはおそらくそれも知っていただろう。プトレマイオス朝のアレクサンドリアでは、イシスは港と有名な灯台ファロス（ファロス島に建っていた）の守り神でもあり、そのため水夫の守護神イシス＝ファリアとしても知られていた。ヘレンも、海で何度も危険な目に遭ったからだろう、やはり「船乗りの守護神」と呼ばれていたので、このこともアフロディテとトロイのヘレンとのつながりを示唆する。

ファロスの灯台のそばには、イシス＝ファリアの神殿があった。灯台のすぐ外にはイシス＝ファリアの巨大な像が立っており、それも灯台の施設の一部と考えられていたらしい。ローマ時代には、イシスはしばしば「ステラ・マリス」つまり「海の星」とも呼ばれたが、キリスト教徒はこれを非常に長い間、聖母マリアの別名として使った（24）。一九二〇年代に活躍した英国の偉大な神話学者ジェームズ・フレイザーは、両者のつながりを示唆している。

聖母マリアはステラ・マリスつまり「海の星」として、嵐に翻弄される船乗りに崇拝されるが、この美しい名は、おそらくイシスに由来するのだろう。イシスに海の神の性格を付与したのはアレクサンドリアのギリシャ人航海者かもしれない。イシス本来の性格とも、海を好まなかったエジプト人の習慣に照らしても、かなり異質な性格だからだ。この仮定が正しければ、七月の朝、東地中海の鏡のような水面から昇り、船乗りに好天の到来を告げたイシスの明るい星シリウスこそが、本当のステラ・マリス「海の星」だった。(25)

アレクサンドリアのプトレマイオス朝の女王の多くは、特にかの有名なクレオパトラは、自らをイシス＝ファリアあるいはイシス＝ソティス（シリウス）と同一視し、美しさと巧みな愛の営みという観点からイシス＝アフロディテとも同一視したことも指摘しておきたい。魅惑的なクレオパトラはタルソスで、女神イシス＝アフロディテの格好でアントニウスの前に現れた。エジプト学者ジュリア・サムソンによれば……。

この劇的なカップルは、すぐに人々の頭の中で神々と結びつけられた。アントニウスは、ギリシャ人がオシリスと同一視したバッコス（ディオニュソス）と、クレオパトラは昔からイシスと同一視されたヴィーナス（アフロディテ）と……。(26)

ソティス＝シリウスとファロス灯台のイシス＝ファリアとのつながりは、おそらく港に向かう船乗りが遠くから見た灯台の光に由来するのだろう。そう考えると、ファロス灯台がときに「第二の太陽」と、古代エジプト人が呼ばれた理由も説明がつきそうだ(27)。第二の太陽とはシリウスのことだ(28)。ファロス島のイシス神殿にあった女神像は、太陽あるいは月を表す円盤からガゼルの角が二本生えた冠をつけていた(29)。この角は、フランス人エジプト学者シドニー・H・オーフェールによれば、ナイル川の氾濫を見張るガゼルの姿をした女神ソティスの角に似ているという(30)。同じ冠が上エジプトのデンデラ、フィラエ、エドフ等の神殿にあるプトレマイオス朝の女王像にも見られる。これもオーフェール博士の指摘だが、プトレマイオス三世は紀元前二三八年のカノープスの令で、宗教暦や民衆暦(長年のうちにズレが生じていた)を調整し、一年のはじまりとシリウスのヘリアカル・ライジング(日の出の直前に昇ること)を再び一致させた。シリウスのヘリアカル・ライジングは、真夏にナイル川の氾濫が始まる時期とほぼ一致する。また、シリウスの多くの別名の一つは「ラーの眼」というが、オーフェールはその由来として次の話を紹介している。

洪水のメカニズムを宗教的に説明するため、新年の幕開けには太陽神話と月神話の融合、つまり「合体」が目撃された。ここでは、「遠きもの」は「ラーの眼」でも「ホルスの眼」でもあると考えられた。つまりシリウスと満月だ。シリウスと月が現れて、両者の魔法の力が一つになると、ナイル川の氾濫という結果が生まれる。シリウスが昇ることは新年と氾濫の訪れを、満月《フルムーン》はその氾濫が豊か《フル》なものであることを告げる出来事だったのである。(31)

パリへの寄り道・・

フランスのエジプト学者ベルナール・マチューによれば……。

イシスはペラギア（「海の」）またはエウプロイア（「航海の安全」）とも、ファリア（「ファロスの」）とも呼ばれる。帆の発明者とされており、ファロス島には彼女の神殿があった。イシスは地中海世界全体で大変よく知られており、一七世紀になってもまだ文献に登場するほか、一八一一年にナポレオンがつくらせたパリの紋章にも、船のへさきにイシス像が健在だった……。(32)

フランス革命中には、パリという都市を明らかに女神イシスと結びつけた奇妙な儀式やシンボリズムが少なくなかった。マチュー博士の見解から、このような結びつきには多少なりとも歴史的な裏付けがあることがうかがえる。さらに、一七世紀の作家ジャン・トリスタンの、パリParisという名はイシス＝ファリアIsis-Phariaに由来するという説も注目に値する。正確には、Pharia-Isisが転訛してParia-Isisとなり、最終的にParisとなったのだという。

トリスタンが根拠としているのは、ユリアヌス帝時代のローマ帝国のコインだ。これにはユリアヌスの妃ヘレナがイシス＝ファリアの姿で刻まれている(33)。ユリアヌスはコンスタンティヌス帝の数十年後の皇帝で、短期間ではあるがキリスト教の台頭に歯止めをかけ、古代の異教を改めて採用し、「ヘリオスの信徒」を自称したことから、よく「背教者ユリアヌス」と呼ばれる。太陽神ヘリオスは、ローマ人がアレキサンダー大王と密接に結びつけた神だった。

ユリアヌスは五年間ガリアを統治し、三五八年から三六〇年までの三年はルテティア（現在のパリ）で暮らした。ユリアヌスと妃ヘレナは、アレクサンドリアのセラピス神やイシス＝ファリア女神の熱心な信者だったから、ルテティアの民にイシス信仰を強制した可能性もある。少なくとも奨励はしただろう。いずれにせよ、ジャン・トリスタンは次のように書いている。

パリジャンParisianという言葉はパリア・イシスParia Isisを語源としている。この女神の信仰がイリュリア（バルカン半島西部の古代国家）や、ガリアのセーヌ川流域に入ってきていたため、ルテティアは「Parisianのルテティア」あるいは「Farisian」と呼ばれた。(34)

フランスの古典学者ユルギス・バルトルシャイティスが指摘するように、聖ヒラリウスがリミニの宗教会議の手稿の断片でパリを「Parisea Civitas」と呼んでいることも、この説を裏付ける。「Parisea Civitas」とはFarisianの都市、あるいはジャン・トリスタンが示唆するように、イシス＝ファリア（Isis-PhariaまたはFaria Isis）の信者の都市という意味だ(35)。

カノープス通り

ローマの著作家アリアヌスによれば、アレキサンダーは、未来のアレクサンドリアが建設されることになる海辺に行ったとき……。

この計画を実現したいという強い欲求にとらわれ、自らこの都市の設計を手がけ、アゴラの位置や聖域の数や、どの神を聖域に祀るかを決めた。ギリシャの神々もだが、エジプトの女神イシスについても……。(36)

「アゴラ」とは、ギリシャ都市で市民集会が開かれる広場のことで、今日の市庁舎にあたる。アレクサンドリアのアゴラは、ソーマと呼ばれる南北に走る大通りとカノープス通りと呼ばれる東西を走る広い道の交差点に置かれた。この配置は巨大な十字を形作っており、多くの史料によれば、その二本の腕木の交点に後年ドーリア式の小さな神殿が建てられ、アレキサンダーの黄金の棺を安置する霊廟として使われた。

カノープス通りの両端には門があり、西の門は「月(セレネ)の門」、東の門は「太陽(ヘリオス)の門」と呼ばれた。

アレクサンドリアはギリシャの都市計画の原則に従って、縦横の道がそれぞれ平行に並び、互いと直角に交わるグリッド方式でつくられたと、昔から考えられてきた。だが実際には、こうしたグリッド方式はギリシャよりずっと前からエジプトで使われていた。フランスのエジプト学者アンドレ・ベルナールが指摘するとおり、ギザの大ピラミッド近くにある墓地《ネクロポリス》は、東西・南北の道で碁盤の目状に分割された死者の街と言える。似たような構造はサッカラや、ずっと南のファラオ・アクナトンの都市アケトアテン(現テル・エル・アマルナ)にも見られる(37)。

それはともかく、アレクサンドリアの設計に影響を及ぼした要因として見落とされがちなのは、二四歳だったアレキサンダー大王の心境だ。このときは、無敵を誇ったペルシャの太陽王ダレイオス三世を打ち破り、知られている世界をすべて手中に収めたばかりだった。エジプト人は彼を英雄・解放者として歓呼で迎え、ファラオ・ネクタネボ二世の正当な後継者と認めた。アレキサンダーは「アムン神の息子」「イシス女神の息子」と宣言され、エジプトの正統なファラオに付与されるあらゆる肩書を贈られた。これはどれも、アレクサンドリア建設の直前に起こった。

さらに、アレキサンダーが現テーベのカルナック／ルクソール神殿と心理的に深い一体感を持っていたことを考慮しなくてはならない。それは自らをアムン神と同一視していたことの延長線上にある。フランスの学者フランソワ・ド・ポリニャックによれば、アレキサンダーはこの神殿の修復に非常な関心を払い、とりわけ、神聖な「産室《マミシ》」のそばにある至聖所に自らの名を与えることで、エジプトの宗教上の習慣に対する並々ならぬ知識と感性を示した。こうしたことから考えて、アレキサンダーはエジプト人の大神官から細かな助言を受けていたに違いない。ペルシャ王カンビュセスはサイスの神官オード・ジャ・ホール・エスネを相談役とし、アレキサンダーからエジプト王位を継いだプトレマイオス一世ソテルはヘリオポリスの神官マネトを顧問として重用したが、アレキサンダーも同じことをしたのだろう(38)。

アレキサンダーがテュロスでギリシャ暦に変更を加え、イシスの星、神の誕生を表す星シリウスと結びつけたことは既に見た。この星の出がナイル川の氾濫の時期を知る「測定器」として使われたことも既に述べた。後の章では、東の地平線上のシリウスの位置がしばしば、イシス＝ハトホルの息子ホルスの誕生を祀る神殿の軸を定める基準に使われたことを説明する。アレキサンダーの時代には、シリウスのヘリアカル・ライジングが彼の「公式の」誕生日、つまり七月二〇から二一日（ユリウス暦）だったことも既に指摘した。

シンボルや思想や神話がこれほど豊かに絡み合っているのに、アレキサンダーがエジプトの地中海沿岸、魔法の島ファロスの対岸に造ろうとした都市の構想に、これらが影響を与えなかった筈がない。

普遍神の誕生

紀元前三二三年にアレキサンダー大王が遠征先のバビロンで死んだとき、巨大な帝国は彼の将軍たちの間で分割された。親友のプトレマイオスはエジプト王国を受け継ぎ、アレキサンダー四世（アレキサンダー大王とペルシャ王女ロクサネの息子）の死後、ファラオに即位した。プトレマイオスは「救世主」を表すソテルを名乗ったので、歴史学者は普通、プトレマイオス一世ソテルと呼ぶ。

きわめて英明な男だったプトレマイオスは、アレクサンドリアを叡知と学問の世界的中心地にするというアレキサンダーの夢の実現に着手した。相談役にヘリオポリスのエジプト人神官マネトを起用し、宗教や歴史、典礼に関してはすべて彼の助言を求めた。マネトはデルタ地帯の都市セベンニュトスの出身で、エジプト学では前王朝時代まで遡る歴代ファラオの表を作成したことで有名だ。この表は今日でもよく使われる。アレクサンドリアのために「新たな」神セラピスを創った際に最も貢献したのがマネトだったことは、ほぼ間違いない。

このころのアレクサンドリアは新生エジプトのシンボルと認識されており、その統治者となったプトレマイオス一世ソテルは、この世界都市の国際的な市民にふさわしい神を求めたようだ。そこで自然に選ばれたのが、エジプトで一番崇められている神オシリスだった。より正確にはオシリスの特殊な形態であるオシリス＝アピス、古代エジプト人がウスル＝ハピと呼んだ神である。これは下エジプトのメンフィスを中心に古くから信仰されていた牛神アピスが、オシリスと結びついた神だった(39)。まだアピス信仰が盛んだった頃にエジプトを訪れたヘロドトスによれば、聖牛アピスは……。

……ほかに仔をはらむことのできない雌牛から生まれる。エジプト人が言うには、天からこの雌牛めがけて雷が落ち、それによってアピスが誕生する。このアピスと呼ばれる仔牛には、次のような特徴がある。体色は黒で、額に四角形の白い斑が、背中には鷲の形が見える……。(40)

実際、アピスは「イシス」として知られる聖なる雌牛の胎から生まれ、死後はオシリスになると考えられていた。エジプト学者ジョージ・ハートによれば……。

冥界における死後のファラオの概念に従って、アピスも死ぬとオシリス神になるとされた。プトレマイオス朝初期の王の下で創り出された融合神セラピスは、エジプト的なオシリス＝アピスというか

たちを取っているが、メンフィスの聖牛に由来する。(41)

聖牛アピスの信仰とイシスとオシリスの信仰は明らかによく似ている。また、エジプト神話で共にイシスの胎から生まれたとされる仔牛アピスと子供のホルスが、次のように重なり合っていることに気づかないわけにはいかない。(一) アピスはホルス王、つまり生きているファラオと結びつけられた。(二) 聖なる雌牛「イシス」と女神イシスは同じように雷に打たれて妊娠した。(三) 聖なる雌牛「イシス」は雄の仔を一頭だけ産み、女神イシスも男の子を一人だけ産んだ。(四) アピスは死ぬと「オシリス」となるが、ホルス王も死後「オシリス」になると固く信じられていた。ジョージ・ハートはさらに説明する。

ファラオが聖牛アピス (力と豊饒を表す) のイメージと密接に結びつくのは、王=神をめぐるプロパガンダの昔からの特徴だ。この例は石板の彫刻の図柄や、王の儀礼名の一つである「勝利の雄牛」に見られる。王を讃える祭りでは、王権の若返りの儀式として、ファラオがアピス牛と並んで早足で歩く。メンフィスで行われたこの儀式は、テーベのカルナック神殿の解体された礼拝堂から出土したブロックの浮き彫りに生き生きと描かれている。(42)

アピス信仰に関する同時代の記録としては、紀元前一世紀にエジプトを訪れたシチリアのディオドロスの報告がある。ディオドロスの語る聖牛アピスの葬儀は、ファラオの葬儀と大して違わない。

アピスの壮麗な葬儀が終わると、担当の神官ができるだけ先代のアピスに似た子牛を探す。子牛が見つかれば服喪は終わり、この目的のために任命された神官が四〇日間、若い雄牛を引いてナイルの都市の市中を回り、エサを食べさせる。その後、彼らは牛を黄金の船室を備えた船に乗せ、神としてメンフィスに運ぶ……雄牛を崇拝する理由を、彼らはこう説明する。「雄牛にはオシリスの魂が入り込むと言われている。だから代々、雄牛が奉納されるたびにオリシスの魂が入って後代に伝わるのだ」。(43)

古代エジプトの神秘主義的宗教の最も重要な側面は、「オシリス」が「オシリスの息子」つまりホルスはファラオとして永遠に転生を続け、個々のファラオは死後「オシリス」になる、そして、その長男が新たに生けるホルスになる、ということだ。言い方を変えれば、歴代のファラオは一人ひとりがホルスの生きた化身であると同時に、聖牛アピスと同じく、死後は魂が「オシリス」になると信じられていた。だから「オシリス＝アピス」という結合した名前（これがセラピスに変化した）の概念は「オシリス＝ホルス」の概念に倣ったものであり、したがって支配者たるファラオの正統性と神聖性を象徴する究極の名であると理解しなくてはならない。

アレキサンダー大王は、まさにこのように世界中から見られたがっていたし、プトレマイオスがアレキサンダーの後継者としてエジプト王位に就いたとき念頭にあったのもこれだった。紀元前三二三年夏、アレキサンダーがマラリアにかかってバビロンで死の床にあったとき（「治療」として大量のワインを飲んだため、さらに病状が悪化した）、彼の神官は野営地内にオシリス＝アピス、つまりセラピスの神殿を仮設した。ということは、アレキサンダーはこれを自分の神と思っていたのだと結論せざるを得ない。書記エウメネスが記録した王についての公式な日誌によれば（44）、アレキサンダーは六月四日に高熱を発した。熱は数日間続き、六月八日になると、死にかけていることが明らかになってきた。

六月八日　熱が続く。マケドニア人たちは彼が死んだと思い、宮殿の門まで来て大声で王に会わせろと言い張った。扉が開けられ、彼らはぞろぞろと寝台の前に並んだ。彼［アレキサンダー］は声を出さず、うなずいたり目で合図をしたりという方法で一人ひとりに挨拶した。ペイトン、アッタロス、デモフォン［アレキサンダーの側近たち］が順番にセラピス神殿で眠り、治療のためにアレキサンダーを神の聖域に移すべきかどうか神託が下るのを待った。熱は一晩中続いた。

六月九日　変化なし［アレキサンダーは昏睡状態に陥っている］。クレオメネス、メニダス、セレウコスがセラピス神殿の宿直を引き継ぎ、改めて神［アレキサンダーの「父」］に伺いを立てている。

六月一〇日　神から答えがあった。アレキサンダーを神殿へ運んではいけない、今、横になって休んでいる場所のほうが良いとのこと。側近たちはこれを兵士らに伝えた。それから少し経った夕方、アレキサンダーは死んだ。(45)

この文章から、バビロンのアレキサンダーの宮殿の近くにセラピス神殿が建っていたこと。また、極めて重要な事柄、たとえば、アレキサンダーの身柄をエジプトにあるセラピス（オシリス＝アピス）の本山に移すべきか否かというようなことについてはこの神に伺いを立てていたことがわかる。一つ変則的なのは、シーワのアムン神ではなくセラピス神を「アレキサンダーの父」としている点だ。だがエジプトの伝承では、セラピス神とアムン神は共にファラオの「父」とされるので、少なくともマケドニア人の頭の中では、両者があまりはっきりと区別されていなかったのかもしれない。ヘロドトスは明らかにシーワのアムンをゼウスと同一視していたし(46)、セラピスもアレクサンドリアの人々にゼウスと同一視されていたことが判明している。

セラピスの迷宮

オシリス＝聖牛アピス（セラピス）の本山は下エジプトのメンフィス近郊の、サッカラにあるジョセルの階段ピラミッドからさほど遠くない場所にある。この聖域には少なくとも紀元前一四〇〇年前から、歴代の聖牛アピスが埋葬されている。死体は巨大な石棺に入れて地下の迷宮に収められたが、この迷宮は今日、セラペイオン（アレクサンドリアのセラピス神殿と同名）として知られている。アレキサンダーがエジプト入りする一世紀ほど前に『歴史』を著したヘロドトスは、「アピスの神殿」に言及した初めての外国人だ。この神殿は、キリスト教時代に入ってもかなりの間は機能していたらしいが、中世には完全に砂に埋もれ、所在すら忘れられてしまう。フランスの考古学者オーギュスト・マリエットに再発見されたのは一八五〇年のことだ。サッカラ近くの砂漠を通りかかったマリエットは偶然、小さなスフィンクスを見つけた。古代の地理学者ストラボンの話に出てくる、セラペイオンの参道沿いに並んでいた多数のスフィンクスの一つだった。マリエットは次のように書いている。

地理学者ストラボン（一世紀）は、「セラピスの神殿のある場所はたいそう砂が多く、風で砂が積もって砂丘になっているのだが、その下にスフィンクスが見えた。半分埋もれているものもあれば、頭まで埋まっているものもある。このことから神殿への道は、もし突然の嵐に巻き込まれたら危険かもしれない」と書いている。この文章はストラボンが、有名なセラピス神殿を発見する手助けをするために書いたのではないだろうか？　一八世紀以上も後に私たちは見つけているのだ。彼の意図を疑うのは不可能だ。証拠によれば、この埋もれたスフィンクスは、アレクサンドリアやカイロで出会った他の一五体と共に、メンフィスのセラペイオンに続く広い道の一部をなしていた。(47)

この発見に触発されて、マリエットは作業隊を組織し、ほんの数週間でセラペイオンの入り口を掘り出した。セラペイオンは、今日でさえ見る者に畏怖の念を呼び起こすきわめて印象的な場所だ。ジョセルの階段ピラミッドから北西約一キロに位置し、東から狭い坂を下りて、石まじりの砂漠の奥底に入っていくことなる。まず驚かされるのは、この地下迷路の巨大さだ。暗い回廊が数方向に伸びているさまは、まるで巨人が造った地獄の迷宮のようだ。今日では薄暗いながらも電気で照らされているが、それでもこの奇妙な地下世界を一人で歩き回ると、なぜか落ち着かない気分になる。死を思わせる不気味な静けさに、だんだん不安が募ってくるのだ。ここには何かほとんど不自然なもの、人知を超えた何かがある。巨大なトンネルや回廊に沿って、床が一段低くなった巨大なニッチ（壁を窪ませた部分）が何十も並んでいる。一つ一つが大きな広間ほどもあるそのくぼみには、かつて聖牛アピスのミイラが入っていた大きな花崗岩の石棺が収められている。こうした花崗岩の塊から切り出された、重さ六〇トンを超える石棺の大きさと重さは想像力を刺激する。少なくとも一見しただけでは、この石棺をどうやってここまで運んで来たのか、まして、どうやってニッチに収めたのか見当もつかない。何か深遠で暗い密儀がここで行われた気がする。古代ギリシャ人の言葉を借りれば、「人間が神に変身する」場所の張りつめた雰囲気が、今も漂っているのだ。

アレキサンダーの帰還

ネクタネボ二世（アレキサンダーの「父」とする伝説もある）は、サッカラのセラペイオンから遠くないところに墓を造らせた（48）。このことが、アレキサンダーの死後に起こった一連の奇妙な出来事や、彼の将軍や士官が直面した、半神である英雄の遺体をどこに運ぶべきかというジレンマに、何らかの役割を演じただろうか？　というのも、アレキサンダーの遺体は、まだバビロンにあるうちに、連れて来られた職人の手で、古代エジプト式の防腐処理を施された。その後、遺体は黄金の棺に収められ、まるで家一軒に車輪をつけたような大きさだったという目撃証言もある巨大な棺車がつくられた。死せる英雄神をエジプトに連れ帰るためだ。

移送は二年近くかかった。ようやくエジプト国境に着いた棺車は、プトレマイオスに迎えられた。黄金の棺はメンフィスに運ばれ、セラペイオンのそばの、英雄神にふさわしい壮麗な墓に埋葬された。アレキサンダーの「失われた墓」はアレクサンドリアのどこかに隠されていたという説が定着しているので、彼の棺がメンフィスに少なくとも一〇年間、おそらくはもっと長く置かれた後にようやくアレクサンドリアに運ばれたと知ると、大抵の人はびっくりする。この頃はまだメンフィスがエジプトの首都で、ヘリオポリスの神殿がエジプト全体の神官養成所として機能していた。プトレマイオスもまだエジプト総督で、アレキサンダー大王とペルシャ人の妻ロクサネの間にできた息子アレキサンダー四世に仕える身だった。紀元前三一〇年、一三歳のアレキサンダー四世が暗殺された。後継者はなかなか決まらなかったが、五年後にプトレマイオスがチャンスを捕らえ、自らをエジプトのファラオと宣言した。それが紀元前三〇五年のことだ。

プトレマイオスは、アレキサンダー大王の後継者としての正当性を強化し、その象徴とするため、アレキサンダーの黄金の棺を新たに建設された都市アレクサンドリアに移したのだろう。棺とともに、セラピス＝オシリス・アピス信仰もアレクサンドリアに入ってきた。また、後にアレクサンドリアの大図書館の核となる蔵書も、このときヘリオポリスの大神殿の図書館から運び込まれた可能性が高い。

こうして、アレクサンドリアはエジプトの新たな「首都」となり、そこで生まれた知の光がルネサンス時代に西洋世界を照らすことになる。

特殊なグノーシス

古代エジプト人たちは、今日的な意味での宗教を持っていなかったことが、昔から認められている。エジプトの「宗教」という言い方は、エジプト学で広く使われているし、本書の中でも使っているが、古代エジプトの語彙に「宗教」という言葉は見つからない。単に存在しないのだ。著名なエジプト学者で文献学者のアラン・H・ガードナーが説明するとおり、「エジプト人の観点からすれば、宗教などというものはないと言ってよく、ただヘカがあるだけだ。英語なら、一番近い言葉は魔法の力《magic power》になるだろう……」(49)。

古代エジプトの建造物や文献を調べた限りでは、ヘカ、つまり魔法の力は、入念な秘密の参入儀礼《イニシエーション》のかたちで霊的・知的に密度の濃い学習を行うことで身に付くものと考えられていた。ヘカとは一種の神聖科学、あるいは、特殊なグノーシスで、古代エジプトの知恵の神トト（ギリシャ名ヘルメス・トリスメギストス）からの贈り物と考えられていた。ダブリンのユニバーシティ・カレッジで東方言語を教えるイギリスのエジプト学者パトリック・ボイラン教授によれば……。

トトは……知恵と宇宙の秩序の神だ。彼の言葉は、物事を実在化し……魔法の力に満ちている。魔法というものは常に、特殊なグノーシスを前提としている。魔術師は物事の本質や、物事を互いに結びつけている隠された絆について、より高く、より深い知識を持っていると主張する。彼は言葉によって神秘的事象をコントロールし、見えない危険を退ける力を持つ賢者なのだ。魔術師はこれをすべて、特殊なグノーシスの力によって行う……。(50)

トト神は、この特殊なグノーシスあるいは魔法の知識を集め、聖なる書物にまとめたといわれている。エジプトの『死者の書』によれば、この書物は女神ハトホルによってヘリオポリスの神殿に運ばれたが、ハトホル女神の星は、既に述べたとおりシリウスだ(51)。これに似た、トト神と聖なる書物を都市ヘリオポリスと結びつける伝説が、今から三五〇〇年前に書かれたウエストカー・パピルスにも見られる。これによると、ギザの大ピラミッドを建設したと言われているファラオ・クフ王の宮廷に、一人の魔術師が連れて来られる。クフ王はピラミッド設計のために、トトの秘密の部屋(魔法の書物の保管場所と考えられる)を見つけたがっていた。魔術師は、ヘリオポリスにある種の「倉庫」か図書館、あるいは文書と記録の広間があり、お探しの部屋はそこで見つかると、クフに告げる(52)。この話はピラミッドとトトの魔法の知識を結びつけている。そしてこの知識は、後で見るとおり、明らかに星と関連があった。フランスのエジプト学者兼作家クリスチャン・ジャックは言う。

エジプトにおける魔術の最大の中心地は、おそらく聖なる都市ヘリオポリスだった。最古の神学が発達した太陽の都である。ここには大量のパピルスが保管されていたが、その内容は広義の「魔法」であり、医学、植物学、動物学、数学に関する文献が含まれていた。ギリシャの哲学者や賢人の大半は、この知識を学ぶためにヘリオポリスを訪れた……。(53)

ジャックはさらに言う……ヘリオポリスをはじめとする学習センターでは、「宇宙の深遠な秘密の諸力を把握するための長い修業を行ってきた専門家でなくてはできない」きわめて「神聖な科学」が実践されていたと述べている(54)。さまざまな証拠から、この「神聖な科学」あるいは特殊なグノーシスの最も重要な側面は、星々の影響やパワーを何らかの方法で地上に引き下ろすことが可能だ、という思想に基づいていたようだ。クリスチャン・ジャックらが指摘するように、古代エジプトの神聖科学は、神である星々の神聖なエッセンスを、お守りや彫像、聖堂、モニュメント、神殿、ときには都市そのものにさえ封じ込めることが可能だという確信の上に成り立っており、その手段として使われたのがヘカ、つまり魔術だった。

二一世紀の西洋文明は概して魔法の存在を信じない。しかし昔の文明、特に古代エジプトでは、魔法が信じられていた。ただし古代エジプト人のいうヘカは、現代人の考える魔法とは必ずしも一致しない。そこできちんと定義しておく必要がある。既に故人だが、こうした事柄の研究をライフワークにしたロンドン大学のフランセス・イエイツによれば……。

ここで言う魔術とは、占星術とは大きく異なる。占星術は必ずしも魔術ではなく、人間の運命は星々に支配されていて変えることはできず、ホロスコープ、つまり出生時の星の配置を調べればその人の未来を予想できるという考えに基づいた数学だ。だが、ここで言う魔法は、星の姿や影響を土台にしているという点でこそ占星術と共通する。だが魔法は、星々を支配する力を身に付け、その影響を思いどおりの方向に向けることによって、占星術の決定論を逃れる手段なのだ。あるいは、宗教的な意味では、魔法は物質的な財産や運命から脱却し、神についての洞察を得るという、救済手段でもある。したがって、「占星術魔法」という言い方は正確ではない。他に適当な名称がないので、私は「星魔術」と呼ぶことにする……。(55)

フランセス・イエイツがここで言っているのは古代エジプトの「星魔術」そのものではなく、イタリア・ルネサンス期におけるエジプトの魔術的宗教のリバイバルのことだ。だが、この文章が古代エジプトについてだとしても、違和感は全くない。彼女の定義は、太古の昔からエジプトに存在したと思われる「星魔術」にも、そのまま当てはまるのだ。

変化の時

プトレマイオス一世ソテルがアレキサンダー大王の後継者として即位していくらもたたないうちに、アレクサンドリアの繁栄が始まった。まずアレキサンダーの棺を安置する豪華な墓が建設され、次にさまざまなモニュメントや宗教施設の建造が計画された。その中で特に注目に値するのは、古代世界の七不思議の一つであるファロス灯台、図書館も併設されたセラピスの大神殿（アレクサンドリアのセラペイオン）そしてもちろん、アレクサンドリア図書館だ。

アレクサンドリアのセラペイオンは、プトレマイオスが究極の普遍神セラピスに対する信仰を復活させた神殿で、巨大なセラピス像も建てられた。ファロス灯台には既に述べたとおり、セラピスの「伴侶」で、この新しい臨海都市ではイシス＝ファリアと称されたイシスを祀った大神殿が建造された。

かの有名な図書館はといえば、これは音楽や芸術を司る七人姉妹の詩神《ミューズ》に捧げられていた。当初の蔵書の大半は、おそらくエジプト各地、特にヘリオポリスとメンフィスの神殿に悠久の太古から保存されていたものを持ち込んだのだろう。国外、特にギリシャからも、哲学や宗教、科学や芸術に関する著作が輸入された。プトレマイオス一世ソテルはさらに、個人的な興味からヘブライ人の旧約聖書を入手し、史上初めてギリシャ語に翻訳させた。これでユダヤ人以外でも旧約聖書が読めるようになった。こうしてアレクサンドリアでは知的・霊的な活動が驚くほど活発になった。その結果、魔法と宗教の要素を備えたさらに強力な哲学が生まれ、これが後にヘルメス・トリスメギストス（アレクサンドリアのギリシャ系住民はエジプトの知恵の神トトをこう呼んだ）に帰されることになる。その後、古代エジプトの伝統的魔術はギリシャ風の衣をまとったかたちで、西欧人の意識の中に浸透していった。

変容

紀元前五八六年、エルサレムがバビロニア王ネブカドネザル二世の攻撃の前に陥落した。ユダヤ人は集団追放され、多くがエジプトに流れ込んだ。当時のエジプトにユダヤ人がいた痕跡は、北はナイル川のデルタ地帯から、はるか南のエレファンティネ（アスワン近郊）にまで広がっている。その二世紀後にも、パレスティナとエルサレムを支配下に収めたプトレマイオス一世ソテルがユダヤ人傭兵を連れ帰り、新興都市アレクサンドリアにユダヤ人の定住を奨励した。紀元前一世紀、あのクレオパトラがプトレマイオス朝最後の君主になる頃には、アレクサンドリアの人口のかなりの部分が、ギリシャ語を話しギリシャの習慣を身に付けたユダヤ人となっていた。そして、古くからのファラオの地に、偶像や絵を忌み嫌う父系原理の一神教が根付きはじめたのは、こうしたユダヤ系エジプト人からだったことは疑う余地がない。

紀元前三〇年、オクタヴィアヌス（後のアウグストゥス帝）のローマ軍が、宿敵アントニウスに戦いを挑むためアレクサンドリアの門に達した。事実上無防備だったアレクサンドリアは大混乱に陥った。アントニウスとクレオパトラの軍勢は既にアクティウムの海戦で大敗を喫し、これ以上の抵抗は愚かな虚勢に過ぎなかった。事実、この少し前に、アントニウスはオクタヴィアヌスのローマ軍に突撃を試みるという蛮勇をふるったが、部下は彼に見切りをつけ、オクタヴィアヌスを真のリーダーとして迎えた。そうなっても敗北を受け入れられないアントニウスは自殺を図り、最後まで残った忠実な兵士にとどめをさしてくれと懇願した。この知らせを聞いたクレオパトラも、生きてオクタヴィアヌスの捕虜にはならないと決意し、毒蛇に噛まれて史上最も有名な自殺を遂げた。

三〇〇〇年続いたファラオの文明は、こうして唐突に終わりを告げた。オクタヴィアヌスは直ちにエジプトをローマの属州と宣言し、ローマ皇帝の権力がまるで巨大なハンマーのように、この古くからの神聖な地に振り下ろされた。ほどなくエジプトは、ローマ軍の腹を満たすための単なる穀物倉に成り下がった。

周囲の何もかもが変えられていくのを見て、エジプトの神官たちは魔法の宗教も消滅してしまうのではないかと警戒感を募らせたことだろう。プトレマイオス朝の三世紀間、エジプト古来の神殿信仰は単に存続しただけでなく、国家の積極的支援を受けて各地で大いに栄えた。それというのもプトレマイオス朝の歴代王にとって、その由緒ある伝統が抗しがたい魅力を持っていたからだ。彼らは、この宗教が自分たちの神話や神聖の見方におあつらえ向きだと考えた。実際、古代エジプトの魔術的宗教はプトレマイオス朝の普遍的な夢にとって好都合で、他の多くのものと同じく、まるでシンデレラのガラスの靴のように、アレクサンドリアという都市にぴたりと合った。しかしローマ人はこの結びつきを、単にエジプトの統治とその資源の効果的に活用する、政治力の源の一つとしか見なかった。もちろんローマ皇帝もファラオを名乗り、セラピスやイシスの信仰すら受け入れた。エジプトの神々を祀った神殿を修復し、あるいは新たに建設した。有名なデンデラの神殿を現在の姿に修復したのはティベリウス帝だ(56)。しかし、こうした努力もエジプト人、とりわけ神官の心をつかむには至らなかった。神官たちは、ローマの支配下ではさまざまなことが変わるのは避けられないと知っていた。叡明なプトレマイオス朝の王は自らをエジプトの伝統的ファラオの後継者と見なしたが、ローマ人は征服者・主人としてやって来た。コプト語学者ジル・カミル博士は指摘する。

神聖不可侵の王制はファラオ時代のエジプトの大きな特徴であり、後代の王朝(たとえばプトレマイオス朝)でも維持されたが、ローマ時代には失われた。皇帝は、神聖な王だと主張したかもしれない。だが実際にはエジプトを支配し、神官の威信を弱め、民衆を圧迫したのは属州の長官だった。彼らはエジプトの富を吸い上げてローマに送り、エジプト人を軍に採用して他国でローマのために戦わせた。エジプト人はプトレマイオス朝の支配を受け入れたが、ローマには抵抗した。両者の差を見て取るのは難しくない。プトレマイオス朝の下ではエジプトの尊厳は損なわれず、経済も安定していた。だがローマの下では、エジプトはアイデンティティを剝奪されて貧困化した。エジプトは皇帝の私有地や、ローマの上流階級向けの行楽地でしかなくなった。(57)

ローマの支配下でもはじめのうちはある程度の繁栄や、守られているという安心感すらあった(58)。だが、全体としてはエジプト人にメリットはなかった。豊かな農作物はローマ軍の腹を満たし、ローマの国庫を富ませた。ローマが新たに神殿の建設や治水工事を行うことがあっても、それは戦略的な理由や、エジプトにおけるローマの政治的・軍事的な影響力を強化するためにすぎなかった。まもなくエジプト人が（この頃になると「エジプト化」したギリシャ人やユダヤ人も混じっていたが）反旗を翻しはじめた。一一五年にはユダヤ人が中心になって起したと思われる大規模な反乱が、ローマによって容赦なく鎮圧された。二一五年のカラカラ帝のエジプト訪問中にも虐殺が起こった。アレクサンドリアの人々がうかつにも、皇帝が弟を暗殺したと非難したのがきっかけだった。二九七年にはさらに深刻な反乱が起こったが、ディオクレティアヌス帝が八カ月の攻囲の末にアレクサンドリアを陥落させて平定した。

もっとも、皇帝の訪問が常に暴力を招いたわけではない。ヴェスパシアヌス帝がアレクサンドリアを訪れたときは、アレキサンダー大王と同じように、「アムン神の息子」と宣言され、セラピスの「生まれ変わり」とまで言われた。ヴェスパシアヌスはこれをきわめて真剣に受け取って、アレクサンドリアの市中で「奇跡」を行い、盲目の男の視力を取り戻してやったことすらあったという(59)。

一三〇年にはハドリアヌス帝がアレクサンドリアと上エジプトのテーベを訪問したが、これも比較的平和裡に終わった。エジプト滞在中に、ハドリアヌスの側近で愛人でもあったアンティノオスという青年がナイル川で溺死した。ハドリアヌスは直ちに、悲劇の現場近くに都市を建設し、アンティノオポリスと名づけるよう命じた。ハドリアヌスはまた、アレクサンドリアにおけるキリスト教やセラピス信仰について、貴重なコメントを残した。次に挙げるのは、アレクサンドリア総督セウェリヌスに宛てた手紙の一部だ。

そなたはエジプトを賞賛するか、親愛なるセウェリウス！　私はこの地を上から下まで知っている……ここではキリスト教徒がセラピスを崇拝し、キリストの司教を名乗る者たちがセラピスに対して誓いを立てる……総大司教自らがエジプトに来るたびに、ある者からはセラピスを、別の者からはキリストを礼拝させられる。(60)

このような宗教の混合と、ローマ皇帝の気まぐれや放蕩、残忍さに脅威を感じたエジプトの神官階級は、改めて熟考したことだろう。これまで彼らは、プトレマイオス朝の歴代王に便宜を図り、改宗させるという方法で太古の魔法の宗教の存続に努め、想像をはるかに超える大成功を収めてきた。だがローマ人はより深刻な、もしかすると克服不可能な脅威かもしれない。西暦三〇年にローマ人がエジプトにやって来た時、ギリシャ人と教養あるエジプト人に、知性や文学の浸透が起こっていた。その多くは神官や書記や役人といった、神殿信仰の関係者だった。カミル博士はこう説明する。

エジプトの公用語はギリシャ語とエジプト語で、ギリシャ語のほうが広く使われていた。教養あるエジプト人は、アレキサンダーに征服されるずっと前からギリシャ語を学んでいた。彼らはまた、エジプトの言葉もギリシャ語のアルファベットで書いたほうがコミュニケーションしやすいことに気づいた。ギリシャ文字は中流階級によく知られており、民衆文字（絵文字《ヒエログリフ》を簡略化したもの）より簡単だからだ。書記はエジプト語の発音をギリシャ文字で表記するようになり、ギリシャ文字にない発音を表すために民衆文字から七文字を加えた。こうして誕生した新しい表記法は現在、コプト語と呼ばれている。(61)

思想や著作の交流も大いに奨励された。ソテルやフィラデルフォスといったプトレマイオス朝初期の王は勅命を発して、神殿の書庫に収められたエジプトの重要な文献を、エジプトや近隣諸国の共通語《リンガ・フランカ》であるギリシャ語に翻訳させた(62)。既に述べたとおり、プトレマイオス一世ソテルは、博識なユダヤ人学者七二名を旧約聖書のギリシャ語訳にあたらせたと言われている。こうしてできたギリシャ語版は現在セプトゥアギンタ（七十人訳聖書）として知られ、後にラテン語訳の底本として使われた。

このアレクサンドリアで、きわめて強力な霊的・知的変容が起こりはじめたのは不思議ではない。これは結果として「新エジプト的」な叡知の哲学を生み出し、国際的なアレクサンドリア市民は、それを喜んで受け入れた。この哲学の構成要素の一つはキリスト教グノーシス主義だった。これについてはすでに詳しくみたが、現在ではナグ・ハマディ文書を読むことで、その姿をよく知ることができる。もう一つ、これと密接な関係があるのが独自の特徴を持った「異教」のヘルメス文書で、これについては第七章・第八章で取り上げた。ヘルメス文書も一世紀から三世紀のアレクサンドリアで編纂されたもので、ジル・カミルによれば、当時の人が知的・霊的に何を望んでいたかが、よく要約されている。

エジプトはギリシャ語を話すエリート階級に支配され、人口の大半は読み書きができなかったが、多国籍のバイリンガルの集団が存在した。このことを最もよく示しているのが、『ヘルメス選集』として知られる異文化混交の文集だ。エジプトの知恵の神トト、ギリシャ名ヘルメス・トリスメギストスが書いたとされ、題名もそれに由来する。最初からギリシャ語で書かれた部分とエジプト語からギリシャ語に翻訳された部分がある半哲学的な論文集で、内容としては神、古代エジプトの叡知や文学、宇宙論や神秘主義を含む奥義的教義などだ。このような文献を読むと、エジプトという文化のるつぼで、聖なる科学がさまざまなかたちで微妙に構成されてきたことを、よく知ることができる。(63)

この奇妙で神秘的なヘルメス文書が一四六〇年のヨーロッパに華々しく登場した際の影響は、第七章で見た。ここからはヘルメス文書の起源における知的・文化的背景と、新興勢力キリスト教グノーシス派と「直解派」の勃興を見ていこう。

三つの主役

西暦三〇年頃、つまりアウグストゥスがエジプトを征服した六〇年ほど後に、ナザレという町出身のイエスという男がエルサレムで磔刑に処せられたと言われる。キリストは神であると同時に人間でもあったというこの主張が、ローマカトリックの教義の中心になっている。一方、グノーシス派は全く違う見解を取り、キリストが生身の人間として生まれたとは認めなかった。なにしろ二〇〇〇年も前の出来事だから、どちらが正しく、どちらが間違っていたのか、誰に言えるだろう？　キリストは人間だったのか、それとも幻影だったのか、そもそも存在したのだろうか？　キリスト教が存在したことは確実だ。現在の世界のあり方に決定的な影響を及ぼしている。だがキリストという人物はいまだにとらえどころがなく、その人生や死についても、彼の死後三〇年ほどの間に弟子たちに何があったのかさえ、歴史的な事実と確認されていることは何もないというのが正直なところだ。

伝説によれば、聖マルコはローマへ行き、そこで有名な『マルコによる福音書』を書き、その後、ネロが皇帝の座にあった西暦六〇年ごろローマを去って、アレクサンドリアに赴いた。使徒として、エジプト人を改宗させるという使命を果たすためだった。ローマではネロ帝の下で、既にキリスト教徒に対する激しい迫害が始まっていた。それに比べればエジプトは安全な場所というだけでなく、おそらく、より重要なことに、こうした使命が成功する下地ができていた。そして事実、使命は成功した……それも聖マルコの期待をはるかに超えて。

エジプト人のコプト語の伝承によれば、エジプトで最初に聖マルコが改宗させたのは、アレクサンドリアのユダヤ人の靴屋だったという。これが本当かどうかは重要ではない。だが、アレクサンドリアに多数住んでいたユダヤ人こそ、新興ユダヤ系救済主義宗教への改宗を働きかける、絶好の対象だった事実を示すエピソードではある。キリストという、謎の人物の正体はさておき、初期の弟子の一部がエジプトに逃げ、彼らを核としてエジプトのキリスト教の原型が形成されたというのは、あり得る話だし、実際そうだった可能性が高い。だから、改宗は自然とユダヤ系住民から始まり、それから徐々に土着のエジプト人やギリシャ系やローマ系住民に広がったのだろう。

この、ほとんど有機的ともいえるプロセスから必然的に、アレクサンドリアに多種多様な宗派が誕生した。そのうち当初から中心的な役割を演じたのが、聖書を象徴・寓話として解釈するキリスト教グノーシス派と、聖書を文字どおりに解釈する直解派のキリスト教徒だった。

第三の主役は、キリスト教化の流れに抵抗し、「異教」のままでエジプト古来の思想信条をよく保っていた。だが、それを表現する言葉は、この頃にはギリシャ語に変わり、典礼もギリシャ語を話す熟達者のために構成されていた。これがヘルメス思想で、この名は既に述べたとおり、古代エジプトの知恵の神トトと同一視されるヘルメス・トリスメギストスに由来する。カトリック教会の憎悪と中傷の対象だったグノーシス派とヘルメス主義者は、互いの中に共通点を見出した。それは神聖な知識、つまりグノーシスを通じて、救済と霊的な啓蒙を探求するという点だ。グノーシス派は教会から「異端」のレッテルを貼られ、ヘルメス思想は「異教」の烙印を押されたという違いはあったにせよ、両者は等しく危険な敵と認識され、したがって同じように激しく弾圧された。

この弾圧は四世紀後半には、キリスト教徒のテオドシウス帝がエジプトの「異教」の神殿をすべて閉鎖するまでになっていた。グノーシス派も異教徒も砂漠に追われ、彼らの礼拝所は破壊されるか、カトリックの教会に転用され、書物は押収の上焼却された。だが、そうなる前に、両者とも、神聖な文献や古来の伝承が消滅しないよう、対策を講じておいたようだ。

グノーシス派が、生きた伝統として一三世紀から一四世紀のカタリ派・ボゴミール派の滅亡まで存続したことはすでに見た。グノーシス派のナグ・ハマディ文書が一六世紀の時を経て、一九四五年に奇跡的に再発見されたいきさつと、それがわれわれのキリスト教に対する理解にどのような意味を持つかも述べた。

ヘルメス・トリスメギストスの作とされるヘルメス文書は、それより早く明るみに出た。おそらく五世紀か六世紀に写本が密かにエジプトから持ち出され、一部はビザンティウムやマケドニアまで流れたものと思われる。完全なセットが一揃い、人から人へと渡り、度重なる筆写にもかかわらず基本的には元のままに保たれた。そして一〇〇〇年が過ぎた頃、ようやく第七章で述べたように初老のイタリア人修道士に発見され、コジモ・デ・メディチに届けられた。

コジモは彼の時代において、このような発見に対応するのに最も適した人物だった。コジモの後援によってヘルメス文書はルネサンス期に一躍脚光を浴び、そのシンボリズムは、一五世紀中に教皇庁内部にまで浸透した。オクシタニアでカタリ派として復活したキリスト教グノーシス派は、完膚無きまで叩き潰された。だが、同じアレクサンドリアのグノーシス主義の「異教」にあたるヘルメス思想は、やがてカトリック教会という憎い暴君の打倒に成功するのだろうか？

第一〇章

ヘルメスの預言者

「一六世紀後半のヨーロッパは、宗教改革へのカトリックの反発から生じた迫害と、悲惨な戦争で荒廃していた……人々は、こうした紛争を超えるものを求め、ヘルメス的宗教の世界に目を向けた……」

（フランセス・イエイツ、『ジョルダーノ・ブルーノとヘルメス主義的伝統』、シカゴ大学出版局、シカゴ／ロンドン、一九九一年、p. 二〇三）

「判決を言い渡すあなたがたのほうが、言い渡される私より怖がっているのではないか……」

（火刑の判決を下されたジョルダーノ・ブルーノが、異端審問所の枢機卿たちに言った言葉。彼の裁判を目撃したガスパール・ショップの報告による。一六〇〇年一月）

「ルネサンスは彼の死で終わったと言う人もいる」

（ジョルダーノ・ブルーノについて。ケネス・J・アチティ、『ルネサンス読本』、HarperCollins刊、ロンドン、一九九六年、p. 二五三）

一二世紀から一三世紀にカタリ派と衝突する間、ローマカトリック教会は、カタリ派完徳者の高潔な行動や倫理の水準と張り合うことを余儀なくされた。ところが異端が撲滅されるとそうした圧力も消え、一六世紀になるとヴァティカンの評判はまたも地に落ちた。再び狂乱の度合いを増した異端審問の行き過ぎや恐怖が続いていただけでなく、「悪い教皇」と呼ばれた教皇たちの醜聞が相次いだのだ。中でも第七章で紹介したボルジア家出身のアレクサンデル六世の場合、奇行はもちろん、子供のチェーザレとルクレツィアの策謀や残酷な殺人、ヴァティカンでの乱痴気騒ぎや乱交パーティーでひときわ悪名高かった。

こうしたあまりの不品行に、ヨーロッパの多くの人々が教皇制に対して疑問を抱きはじめた。疑問はまず嘲笑、次に慎重な抗議、最後にイタリア以外の「抗議者《プロテスタント》」の集団による、あからさまな反乱につながった。この運動の最先鋒であるドイツの田舎修道士マルティン・ルターは大胆にも、キリスト教をローマ教皇の手から解放しようと試みた。

カトリック軍とプロテスタント軍の戦いは何十年も続き、大勢の犠牲者を出した。一六世紀後半になると、多くの人々は流血と破壊にすっかり嫌気がさし、再びヨーロッパを平和と繁栄のうちに協調させることのできる救い主、あるいは闘士の出現を待ち望むようになった。一五六九年、万人の目はナヴァール王国ブルボン家とフランスに集まった。このときフランスでは、カトリック教徒とユグノーと呼ばれたプロテスタント教徒の宗教対立が転機を迎えようとしていた。

カトリーヌ・ド・メディシスの大出世

一五六九年のカトリック軍事「同盟」の盟主はフランス王シャルル九世だったが、病弱で、実権を握っていたのは野心的で横暴な母カトリーヌ・ド・メディシスだった。カトリーヌは一五一九年、絶大な影響力を持つフィレンツェの名門メディチ家に生まれた。父ロレンツォはウルビーノ公、母マドレーヌ・ド・ラ・トゥール・ドーヴェルニュはフランス王家の血を引いていた。カトリーヌは幼くして両親を亡くし、フィレンツェ市民が教皇に反旗を翻した際には一時、メディチ家の宮殿を占拠した暴徒によって人質に取られた。フィレンツェ攻囲の間、近郊の修道院で立派な教育を受けたカトリーヌは、叔父の教皇クレメンス七世（ジュリオ・デ・メディチ）が反乱を鎮圧したおかげでようやく解放され、ローマに連れて行かれた。教皇はその後、フランス王フランソワ一世と交渉し、一四歳のカトリーヌと王の次男であるオルレアン公アンリの結婚話をまとめた。

カトリーヌは背が低く不器量だったので、フランス宮廷に好印象を与えるにはどうすればいいかと、フィレンツェのある職人に相談した。この職人が彼女のために作った世界初のハイヒールは、カトリーヌがフランスに到着するとセンセーションを巻き起こした。フランス人はたちまち彼女を嫌ったが、それでもフランソワ一世の長男が死に、夫のオルレアン公アンリがアンリ二世として即位すると、カトリーヌはフランス女王となった。アンリは二〇歳年上の美しい愛妾ディアーヌ・ド・ポワティエに夢中だったが、それでもカトリーヌは彼の子を一〇人も生んだ。三人は生まれてすぐ死んだが、三人はフランス王となる運命だった。後のフランソワ三世、シャルル九世、アンリ三世である。

アンリ二世はフランスの新教徒《プロテスタント》ユグノーを嫌悪し、暴力で押さえつけたため、ついに全面的な内戦が勃発した。彼が一五五九年に槍試合中の不幸な事故で死ぬと、カトリーヌ・ド・メディシスが三人の息子の摂政として権力をふるう長い時代が始まった。長男のフランソワ二世は一年後の一五六〇年に、次男のシャルル九世は一五七四年に死亡した。最後のアンリ三世は一五八九年八月に死んだが、カトリーヌが死んだのはそのわずか数カ月前の一月のことだった。

カトリーヌは当初、ユグノーとカトリック教徒の間を取り持ってフランスに平和をもたらそうと、娘のマルグリットを新教徒に嫁がせることさえした。相手は新教徒のブルボン家の貴公子アンリ・ド・ナヴァール、後のフランス王アンリ四世だ。スペイン北部のナヴァール王国を支配するブルボン家はフランス王家の血筋だが、カトリック同盟と激しく対立していた。アンリの母のナヴァール女王ジャンヌ・ダルブレは熱心なプロテスタントで、息子もそのように育てた。アンリはナヴァールのプロテスタントの名将ガスパール・ド・コリニから軍事を学び、戦略の才に恵まれていたほか白兵戦にも強く、初陣となったアルニ・ル・デュックの戦いでは一六歳の若さでユグノー軍の騎兵隊の先頭に立ってカトリック軍を攻撃した。一五七〇年、フランス女王カトリーヌ・ド・メディシスとナヴァール女王ジャンヌ・ダルブレの間で一応の平和条約が調印され、カトリーヌの娘マルグリットとジャンヌの英雄的な息子アンリ・ド・ナヴァールの結婚が提案された。敵対する二人の女王の間で長い交渉が行われた末、一五七二年に合意が成立し、パリで結婚式が行われることになった。ところが六月にパリに到着したナヴァール女王は肺の感染症で急死。息子のアンリが新たなナヴァール王となる。彼とマルグリットは、一五七二年八月一八日に結婚したが、アンリは式後、フランス王家と一緒にカトリックのミサに出席することを拒否した。それから何日もたたないうちに、史上最悪の虐殺事件の一つが起こり、新教徒のユグノーとカトリック教徒の和解の望みは完全に断たれることになる。

聖バルテルミーの虐殺

アンリ・ド・ナヴァールとマルグリットのロイヤル・ウエディングの期間、アンリの有名な従兄弟コンデ公をはじめ、何千人ものユグノー教徒が祝賀のためパリにやって来た。ところがユグノー教徒がカトリーヌ・ド・メディシスに対する陰謀を企んでいるとの噂が広まり、カトリーヌは気の弱い息子シャルル九世に、迅速かつ断固とした態度で対処するよう命じた。続いてコンデ公暗殺未遂事件が起こり、それをきっかけに、カトリーヌに対する大規模な暴動が勃発した。これを受けて近衛兵に、何の備えもないユグノーを攻撃せよとの命令が下った。これで大虐殺が保証された。パリの街は膝まで血に浸かったと後に言われた陰惨な大量殺人は、聖バルテルミー（バルトロメオ）の祝日である八月二四日に起こったため、「聖バルテルミーの虐殺」として歴史に刻まれた。

この緊迫した状況を背景に、アンリ・ド・ナヴァールは実質的に、きわめてカトリック色の強いフランス王家の虜囚となってしまう。己の命とプロテスタントの大義を守るため、彼はプロテスタントの信仰を捨てるふりをした。カトリックへの改宗が心からのものだと老練なカトリーヌ・ド・メディシスを納得させると、アンリは三年後、ようやくナヴァール王国に逃げ帰り、反カトリック軍を組織した。

そうこうするうちにシャルル九世が亡くなり、カトリーヌのお気に入りの末息子アンリ三世が王位に就いた。彼は冷淡な性格で、ミニョン（フランスの古語で同性愛者を指す）と呼ばれる若い男を好み、女装をしたり、カグール（顔まで覆ってしまう頭巾）にマントという僧侶の恰好で、不気味な行列に混じってパリの街を練り歩いたり、怪しげな遊びに精を出した。聖母マリアやマグダラのマリアの扮装をしたカプチン会士の集団に加わって、自らイエスを演じたこともあったらしい（1）。また、「聖霊騎士団」と「不死鳥の騎士団」という二つの宗教騎士団の後援者を務めていたが、この二つが奇妙な儀式を執り行い、王もそれに参加していたという話もある（2）。

独身で世継ぎをもうける気配もないアンリ三世は、強大なオルレアン／メディチ王朝の最後の王になりそうだった。注目は、彼の義兄で今やフランス王位継承権の一位となった背教者アンリ・ド・ナヴァールに集まった。多くの人々が彼の中に、プロテスタントとカトリックの宥和を実現するために神が遣わした王を見はじめた。

パリとミサを引き換えに

一五八六年、アンリ・ド・ナヴァールはラ・ロシェルに本陣を張った。伝統的にプロテスタントの抵抗運動の象徴となっていた堅固な要塞都市だ。対するカトリック同盟はスペイン、フランス、教皇庁、そして伝統的に神聖ローマ帝国の中枢であるドイツのハプスブルク家からなる、神聖とはほど遠い強大な連合だった。一五八七年秋、アンリ・ド・ナヴァールはボルドー近郊のクートラで、フランス王アンリ三世のカトリック軍と対決した。アンリ三世の軍を率いるのは王の寵臣《ミニヨン》ジョワユーズ公だったが、アンリ・ド・ナヴァールの敵ではなかった。カトリック軍は大敗を喫し、ジョワユーズ公は戦死した。

当然ながら、アンリ・ド・ナヴァールは直ちに教皇から異端と非難され、フランス王位を継ぐ資格はないと宣言された。カトリック同盟の黒幕だったスペインのフェリペ二世は、娘のイサベルをフランス王妃とすることを提案した。そんなとき、アンリ三世は強大な権力を持つ敬虔なカトリック教徒のギーズ伯にいびられて逃げ出し、パリはカトリック同盟の手に落ちた。

アンリ三世はアンリ・ド・ナヴァールと密約を結び、次の王位を約束する代わりにパリ奪還への協力を取り付けた。一五八八年一二月二三日、アンリ三世の寵臣《ミニヨン》の一人がギーズ伯を暗殺。王とアンリ・ド・ナヴァールは一五八九年初頭にパリを包囲した。ところが、この緊迫した状況の中で、アンリ三世が狂信的なイエズス会士ジャック・クレモンに刺される事件が起きた。死の床で肺の傷から血を吐きながら、王は残る力を振り絞り、アンリ・ド・ナヴァールを正当な後継者と宣言した。

カトリック同盟はアンリ・ド・ナヴァールのパリ入城を拒否し、カトリックのミサに出席しない限りフランス王とは認めないと主張した。彼が「ミサでパリが手に入るなら安いものだ」という名セリフを吐いて、またもや便宜的にプロテスタントの信仰を放棄したのはこのときだ。こうして一五九四年、アンリ・ド・ナヴァールはシャルトル大聖堂で戴冠してフランス王アンリ四世となり、春分の日の三月二二日にかの有名な白馬にまたがり、喝采と歓喜の声に迎えられてパリに入った。

ジョルダーノ・ブルーノのヘルメス主義的使命

以上の簡単な説明からわかるとおり、一六世紀のカトリック教会を最も悩ませた宗教対立はプロテスタントとの戦いだった。カタリ派との戦争は過去のものとなり、二元論の異端は完全に消滅した。プロテスタントも「異端」には違いないが、四〇〇年前のカタリ派とは比べ物にならない。一世紀から三世紀のアレクサンドリアで形成されたキリスト教グノーシス派の伝統に属するカタリ派は、プロテスタントとも全く異質の宗教で、両者の共通点は反物質主義ぐらいのものだった。

同じアレクサンドリアという文化のるつぼから同時期に、やはり魂を解放する神聖なグノーシスを伝えると主張する、もう一つの伝統が現れた。こちらは、ヘルメス・トリスメギストスにちなんでヘルメス思想と呼ばれ、教会からはキリスト教の異端ではなく「異教」と見なされた。これまで、グノーシス主義はほぼ途切れない異端の鎖として、キリスト教初期からカタリ派の滅亡まで続いたと私たちは示唆してきた。だが、それに比べるとヘルメス思想が五世紀から一五世紀まで継続されていたと証明するのは難しい(3)。この古来の伝統が生き返ったのは、少なくとも西洋においては、一次資料であるヘルメス文書が一四六〇年代に再発見され、メディチ・アカデミーで翻訳され、それに触発されて国際的な「運動」が起こったためだった。だが、復活したヘルメス思想が大成功を収めた陰には、目立たない別の理由があったのかもしれない。ヘルメス思想はきわめて急速に広がり、ヴァティカンの心臓部にまで入り込んだが、このことは説明が難しい。まるでヘルメス文書が再登場した時点で既に、この文書の潜在能力をフルに活用して主流教会を弱体化させようという意志と能力を備えた何らかの体制あるいは「組織」が存在していたかのようだ。

もしそうなら、一六世紀の最も偉大なヘルメス主義の魔術師ジョルダーノ・ブルーノは、その陰謀の一部だった可能性が高い（ただし彼は非常に頑固で我が道を行く性格だったから、陰謀向きではなかった）。ブルーノは一五四八年にナポリ近郊のノーラという小さな町で生まれ、一六〇〇年に異端審問による火刑でゆっくりと苦しみながら死んだ。二一年間にわたってカトリックのキリスト教の転覆を図ったという罪状だった。

教皇庁異端審問官の大半がドミニコ会士だったことを、読者は覚えておられるだろう。皮肉なことに、ブルーノも若いころナポリのドミニコ会修道院に属しており、そこで早くも、その後のブルーノの人生を予見させるような出来事が起こる。当時禁書になっていたエラスムスの著書や、マルシリオ・フィチーノやピコ・デラ・ミランドラによるヘルメス思想の本を読んでいるところを仲間の修道士に見つかり、異端として告発されたのだ。

ブルーノの強情で束縛を嫌う性格は、修道院の管理された生活には向かなかった。一五七六年、二八歳のブルーノはついに、感情もあらわに公然と僧衣を脱ぎ捨て、この厳格な修道会と決別する。異端審問所が彼を起訴する準備を進めている（なんと一三〇件もの異端の容疑で！）と知って、賢明にも逃げ出したのだ（4）。

衝動的で才気に富んだ論客、つまりは天才だったブルーノは、根っからのヘルメス思想家で、ヘルメス・トリスメギストスの「エジプトの」宗教を完全復活させるという大望を抱いていた。だが、カバラを通じてヘルメス思想とキリスト教を融合させるという、ピコ・デラ・ミランドラの比較的おとなしいアプローチ（第七章参照）に比べると、ブルーノの計画ははるかに過激だった。キリスト教の代わりに、エジプトのヘルメス思想の魔術的宗教を据えようとしたのだ。

ブルーノの遍歴

一五七六年に異端審問から逃げ出したブルーノは、ジェノヴァ、トリノ、サヴォナ、ノーリに次々と姿を現した。一五七七年にはヴェネツィアに数週間滞在し、『時代の兆候について』という題で最初の著書を出版したが、これは残念ながら現存していない。その後、パドヴァを経てミラノを訪れ、そこで初めて英国貴族フィリップ・シドニーの存在を知った。彼は後にブルーノの人生において重要な役を演じることになる（5）。

一五七八年、ブルーノはヴィコ侯爵の庇護を求めてジュネーブを訪れた。彼は金持ちの有力なプロテスタントで、故郷のイタリアを追われてジュネーブに住んでいた。ブルーノは、プロテスタントに改宗するつもりはない、落ち着いて仕事のできる暮らしをしたいだけだと明言したが、当局がそれを許さなかった。地元の高名な大学教授と口論になって逮捕され、謝罪を強いられたのだ。気分を害したブルーノは、まもなくジュネーブを後にした（6）。

一五七九年から一五八一年まではトゥールーズに住んだ。かつてカタリ派の勢力圏オクシタニアの首都だったトゥールーズは、この頃には完全にフランスの一部となっていた。ブルーノはトゥールーズ大学で神学の博士号を取り、その後、同大で哲学を教えることになったが、またも生来の協調性のなさと、歯に衣を着せぬ発言が災いし、同僚や学生と何度も衝突した（7）。

一五八一年、ブルーノはパリに逃れ、そこで三〇回の講演を行って、広く好評を博したという。彼が「非常な博識と並外れた記憶力と雄弁」で名声を得るのに時間はかからなかった（8）。

フランス宮廷のブルーノ

一五八二年、ブルーノは少々ねじの緩んだアンリ三世の命令で、フランス宮廷に顔を出した。王として不遇な運命をたどったアンリ三世だが、当時は絶頂期にあった。ブルーノは当初、王に厚遇を受け、コレージュ・ド・フランス（パリにある高等教育機関）で記憶術を教える職を与えられた（9）。ブルーノ本人の言葉によれば……。

私の名声が高まったため、ある日、国王アンリ三世に呼び出され、そなたが備え、教えている記憶力は生まれつきか、それとも魔術によって得たものかと尋ねられた。私は、魔術ではなく科学の力で得たものですと証明してみせた。その後、私は『イデアの影』と題する記憶についての本を刊行した

が、これを陛下に献じたところ、熱心な読者になって下さった。(10)

記憶術と魔術が無関係だというのは厳密に言えば事実ではないし、ブルーノもそれを知っていた(11)。もっとも、これは一六〇〇年の異端審問中の発言なので、教えの中で異教の魔術を使ったと認めたくなかったのだろう。とはいえ強力な記憶力、より具体的には、ブルーノが記憶術を通じてマスターした超人的な記憶力を養うことは、古代エジプトで実践されていた魔術体系の一部であり、ヘルメス文書でも明らかにされている。フランセス・イエイツは言う。

ブルーノとアンリ三世の関係については、ブルーノが異端審問で語った記録しかない……アンリが『イデアの影』[ブルーノがアンリ三世に献じた本]を見たとすれば、きっとその魔術的な図像に気づいたはずだ。なぜなら……王はかつて、魔術に関する本を求めてスペインに使いを出したことがあり……その一冊は『ピカトリクス』だった。アンリの母が魔術師や占星術師に入れ込んでいたことを思えば(カトリーヌ・ド・メディシスは何と言ってもフィレンツェの名門メディチ家の出身だ)、アンリが魔術に詳しくなかったとは信じがたい。アンリはブルーノにまつわる魔術の噂に興味を引かれて彼を呼んだというのは、ありそうな話だ。(12)

図像、特に星や太陽、黄道十二宮など天体を描いた絵や像、つまりヘルメス文書の『アスクレピオス』や『ピカトリクス』に出てくる星魔術のシンボルを、ブルーノは強力な記憶装置として使った。より専門的な言い方をすれば、彼はこうしたシンボルをタリズマンとして使い、それを介して記憶を恒久的に頭に刻みつけた(13)。ブルーノの魔術的な記憶術には、発表されたばかりで論議の的だった偉大な天文学者ニコラウス・コペルニクスの地動説も組み込まれていた。太陽中心の地動説は当時、カトリック教会の猛反発を食らった。ブルーノはコペルニクスを師と仰いでいたが、そこは彼らしく、内気なポーランド人よりさらに踏み込んで、大胆にもこう主張した……宇宙には果てがなく、無数の太陽つまり恒星からできている。その一つ一つが惑星系を持ち、そこには地球と同じように生き物が住んでいる、と。つまりブルーノは驚くべき洞察力で、現代のわれわれが持つ宇宙観を四世紀近く先取りしていたことになる(14)。

コペルニクスの地動説は、地球でなく太陽を惑星系の中心に置いた。ブルーノはこれを、神聖な調和と宇宙の統一性の証拠と理解し、全惑星は中心の権威に支配されていると考えた。複雑で象徴的傾向のあるブルーノの思考を通して見ると、太陽を中心としたシステムを星魔術の力で地上に持ってくれば、理想的社会のモデルとなる。この理想社会は、もちろん偉大な「太陽王」が、哲学者でもある神官の助言を受けながら支配する。この王の治世によって、魔法のヘルメス主義宗教を中心に、世界の国々が一つにまとまる。ブルーノの理屈では、こうした善良でカリスマ的な王が出現しそうな国はフランスだが、イングランドの名君エリザベス一世がその人である可能性もある。

というわけで、フランス宮廷に一年間滞在した後の一五八三年三月、ブルーノはイングランドに渡った。目的は、当時のパリ駐在イングランド大使ヘンリー・コバムによれば、「私にはお薦めできない宗教」の宣伝だ（15）。あるいはフランセス・イエイツの言葉を借りれば、「最も極端なタイプのヘルメス主義的魔術師であったジョルダーノ・ブルーノは、新たな哲学を説くために、イングランドへ渡ろうとしていた」（16）。

ロンドンとオックスフォードのブルーノ

ブルーノはイングランドできわめて活動的な二年間を過ごし、この間に生活を「放浪の魔術師から、非常に奇妙な種類の伝道師へ」と変えた（17）。住まいは、以前フランス王アンリ三世から紹介されたフランスの駐ロンドン大使ミシェル・ド・カステルノー・ド・モヴィシエール邸に定めた。

ブルーノは新居に落ち着くが早いか、本格的に著作を始めた。最初に上梓したのは記憶術に関する本で、家主であるフランス大使に宛てた献辞が添えられた。ブルーノの希望は、フランスと同じように、この「魔法の技術」に関する特別な知識によって学者の関心を引き、できることなら宮廷の厚遇やオックスフォードの教職を得ることだった。

だが彼の思惑はすぐに裏切られた。渡英から何カ月も経たない一五八三年六月、ポーランドの王子アルバート・アラスキをもてなすための夜会で、ブルーノはオックスフォードの学者グループと論争を始めた。彼が講演で「魂の不滅」やコペルニクスの説に対する私見について話したところ、野次を浴びせられ、一人の年配のオックスフォード紳士に話を中断させせられた。「聞いてくれ、あの豚がどれほど粗野で無礼な振る舞いをしたか」と、ブルーノは後に述べている。

そして、どれほどの忍耐と人間愛をもって、このノーラ人［ブルーノ］が応答し、穏やかな空の下で生まれ育ったナポリ人の気質を示したか。彼ら［オックスフォードの教師たち］のおかげで、魂の不滅と五重の球についての講演を途中でやめざるを得なかった。(18)

ブルーノ（故郷の地名にちなんで「ノーラ人」と名乗るのを好んだ）はオックスフォードで遭遇したような偏狭な学者が大嫌いで、「文法学者」「アリストテレス派」（アリストテレスは師のプラトンと違って、昔からカトリック教会の受けが良かった）「衒学者」などと呼び、神聖な真実を追究する代わりに屁理屈をこねて、些細なことをいつまでも議論していると批判した。さらに悪いことに、このタイプの学者の多くは「理解はするが、理解したことを口にする勇気がない……目は見えるのに自分の目を信じない」(19)。ブルーノの見るところ、彼らは皆、洞察力を深めることも、古代の人々が「深淵な魔術」によって思うままに操った直感的技能の重要性も理解できない、哀れむべき者たちだった。

ブルーノが他の学者を攻撃した一番の理由は、彼らの肩書や地位が、中身が空っぽなことを隠す役にしか立っていないと、考えたことだった。これと対照的に、古代のグノーシス派やヘルメス主義の賢人は、知識と真実を探求する際に、自然の観察と分析だけに頼ろうとはしなかった。彼らは深い洞察力にも頼った。その洞察力を得る方法は、自然魔術を通じて直感を働かせることしかなかった。そう、古代エジプトの高位の奥義者が実践したやり方だ。

これは、分析や数学がいけないという意味ではない。ブルーノがコペルニクスを支持したことでもわかるとおり、事実は全く逆だ。実際、彼はオックスフォードで最初にコペルニクスの地動説について公然と話をした一人だった。ただし、他の学者と違い、このノーラ人は地動説を、ヘルメス文書にはっきりと見られる「星魔術と太陽崇拝という文脈」の中に置くべきだと主張した。また、天動説を拡大し、宇宙は無限で生き物の住む星が無数にあるという、彼の宇宙観の裏付けとした(20)。だが一六世紀のオックスフォードの学者の固い頭では、この革新的な思想は理解できなかった。彼らがブルーノに無礼な態度を取り、魂の不滅についての講演を中断させたのはそのためだった。

シドニーとディー

この日の参加者の中に、イングランドの若い有力な政治家フィリップ・シドニーがいた。彼を高く買っていたエリザベス女王が、ポーランド王子アルバート・アラスキの付き添いを命じたのだ。シドニーのおじのレスター伯ロバート・ダドリーがかつて女王のお気に入りだったことはよく知られており、秘密の愛人だったという噂もあった。

ヘルメス文書はこの一世紀以上前からヨーロッパに流布していたから、優れた学者で詩人でもあったフィリップ・シドニーは、まず間違いなく読んでいたはずだ。彼は学者や芸術家の後援に熱心で、自らも有名なソネット集『アストロフェルとステラ』を著している。リッチ卿の若く美しい妻ペネロピー・デヴローへの熱愛から生まれたこの本は、エリザベス朝の詩の時代を開いた記念すべき作品とされる。シドニーはまた、宮廷占星術師として名高い「魔術師」ジョン・ディー博士をよく知っていたが、どの程度の付き合いがあったのかはわかっていない。

ディーはれっきとした数学者だが、占星術師としてメアリ・チューダー（メアリ一世）に仕えた。ところが彼女に邪悪な魔法をかけたと非難され、ハンプトン宮殿《コート》に投獄された。一五五五年に釈放され、その後、幸運にもエリザベス一世の厚意と庇護に恵まれて、再び宮廷付きの占星術師・魔術師となり、エリザベスの戴冠式に最適な日取りを占星術で助言している。

ディーは一人で錬金術師、カバラ学者、天文学者、占星術師、数学者を兼ねていたが、今では「まじない師」「魔術師」として最もよく記憶されている。彼は水晶を通じて霊的世界や「天使」と交信できると信じて疑わず、この分野の仕事を進めるため、エドワード・ケリーという怪しげな過去を持つ透視能力者を助手に雇った。

ブルーノが渡英したころ、ディーはポーランドとボヘミアへの旅の準備中だった。各地の貴族の屋敷で交霊会を行い、魔法を実演するための旅行だ。詳しくは後の章で述べるが、ディーのこのマジカル・ミステリー・ツアーが触媒の一つとして働いた結果、薔薇十字団として知られる秘密結社が誕生することになる。薔薇十字団もブルーノと同じように、ヘルメス的魔術やカバラを利用して、宗教改革をもくろんだ。

勝ち誇る獣の追放

ブルーノがディーと知り合う機会はなかったが、ブルーノとフィリップ・シドニーは親交があった。これは、ブルーノが代表作『勝ち誇る獣の追放』（一五八四年）をシドニーに捧げていることからわかる。

この奇妙で印象的な題名は、少なくとも二つのレベルで意味を理解しなくてはならない。第一のレベルでは、フィリップ・シドニーへの献辞にも書かれているとおり、「魂を支配し、魂の神聖な部分と対立している悪徳」を排除することの比喩だ(21)。これはグノーシス主義・カタリ派・マニ教の、魂は物質世界に閉じ込められており、肉体の悪徳に屈することでますます深みにはまっていく、という思想を思い出させる。だが第二のレベルでは、「勝ち誇る獣」とは間違いなく教皇と、カトリック教会という組織全体を意味している。このレベルでブルーノが思い描いている「追放」とは、ヘルメス・トリスメギストスの教えに基づく「宗教としてのエジプト思想」を栄えさせることだ(22)。「この善き宗教は、キリスト教によって破壊され、法律で禁じられ、死人の崇拝やばかげた儀式、倫理に反する行動、絶え間ない戦争に置き換えられた際に、闇に埋もれた」(23)。

『追放』が提案する宗教革命の一風変わった一面は、明らかに、ブルーノがヘルメス文書から受けた影響に由来している、と、フランセス・イエイツは指摘する。その一面とは「それは天界で始まる。それは、黄道十二宮の星座や南北の星座のイメージであり、惑星の神々の会議を通じて改められ、あるいは浄められる……」(24)。一言でいえば『勝ち誇る獣の追放』は、ヘルメス思想の星魔術に関する論文なのだ。星や黄道や星座の話が山ほど出てくるし、「エジプト人の魔術と神聖な信仰を通じて」天体のパワーを地上に引き下ろし、地上の物に込める方法を詳しく解説している(25)。ブルーノの意図は明らかだ。エジプトの叡知はギリシャより古く、キリスト教よりはるかに昔から存在したのだから、「それらの中で最良の宗教、最良の魔術、最良の法である」と見なすべきだ、と言いたかったのだ(26)。

ブルーノは『追放』で、有名な「ヘルメスの嘆き」を引用している。このテキストではヘルメス・トリスメギストスが弟子のアスクレピオスにこう語る……エジプトの宗教は将来、野蛮人の侵略で失われて世界から姿を消すが、やがてそれが復活し、再び栄誉ある地位を与えられる時が来る。ブルーノも同じことを言っている。「エジプト人の驚くべき魔術的宗教が戻ってきて、彼らの道徳律が現代の混沌に取って代わり、『嘆き』の予言が成就するだろう……」(27)。

ブルーノの考えでは、「エジプトの光が戻ってきて現在の闇を払い除けるしるしが天にある。それは……コペルニクスの太陽だ」(28)。というわけで彼は、太陽を回る惑星の軌道を同心円状に描いたコペルニクスの天体図を、一種の神聖絵文字《ヒエログリフ》あるいはタリズマンと見た。それはヘルメス的魔術の紋章として機能し、ブルーノはそれを最も深いレベルで理解していると自負していた。その結果、それが起すはずの巨大な「転回《レヴォルーション》」と、教会の教義を根底から覆す可能性を、強く意識するようになった。ブルーノの作戦は単純だ。まもなく科学や宗教に革命をもたらすコペルニクスの地動説を、彼の考えているヘルメス思想革命と融合させればいい。コペルニクスが古代エジプトの太陽中心の宇宙観の正しさを証明したのだから、今度は自分がヘルメス思想という失われた宗教を復活させて世界を改革する番だ、と、信じたのだ。

天のように地にも

ブルーノが『勝ち誇る獣の追放』に詳しく書いた大規模な宗教改革は、まず天界の星の間で始まるという。エジプトの女神イシスを含む「魔術師」たちがユピテル（ゼウス＝アムン）に招集されて大会議を開き、星座のイメージを変革すると決める。すると、星魔術を通じて、下界も変革されることになる。こうした思想は、フランセス・イエイツによると、明らかにヘルメス文書のよく知られた一篇『コレ・コスモ（世界の処女）』から来ているという。『コレ・コスモ』ではイシスが、息子ホルスとモムスと呼ばれる弟子に、「地上にあるものは天にあるものと感応させなければならない、でないと混乱と破壊を招く」と説明する(29)。この中には奇妙で意味深な一節もある。ヘルメスがモムスに向かって、ヘルメスが「秘密の発動機」を発明するつもりだと明かすのだ。これは宇宙時計のような宇宙機構で、惑星の軌道や星座、黄道十二宮や月、太陽を歯車として、地上の出来事や人々の人生を支配する。

「モムスよ」と彼［ヘルメス］は言った。「私は、決して誤らない不可避の運命に結びついた、秘密の発動機を発明するつもりだ。これは、人の一生に起こることをすべて、誕生から最後の死まで支配する。地上のものごともすべて、この発動機の働きで制御されることになる……」。(30)

ブルーノは明らかに、多くの人が夢見ている大規模な宗教的改革は『コレ・コスモ』にあるように、エジプトの星魔術で実現できると信じていたらしい。イエイツの言葉を借りれば……。

改革を実現するには、地上のすべてが依存する天界のイメージを操作する他ない。『追放』の中で、ブルーノはユピテルに次のように言わせている。「もし天界を新しくするなら、星座の影響力も新たになる。その効果も運命も新しくなる。なぜならすべては天の世界に依存しているからだ」。(31)

イエイツは、問い掛ける。「これを読んで思い浮かぶのは何か?」。

もちろん『ピカトリクス』に登場する、ヘルメス・トリスメギストスが建設した都市アドセンティンだ。彼はこの都市の外周に「彫刻した絵をいくつも置いた。この置き方のおかげで、市民は絵の効力によって有徳になり、あらゆる邪悪や危害から遠ざけられていた」。これは……魔術師としてのヘルメス・トリスメギストスと、エジプト人に善い道徳律を与えて守らせた、立法者としてのヘルメス・トリスメギストスのつながりを示している。これはまた、『追放』の言う、天界のイメージの操作、つまり変革と、普遍的な宗教的道徳的改革とのつながりでもあると、私は思う。(32)『ピカトリクス』の中で、ヘルメスは太陽を祀る神殿、言うなればヘルメス思想の太陽神殿を建設すると書かれている。この太陽神殿やアドセンティンという魔法の都市は、先に取り上げた『アスクレピオス』に登場する別のヘルメス的都市を連想させる。『アスクレピオス』によれば……。

地上を支配した神々はいつの日か、エジプトの一番端にある都市に復活する。夕陽に向かって築かれるその都市に、限りある命の人間はみな陸路海路で急ぐだろう……。(33)

古代エジプトの端には太陽神殿のある大都市が実在したことを、指摘しておこう。一つは北端の、太陽の都市ヘリオポリス。もう一つは南端のテーベの太陽都市カルナック/ルクソールで、こちらは確かに夕陽に向かっている。すると、『ピカトリクス』のヘルメス的都市は、古代テーベがモデルなのだろうか? さらに、こちらのほうがより重要だが、『ピカトリクス』や『アスクレピオス』のこうした記述は、ブルーノをはじめとするルネサンス期の改革論者の精神にどんな影響を及ぼしたのだろうか? 彼らはこれに触発されて、魔法の太陽都市を西ヨーロッパのどこかに建設することで、目指す大規模な宗教改革を加速させようと思わなかっただろうか?

ブルーノがヘルメス思想によるヨーロッパの改革と、魔法の「太陽」都市とを結びつけていた可能性が高いことを、ギヨーム・コタンという人物が裏付けている。コタンはパリの聖ヴィクトール修道院の司書で、ブルーノは一五八五年にイングランドからフランスに戻った後、彼と多少の時間を過ごした。コタンによれば、ブルーノは「[メディチ家の]フィレンツェ公が、一年を通じて毎日太陽が輝くCivitas Solis［太陽の都の意］の建設を望んでいるという話を耳にした……」(34)。ルネサンスの魔術やヘルメス的伝統に詳しい人なら、太陽の都と聞いただけですぐ、やはり不思議な使命でパリを訪れた別のヘルメス思想家が頭に浮かぶはずだ。その人物はブルーノの同時代人で、ブルーノと同じく異端審問に追われてイタリアから逃げ出した元ドミニコ会士だ。そして、やはりブルーノと同じく、ヘルメス文書に出てくる宗教的革命を目指した。このブルーノのそっくりさんは『太陽の都』という本を書き、そうしたユートピア都市をヨーロッパの中心に建設するため、「太陽」の血統につらなる英明な太陽王を探したことで有名だ。

ブルーノの致命的な決断

ブルーノは一五八五年にイングランドからフランスに戻ったが、パリは政情不安で、居心地の良い場所ではなくなっていた。宗教をめぐる内戦が最高潮に達し、かつてブルーノを厚遇してくれた国王アンリ三世の頭はそのことで一杯だった。

先に述べたとおり、状況は一触即発だった。パリの外にはスペインの援助を受け、ギーズ伯に率いられたカトリック軍が集結していた。教皇シクストゥス五世は、プロテスタント側の指導者アンリ・

ド・ナヴァールとコンデ公を異端と宣言した。これはアンリのフランス王位継承権を否定するということで、その挑発的な意味合いから、ナヴァール王国とユグノー教徒に対する宣戦布告に等しかった。パリのカトリック聖職者、特にイエズス会士は、扇動的な説教で「異端」やユグノーに対する民衆の反感をあおった。気弱なアンリ三世は、たまに例の変わった気味悪い宗教行列に参加して「罪の償い」の苦行を行い、あとはめったに人前に姿を見せないという持って回ったやり方で、信仰心の篤さを表現した。ブルーノは、もう王の援助を当てにできないことを痛感した。

一五八六年九月、アリストテレスを公然と批判したことに腹を立てたカンブレのカレッジの学者たちとのいざこざをきっかけに、ブルーノはフランスを出てドイツへ行った。その後一旦ポーランドを訪れたが再びドイツに戻り、一九五一年夏まで滞在した。この頃、彼は強い、そして命取りとなる郷愁に捕われ、新教皇クレメンス八世を説得してヘルメス的改革の計画を採用してもらえるのではないかという、非現実的な希望を抱くようになる。

フランスの情勢に勇気づけられたのかもしれない。筋金入りのプロテスタントであるアンリ・ド・ナヴァールがアンリ四世として即位し、遠からずカトリックに改宗するだろうという希望的観測が広がっていた。ブルーノはおそらくこのことを、この場合はカトリックの枠組みの中でだが、大規模な改革が近い証拠と見たのだろう。そして彼にとって大改革の実現は、神から与えられた使命だった。

己の使命についての思い込みに高揚して、ブルーノが常になく影響されやすい精神状態になっていたところに、彼を家庭教師として招きたいというヴェネツィア貴族の依頼が届いた。彼の作品に敬服したというズアーネ・モチェニゴという人物が、ドイツでの連絡先を知っていたヴェネツィアの本屋ジョヴァンニ・バティスタ・チョットを通じて連絡してきたのだ。イタリア帰国が意味する重大な危険も考えず、ブルーノは衝動的にこの依頼を引き受け、一五九一年末にヴェネツィアに向かった。

当初はモチェニゴ宅に住むのではなく、町中に居を構えた。一五九二年にはパドヴァに旅行し、一月から三月まで滞在している。皮肉なことに、もう少し滞在を延ばしていれば多分、同年八月にパドヴァにやって来た『太陽の都』の作者と会っていただろう。そして、二人が出会っていれば、『太陽の都』の作者は間違いなく、イタリアにいるのは危険すぎるとブルーノに忠告したはずだ。彼を説得して、比較的安全なドイツに戻る気にさせたかもしれない。

だが歴史の現実は、ブルーノのために、ローマでの過酷な運命を用意していた……。

花咲く野原

ブルーノは一五九二年三月からモチェニゴ宅に住み込んだ。すると彼は、ブルーノが思っていたような紳士的な生徒でなく、きわめて独占欲が強く底意地の悪い男であることが、だんだんと明らかになった。モチェニゴはブルーノと同じ能力を身に付けるため、彼の「記憶と発明の術」を教えて欲しかったらしい。だがブルーノの関心はそれよりも、書き終えたばかりの本を捧げることで教皇クレメンス八世の興味を引き、できれば支持と後援を取り付けることにあった。ブルーノがこの計画をモチェニゴに話し、出版のためフランクフルトに行くと告げると、モチェニゴは激高し、彼を部屋に閉じ込め、ヴェネツィアの異端審問所に通報した。
ブルーノは逮捕され、七件の異端の罪で告発されて、考えを改めるか裁判を受けるかと迫られた。ブルーノは悔い改めたらしいが、ヴェネツィアの異端審問官は、本気だと信じず、さらなる尋問のためローマに送った。

これがローマの異端審問所での苦難の八年間の始まりだった。ブルーノは数件の異端で告発され、ヴァティカンの地下牢で拷問を受けた。異端とされた主張には、宇宙は無限で他の星にも生き物が住んでいる（二一世紀の科学と同じ）、地球も惑星の一つである（正しい）、十字のシンボルは古代エジプトでも知られていた（これも正しい。エジプトのアンクまたはアンサタ十字は、生命力の象徴だった）なども含まれていた。

こうした主張や他の「異端の説」を撤回せよ、さもなければ火刑だと脅されたが、ブルーノは勇敢にも譲らず、自説の撤回を拒んだばかりか、ヴェネツィアでの撤回も取り消した。彼は信念に力を得て、告発者たちに向かって、異端を口にしたことも書いたこともない、真実を述べただけだと豪語した。判決が下された際、彼は目の前に並んだ枢機卿らをにらみつけ、落ち着いた態度でこう言った。
「私に判決を言い渡すあなたがたのほうが、言い渡される私より怖がっているのではないか」。

一六〇〇年二月一七日朝、白いシャツ姿のブルーノが、ローマのパンテオンにほど近いカンポ・デ・フィオリ、花咲く野原という名の広場に引きだされた。そこでブルーノは木の杭にしっかりとくくりつけられ、まわりには木の板や棒の束が積み上げられた。周囲に火がつけられる中で、彼は「私は殉教者として進んで死んでいく」と言ったとされる。「私の魂は煙とともに天国へ昇るだろう」。最近カトリックに改宗したばかりで教皇の覚えがめでたかったブレスラウ（ヴロツワフ）のガスパール・ショップという若い元プロテスタント教徒は、この火刑を目撃して次のように伝えている。「死の前に救い主の御姿を見せられた彼［ブルーノ］は、怒ったように顔をそむけて拒絶した」(35)。だが実は、一人のドミニコ会士が炎にまかれて苦しむブルーノの顔に十字架を突きつけようとしたというのが真相だ。既に脚が骨まで黒焦げになっていたブルーノは最後の力を振り絞り、嫌そうに顔を背けたという。カタリ派完徳者の勇気と十字架への嫌悪を思い起こさせる行動に出たのだ。

処刑の数日前、ブルーノは墓碑銘を書いた。

私は戦った……大いに……勝利は運命の手中にある。私のものになればよいとは思うが、誰が勝者となろうとも、私が死ぬことを恐れず、意志が誰より固く、臆病な生より勇敢な死を選んだことを、未来が否定することはないだろう。(36)

またも「組織」の仕業？

ジョルダーノ・ブルーノを火刑に処すことで、異端審問所は、彼と似た考えを持つすべての者に向けて、不寛容という明白なメッセージを送った。このような古代の異端はいつ、どこで頭をもたげようと、必ず叩き潰すと宣言したのだ。ヘルメス思想による普遍的で大規模な改革、あるいは復興というブルーノの夢は、キリスト教の枠組みの中であろうと外であろうと、真っ逆さまに降下し、地下に潜った。これで、宗教的変化を考える者はもちろん、キリスト教の教理や教義に反する仮説を提唱する科学者も、個人であれ集団であれ、何が待ち受けているかを思い知らされた。

意外ではないかもしれないが、ブルーノの死後、ヨーロッパでは秘密結社や秘密の友愛会が再び流行した。まるでブルーノの遺灰の中から目には見えない不死鳥が誕生し、ヨーロッパの別の場所で普遍的改革を育てるために飛び立ったかのようだった。フランセス・イエイツの名著『ジョルダーノ・ブルーノとヘルメス的伝統』には、この目に見えない養育と革命の「不死鳥」の正体について、驚くべきヒントが隠されている。

ジョルダーノ・ブルーノの最も重要な側面の一つは、彼が一六世紀末の、恐ろしいほどの宗教的不寛容の時代に登場したことだ。当時の人々は宗教的ヘルメス主義の中に、対立する宗派同士の容認あるいは融合につながる何らかの方法を探した……キリスト教ヘルメス主義にもカトリックやプロテスタントにも、それぞれに多種多様な宗派があったが、そのほとんどは魔術を避けていた。そこへ、きわめて魔術的なヘルメス主義を基礎としたジョルダーノ・ブルーノが登場して、いわばエジプト的な反宗教改革とでもいうべきものを説き、エジプト思想の復活によってすべての宗教問題は解決し、消え去るだろうと予言した。彼はまた、社会への福祉と社会の功利性の倫理を重視する道徳改革も説いた。この元ドミニコ会士が宗教改革後のオックスフォードに立ったとき、彼の背後には中世の残骸が累々と横たわっていた。彼は、こうした先達の功績の破壊や、哲学や博愛行為や魔術に対する軽視を嘆いた。

このような宗教的寛容、中世との感情的な結びつき、他者への奉仕の重視、エジプトの宗教やシンボリズムへの想像力に富んだ傾倒といった性質の組み合わせはどこにあるか？　私が思いつく答えはただ一つ、フリーメイソン団だ。フリーメイソン団は、中世の石工《メィソン》との神話的つながり、寛容、人間愛、そしてエジプト的なシンボリズムを備えている。フリーメイソン団は、それと認識できる団体としては、一七世紀初頭までイングランドに登場しない。だが、何らかのかたちでの祖先や先駆、伝統ならば、見分けが難しいが、ずっと昔までさかのぼることができる。この点で私たちは、奇妙な謎に囲まれて闇の中を手探りで進んでいるようなものだが、それでも、自問しないではいられない。『魔笛』（モーツァルトのフリーメイソン的・エジプト的歌劇にかけて、婉曲にフリーメイソン団を差す言い方）の旋律が最初に空気を振るわせたのは、霊的な不満を抱き、かつ、おそらくブルーノの「エジプト的」メッセージの中に、救済のかすかな兆しを聴き取ったイングランド人の間ではなかったか、と。(37)

一六〇〇年二月のあの悲惨な朝、ヘルメス思想で世界を改革し、ヨーロッパのどこかに「エジプト的」な太陽都市を建設するというブルーノの夢は、彼とともに、カンポ・デ・フィオリで煙と消えたかに思われた。

カンパネッラ登場

ちょうどローマでブルーノの足もとに薪が積み上げられていたころ、彼とよく似た使命感を抱く反抗的な修道士がもう一人、ナポリで異端審問にかけられて地下牢に放り込まれた。彼の名はトマソ・カンパネッラ。未来の『太陽の都』の作者である。

フランセス・イエイツによれば……。

トマソ・カンパネッラはイタリア・ルネサンスの一連の哲学者のうち最後の一人だ。その前のジョルダーノ・ブルーノが最後から二人目ということになる。カンパネッラはブルーノと同じ魔術師兼哲学者で、フィチーノに始まるルネサンスの魔術師の系統に属しており、死ぬまでフィチーノ風の魔術を実践したことが知られている。この巨人は……宇宙と接触があり、普遍的な魔術的宗教改革をリードする運命にあるという、絶大な自信を持っていた。ブルーノと違って火刑に処せられることはなかったが、何度も拷問を受け、一生のうち二七年以上を牢獄で送った。にもかかわらず、これもブルーノと異なる点だが、カンパネッラは、カトリックの枠組みの中で魔術的改革を行う計画の実現に、あと一歩で成功するところだった。少なくとも、多数のカトリックの重要人物に興味を持たせることにはほぼ成功した。(38)

しかしフランセス・イエイツは、肝心の一点で間違っていた可能性がある。トマソ・カンパネッラは魔術的改革の「実現」に「あと一歩で成功するところ」まで行ったどころでは、ないかもしれない。

カンパネッラは、ジョルダーノ・ブルーノが夢にも思わなかったほどの大成功を収めたのではないだろうか……。

第一一章

ヘルメス的都市の構想

カンパネッラは、その後死ぬまで、太陽の都を建設してくれる同時代のローマ帝国にあたる存在を探し続けた……一六三四年、カンパネッラはフランスに赴き、その計画すべてを……フランス王に託した……。

(フランセス・イエイツ、「ブルーノとカンパネッラのフランス王観」、Actes du Congres Leonard da Vinci, Etudes d'Art, 8, 9 et 10; Paris-Alger, 一九五四)

人は二重の世界に住んでいる。心は物理空間の制約を受けず、壁に遮られることもない。天にも地にも、イタリアでもフランスでもアメリカでも、同時に存在できる。心が求め、理解し、学び取ることで、どこへでも入り込むことができ、どこへでも行ける。だが肉体は、必要最小限の空間にしか存在できない。牢獄の中でしっかりと鎖に繋がれ、己の知性と意志が到達するところに居ることも、行くこともできず、肉体という境界を超える空間を占めることもできない。だが心ならば、一〇〇〇の世界を所有できる。

(トマソ・カンパネッラ、『形而上学』)

ジョルダーノ・ブルーノは一五四八年、トマソ・カンパネッラは一五六八年に、どちらも南イタリアで生まれた。どちらも若くしてドミニコ会に入った。どちらも情熱的で、思ったことを口に出す性格だった。どちらもアリストテレスを嫌い、絶えずカトリック教会と問題を起こした。どちらも最終的には自らをヘルメス主義の魔術師と見るようになった。そして、どちらも独自な方法で世界を変えた。

カンパネッラは一五八三年、一五歳でドミニコ会に入ったが、六年後の一五八九年に脱走。ナポリに落ち着き、一五九一年に処女作『感覚哲学』を出版した。その内容は教会を怒らせたが、異端として裁判にかけるほどの根拠はなかった。そこで嫌疑が捏造され、小指の爪の下に使い魔を飼っていたことと、教会の破門の威力に侮蔑的な態度を取ったとして、一五九二年に数カ月間、ナポリのドミニコ会修道院に監禁された（1）。

その年のうちに釈放されると、カンパネッラはパドヴァに向かった。そこで一五九三年にソドミー（異端審問所は評判を落としたい相手に、よくこのぬれぎぬを着せた）で告発された。無罪にはなったが、要注意人物と見られていたのは間違いない。すぐにまた、反キリスト的な詩を書いた、魔術の本を所持している、教会の規則や教義を認めないといった異端行為の嫌疑をかけられた。キリスト教の信仰について、「ユダ化した者」、つまりキリスト教を捨てた者と論議し、その者を異端審問所に告発しなかったという、より深刻な嫌疑もあった（2）。

一五九四年二月、カンパネッラは異端審問で、初めて拷問を受けた。同年六月にはより厳しく拷問され、身柄をローマに移された。一五九四年一〇月一一日にはブルーノと同じ地下牢に放り込まれたが、二人が出会った記録がないところをみると、同じ房ではなかったらしい。七カ月後の一五九五年五月に健康を害していることがわかり一旦は釈放された（3）。ヘルニア、座骨痛、肺結核を患い、体の一部に麻痺もあった。だが、一五九六年一二月に再逮捕され、翌九七年一月に釈放されたものの同年三月にまた逮捕され、一二月まで投獄された。このとき収監されたのは、ローマの異端審問で最悪の牢獄だった。異端的主張を放棄し、全著作の発禁を受け入れ、残りの人生をナポリの南にある故郷カラブリア地方で過ごすことを約束して、カンパネッラはようやく釈放された（4）。

新たな種類の共和国と天界の都市

だが、カラブリアで静かに余生を送るのはカンパネッラの運命ではなかった。一五九八年七月、故郷に着いたカンパネッラは、たちまち地元当局と問題を起した。彼の書くものは政治的色合いを帯びはじめ、予言の力を持つという、ほのめかしが含まれるようになった。予言については、聖パウロが聖書の『コリント人への手紙』一一四節三一章で正当と認めている（「皆が共に学び、皆が共に励まされるように、一人一人が皆、預言できるようにしなさい」）。

もっともカンパネッラの予言の内容は、カラブリアでナポリ王国に対する革命が起きるというようなもので、教会を励ますものではなかった（5）。彼は一五九九年初めに「まもなく革命が起こるだろう」と書いた。「何人かの占星術師」に相談したところ、彼らもこれを裏付け、「政治的革命が間違いなく起こる」と答えた（6）。別のところでは、明らかにカラブリア以外も念頭に置いて予言している。「全般的な変容が迫っているとしたら、きわめて重要な日に起こるはずだ。それは、一六〇〇年からの七年間だ」（7）

一五九九年二月から四月にかけて、カンパネッラの民衆に対する説教は激しさを増し、まもなく「大変動」や黙示録的事件が起こると壇上から予言するようになった（8）。有力貴族を含むカラブリアのあらゆる階級から支持が集まり、あっという間にカンパネッラを中心にして、彼が予言したとおり、革命を目指した陰謀が始まった。カンパネッラと仲間は、オスマン・トルコ艦隊の協力を仰ぐ計画まで立てて、そのための交渉に入った（9）。

だが、この反乱は最初から問題だらけだった。段取りがまずい上に、お題目は立派だが目的が不明確だった。政治的な目的の中には、時代をはるかに先取りした国家の創設も含まれていた。カンパネッラの伝記作者ジョン・ヘッドリーはそれを「新たな種類の共和国」と呼んでいる（10）。この共和国は善良な科学者兼神官によって平等主義の原則のもとに運営されるはずだった（11）。となると、一二世紀末のオクシタニアでカタリ派の完徳者が実現していた社会が思い起こされる（12）。カンパネッラはさらに、この共和国に「太陽の都を建設する」と、ヘルメス思想の宣言《マニフエスト》のようなことまで述べている。

一部の神父の主張では……融和した未来社会は天においてのみ実現するとされるが、直解的な解釈によって、天の都の先駆けとでもいうべきものが、地上で実現されるという者もいる。私もその意見に賛成だ。(13)

神の都、天上の都、太陽の都などと呼び名はさまざまだが、空の上にある都市の不完全な複製あるいは「先駆け」を地上に建設する思想は、古代エジプトの『ピラミッド・テキスト』(紀元前二三〇〇年頃)に既に登場する。また、これがヘルメス文書(紀元前一〇〇年~紀元後三〇〇年頃)の中心的テーマであることも既に述べた。この都市への執着はカンパネッラの人生を左右することになるのだが、彼の人生は幸運と柔軟な性格や頭の回転の早さのおかげで、カラブリアの「革命」が失敗した際も、火あぶりの焰の中で終わることはなかった。

狂った世界で正気なのは狂人だけ

一五九九年八月、二人の離反者の密告で陰謀が明るみに出た。カンパネッラは逃亡したが捕まり、九月一三日にズクイラーチェ城の牢に入れられ、一〇月末、共犯者一五五名とともに四隻のガレー船でナポリへ送られた。ナポリ港に着くと、囚人のうち一六人は縛り首になった。うち四人は、各船の帆桁から吊るされた。二人は埠頭で四つ裂き刑という残酷な方法で殺された(14)。

革命によって新たな共和国を樹立し、天界を写した都市を建設するという計画の頭脳であり、しかも既に何度も異端審問に目をつけられているカンパネッラの身にも危険が迫った。この陰謀に加担した聖職者は数人いたが、彼はその一人として一六〇〇年一月一一日に、教皇クレメンス八世が特別に任命した異端審問官の取り調べを受けた。法廷は直ちに拷問の使用を願い出て許可された。これには一週間単位で地下に隔離しておくことや感覚遮断のほか、ポレドロと呼ばれる、血を流さずに「血管や組織を破壊する」(15) 気分の悪くなるようなテクニックも含まれていた。

数週間後、カンパネッラから、これまでにない種類の共和国を創設したいと思ったという、部分的な自白が引きだされた。だが彼にはわかっていた。最良の弁護は行動に責任が持てない狂人のふりをすることだ。狂気を装うため、一六〇〇年四月二日には、牢獄の備品に火をつけたらしい (16)。

この後、四月一七日、一八日、二〇日と立て続けに取り調べが行われ、そのすべてが拷問を伴った。この間も、その後一二カ月間にわたる拷問の日々も、カンパネッラは完璧に狂気を演じた。一六〇一年五月末、ローマから異端審問所に命令が届いた。カンパネッラが本当に狂人なのか、それとも狂気を装っているだけなのか結論を出せ、その方法として「目覚まし」という恐ろしい拷問を使え、というものだった。「目覚まし」のもたらすひどい苦痛から逃れるには、頭のおかしいふりをしていた、と認めるだけでいい。だがその場合は、異端を悔い改めなかった者として火刑に処せられる。一方、この苦痛に四〇時間耐え抜けば、法的に狂人であると見なされる。そうなれば、この先何が起ころうと、火あぶりになることだけはない (17)。

「目覚まし」を出し抜く

カンパネッラの命をかけた「目覚まし」との対決は、一六〇一年六月四日から五日、ナポリの大きな監獄カステル・ヌオヴォの地下牢で行われた（18）。この巧妙で恐ろしい拷問を、ヘッドリー教授は次のように説明している。

木製の尖った大釘をずらりと並べ、犠牲者をその上に吊るすのだが、腕や肩の力を抜くと、釘に体重がかかるようになっている。疲れてくると尻や太ももに釘が突き刺さることになり、そうなるとまた体を持ち上げる。こうして犠牲者は、この二つの体勢の間を行ったり来たりすることになる。（19）

この絶え間ない責め苦に耐えながら、カンパネッラは何やら叫んだり、うわごとのように「白馬が一〇頭」「私は殺される」「即位させて黙れ」などと、意味のない言葉を口にした。この間ずっと、異端審問官がせっせと記録を取っている。拷問係がカンパネッラに、お前の体はボロボロでもう助からないだろうから魂の救済を考えてはどうだと勧める。カンパネッラは体力と気力をふりしぼり、かすれ声で、彼の信条の核である言葉を叫んだ。「魂は不滅だ！」（20）。これは、古代アレクサンドリアのヘルメス思想やグノーシス派、そしてカタリ派とも共通する信念だ。同じ信念は、後のフランス革命でも声高に叫ばれることになる。

一〇時間、二〇時間、三〇時間と時が過ぎた。ヘッドレー教授によれば、「四〇時間が過ぎたとき、我らが囚人は息も絶え絶えだったが、魂は屈せず、狂気を装ったと見破られることもなく、縄を切って降ろされた。これで狂気が立証されたので、教会法によって、死刑にされることはなくなった」(21)。

カンパネッラの友となっていた看守の記録によれば、カンパネッラを独房に運ぶため、痛めつけられた体を「目覚まし」から持ち上げると、狂人が耳元で囁いた。「私が口を割るほどマヌケだと、奴らは本当に思ったのかね?」(22)。

ヨーロッパの最初のセレブ

炎からは逃げても、フライパンから出られたわけではない。法的に狂気と認められたカンパネッラは、終身刑を宣告され、ナポリの地下牢に閉じ込められた。仮釈放の見込みはゼロだ。

これほどひどい目に遭って、将来にも希望が持てないのでは、並の男なら死んでいただろう。だが不屈のカンパネッラは、希望を捨てることも、消え去ることも拒み、暗く湿っぽい地下牢で長い年月を過ごしながら、優秀な頭脳を働かせた。彼は詩を詠み(書き留めたものもあれば、口述したものもある)、ヨーロッパ中の有力者に釈放嘆願の手紙を書いた。驚かされるのは、哲学的な代表作『太陽の都』も、この獄中で書かれたことだ。この『都』では、魔術的な「自然宗教」が実践され、科学者でもある神官たちを「太陽」と呼ばれる指導者が束ねている。さらにカンパネッラは、忠実な弟子トピアス・アダミの協力で、完成した手稿を牢から持ち出すことにも成功した。

『太陽の都』は大きな関心を集め、一七世紀から一八世紀の偉大なユートピア思想にインスピレーションを与えたことが、広く歴史学者に認められている。しかしカンパネッラの『太陽の都』が単なるアイデアに留まらず、実現された可能性については、誰も真剣に考慮していないようだ。本書が追求するのは、まさにこの可能性なのだ。

『太陽の都』は、カンパネッラが獄中で書いた唯一の長編ではない。最も重要な作品だが、他にも刺激的で挑発的な作品はたくさんある。あれこれ考え合わせると、彼が成し遂げたことは驚異的と言っていい。そして四半世紀以上が過ぎたころ、判決は仮釈放なしの終身刑だったにもかかわらず、六〇歳を越えたカンパネッラは自由を勝ち取った。まず一六二七年に自宅軟禁に変わり、二九年に晴れて自由の身となった。だが実際のところ、その一〇年ほど前から、地位の高い謎の友人たちが働きかけて、待遇が徐々に改善されていた(23)。まだ牢にいたころですら、個人を教えることも、本格的な講演会を開くこともできた。監房にVIPを迎えることも許されており、大抵の訪問者が持ってくる著書に愛想よくサインするのが常だった。言ってみれば、ルネサンス版のネルソン・マンデラだったのだ。「ナポリへ行ったら訪れるべき名所の一つ」だったと、ジョン・ヘッドリーは言う。「カンパネッラは単に生き延びただけでなく、ヨーロッパ初のセレブリティになったのかもしれない」(24)。

一六二九年に自由を得たカンパネッラは、その後数年間イタリアに留まり、主にローマで暮らすうちに、フランス大使フランソワ・ド・ノアイユのサークルに出入りするようになった。一六三四年、ナポリでまた反乱が起きたという知らせが入った。首謀者のピニャテッリは、カンパネッラの弟子だったことがある。捕らえられたピニャテッリが、カンパネッラも陰謀にかかわっていると嘘をついたため、カンパネッラはすぐにでも逮捕されかねない立場になった。すでに六六歳になっていたカンパネッラは当然ながら、また投獄されることを非常に恐れ、フランス大使館に逃げ込んだ。まもなく彼は変装し、大使個人の馬車で密かにフランスへ逃れた(25)。

そのころフランスでは：殺しと策謀

フランスの事情は、ジョルダーノ・ブルーノが庇護を受けていた頃とは一変していた。アンリ三世は一五八九年に亡くなり、横暴な母親カトリーヌ・ド・メディシスもその前年に死んだ。フランス王位はアンリ・ド・ナヴァール(即位後はアンリ四世)に移った。アンリ・ド・ナヴァールは強大なブルボン家出身のプロテスタントだったが、即位に反対する勢力を無力化するため、一五九三年にカトリックに改宗していた。だが、彼の「都合のよすぎる」改宗が本心だとは信じない者もいた。ブルーノもその一人だった。彼の理屈は、裁判で語ったとおり、アンリ・ド・ナヴァールは最初からカトリック教徒だったというものだ。

私がナヴァール王を賞賛したのは、彼が異端［プロテスタント］信徒だからではない……本当は異端ではなかったのに、国を治めるために異端として生きたからだ。(26)

アンリ四世の「改宗」を特に疑問視したのはイエズス会だった。イグナチウス・ロヨラによって、これより一世紀ほど前に創設された修道会だが、王も彼らを信用していなかった。「彼らはいつか私を殺すだろう」と、親しい友人に漏らしたと言われている。「私は知っている。彼らが私の死のために、持てる資源をすべて注いでいることを」(27)。

案の定、一六一〇年五月一四日、アンリ四世はフランソワ・ラヴァイヤックという狂信的なイエズス会士によって暗殺された。教会の公式発表によれば、ラヴァイヤックはどんなに厳しい拷問を受けても、共犯者はいないと言い張ったという。しかし多くの人々、特に新教徒のユグノーたちは、イエズス会が糸を引いたと信じていた。

アンリ四世のカトリックの妃マリー・ド・メディシスの関与を疑う者もいた。夫婦の不仲は有名だったうえ、暗殺のわずか二カ月前にマリーが夫を説得し、万一に備えて摂政になっていたのは周知の事実で、これが疑惑を招いた。マリーが正式に摂政に立ったのが五月一三日。アンリはそれから二四時間と経たないうちに殺された(28)。どう考えてもかなり怪しい。しかしマリーに不利な証拠は見つからず、真相はどうであれ、すべてはラヴァイヤックの責任とされた。彼は国王殺害の極刑として、まず真っ赤に焼けたやっとこで拷問され、次に煮え油に漬けられ、最後に、生きたまま四頭の農耕馬に手足をくくりつけられて体を引き裂かれた。

ルイ一三世の希薄なリビドー

アンリ四世の長男ルイ、後のルイ一三世は、父が暗殺されたときまだ九歳だったので、摂政としてのマリー・ド・メディシスの立場は法的に確固たるものだった。ルイは一六一四年、一三歳に達すると王位に就いた。当初は野心的な母親の言いなりだったが、徐々に力に目覚め、一六三一年、三〇歳のときには完全に王権を掌握し、マリー・ド・メディシスをフランスから永久追放した。

ルイ一三世にはスペイン王フェリペ三世の娘アンヌ・ドートリッシュという、互いに一四歳のとき結婚した妻がいたが、床入りは何年も果たされなかった。ルイはかなり変わった性格と性癖の持ち主で、妻とのセックスよりも、趣味の錠前作りやジャム作りに関心があった。短い治世の間に多数の女性を誘惑し、「ル・ヴェール・ガラン」(一七世紀フランスの俗語でプレイボーイの意)とあだ名された父アンリ四世とは大違いだった。

問題は性衝動《リビドー》の希薄さだけではなかった。端的に言って、ルイはスペイン人の妻を嫌っていた。アンヌのほうは夫への好意を隠さず、おそらく愛情さえ感じていた。フランスの歴史学者ジャン・デュシェによれば、一六一九年一月の寒い夜、とうとう主だった廷臣が業を煮やし、ルイをベッドから引きずり出すようにして無理やりアンヌの寝室へ連れて行った。床入りを済ませて結婚を完成させるためだ(29)。二年後、王妃は、状況を考えれば、ほとんど奇跡的に身ごもったが、不運なことにルーヴル宮での事故で流産してしまう。王はこれに対して、同情ではなく怒るという変わった反応を示し、その後ますます夫の義務を怠るようになった。

若く情熱的な王妃のいらだちは時とともに募り、愛情を求めて駐パリ英国大使のハンサムでりりしいバッキンガム公と親しくなった。不倫の噂はルイ一三世の耳にも届いた。当時、王妃の浮気は大逆罪と見なされ、死刑に値する大罪だ。敬虔で厳格なカトリック教徒の王妃が、そんな危険を冒すとは考えにくい。いずれにせよ、王妃にとっては幸いにも、王は結局妻の無実を信じた。というわけで、一六三四年にトマソ・カンパネッラがパリに到着したとき、国王夫妻の上には暗雲が立ちこめ、ブルボン王朝の世継ぎは望めないものと、誰もが匙を投げていた。

だがそこで、まるで魔法の力が働いたように、不思議な素晴らしいことが起こった……。

ちょっと寄り道：エジプトの埋もれた財宝

フランス歴代の王は太古の昔から、魔法や謎の華やかな魅力に包まれていた。フランス王家の起源は、おとぎ話のような伝説と神話に満ちている。その大もとには、メロヴィング朝、カロリング朝、カペー朝という、連続した三代の王家（民族という人さえいる）がある。この三家はどれも古来のゲルマン法、いわゆるサリカ法の制約を受けていた。サリカ法とは、フランク族に属するサリ支族が五世紀にガリア地方（現フランス）に進入した際に持ち込んだ法体系だ。

サリカ法は、メロヴィング朝の創始者クローヴィスによって公式化され、カロリング朝の創始者にして神聖ローマ帝国初代皇帝である伝説的なシャルルマーニュ（カール大帝）が、さらに普及した。

カペー朝は九八七年に、フランス王位に就いたユーグ・カペーが創始した。そして強引なこじつけの結果、ヴァロワ家とブルボン家も、血統はさておき、少なくとも「霊的」には、こうした古いルーツに連なる、つまりカペー家につながる家柄と見なされた。カペー家の血筋は一三二八年のシャルル美男王（シャルル四世）の死で断絶する。シャルルには後を継ぐ息子も兄弟もいなかったので、フランス王位はいとこのフィリップ・ド・ヴァロワに渡った(30)。

一六五三年、かつてメロヴィング朝の王都だったトゥールネー（現在のベルギーの一部）で、不思議な財宝が発見されて大評判になった。というのも、発見された遺物（主に金や青銅でできた小さな物品）は、クローヴィスの父シルデリック王（四六〇年ごろ）の副葬品と考えられたからだ。ちなみに、出土品の中には黄金の聖牛アピスとイシス女神の小像もあった。これとは別に、近郊のサン・ブリスでも、黄金の蜜蜂の像が何十個も見つかった。古代エジプト神話では蜜蜂は太陽神ラーの涙とされ、蜜蜂を表すヒエログリフはファラオの尊称にも使われた(31)。これらの出土品がエジプト的な性格を備えていることを、一七世紀フランス宮廷の碩学たちが正しく判定し、メロヴィング朝と古代エジプトのイシス／セラピスや太陽信仰の間には何らかのつながりがあるのではないかと述べているのも興味深い(32)。

「カペーの奇跡」を予言する

トマソ・カンパネッラがフランス宮廷に到着したのは一六三四年のことだった。ルイ一三世とスペイン王女アンヌ・ドートリッシュの結婚から既に二〇年が経っていたが、国王夫妻には相変わらず子供がなく、ブルボン王朝の存続は望み薄で「カペーの奇跡」（当時、王位継承者が生まれる可能性をおもしろおかしく言った呼び方）は起こらないだろうというのが大方の意見だった。

一番の問題は、宮廷でもさんざん噂話やゴシップの種になっていたのだが、ルイ一三世が妻との性的接触をにべもなく拒絶していることだった。王は性的不能で女に興味がないとか、同性愛者なのだとかさまざまな説があったが(33)、同性愛説を有力にしたのは、王が従者サンク・マルスとおおっぴらに楽しんでいたことだ。これは、恋愛に近い奇妙な関係だった。王が健康を害し、結核を患っていたことも、事態をさらに複雑にした。おまけに彼は従者（男）との関係にもかかわらず、ルイーズ・ド・ラファイエットという信仰心の篤い令嬢とも恋愛関係にあった。ルイーズはパリの修道院に入っていた。どこか、オクシタニアのトルバドゥールが歌い上げた純粋でプラトニックな恋愛を思わせるこの情事に性的要素は全くなかったが、宮廷では、これが余計に夫婦仲を疎遠にしていると思われていた。

問題を最も痛感していたのは、もちろん王妃自身だった。有名な預言者で魔術師のトマソ・カンパネッラがフランスに来ていると聞いて、アンヌは彼を呼び寄せた。リシュリュー枢機卿からの強い推薦があったカンパネッラに、世継ぎの問題がどうなるのかを尋ねたかったのだ。

これは不思議でも何でもない。当時の身分の高い知識人は皆、予言や星占いに強い影響を受けた。一六世紀から一七世紀のヨーロッパの君主の多くが専属の占星術師を抱え、国政や結婚、戦争について日常的に相談した。事実、リシュリューは既に人を介して何度もカンパネッラに相談を持ちかけており、世継ぎという深刻な問題も、しばしば話題に上ったのは間違いない（34）。二人はやがて信頼の厚い友となり、カンパネッラは多数の著作をリシュリューに捧げて、太陽都市建設への力添えを求めた。ちょうどこの頃、『太陽の都』がパリで再版されている（35）。

カンパネッラはほどなくリシュリューの仲立ちで王妃と面会し、宮廷人が驚いたことに、フランス王はまもなく世継ぎに恵まれるでしょうと、大胆な予言をした（36）。さらに、子供は男児で、太陽のように全世界を照らし、人類にとって栄光の黄金時代の到来を告げる存在になるでしょう、とも言った。

誰もが唯一の父と唯一の神を認め、愛が万人を一つに結びつけるだろう……諸王や諸国が……一つの都市に集まるだろう。それはヘリアカ、つまり太陽の都と名付けられ。この輝かしい英雄［未来のフランスの太陽王］によって建設されるだろう。（37）

フランスの歴史学者ジャン・メイエールが婉曲に述べているように、フランス王の世継ぎの男児がまもなく生まれると予言することで、カンパネッラは非常に危険な賭けに出た。当たれば得るものは大きいが、外れれば彼の評判は地に落ちるのだ。

神からの贈り物

ある寒い冬の日、パリを襲った突然の嵐に助けられて、カンパネッラは賭けに勝つことになる。一六三七年一二月のある午後、ルイ一三世はヴェルサイユの小さな別荘を出て、夜を過ごす予定のサン・モールの宮殿に向かった。彼は途中、パリのサンタントワーヌ通りにある聖マリー修道院に立ち寄ることにした。信仰心の篤い女友達ルイーズ・ド・ラファイエットの住まいである。

護衛を外で待たせ、年老いた尼僧一人を付き添いに、王とシスター・ルイーズ・ド・ラファイエットは修道院の目立たない一画で、声をひそめて話し込んだ。夜になって王が帰ろうとすると、親衛隊長のギトーが、外はひどい嵐なので、サン・モールまで行くのはやめたほうがよいと告げた。王妃に心酔していたギトーは、王に、今夜は近くのルーヴル宮に泊まったほうよい、そのほうが安全だからと強く勧めた(38)。

これには、ちょっとした問題があった。ルーヴル宮は王妃の住まいであり(39)、王は妻と同じ屋根の下で一夜を過ごすのは気が重かったのだ。だが嵐がますます激しくなるし、ギトーが王妃様もお喜びになりますと言い張る。ルイは仕方なく同意した。この千載一遇のチャンスを知らせるために従者が一人、先にアンヌのもとへ送られた。急きょキャンドルを灯したテーブルにディナーが用意され、王妃の部屋にベッドがもう一台運び込まれた。忠義者のギトー隊長から連絡を受けたパリ中の教会や修道院では、待ちに待った出来事が実現するよう、一斉に祈りが捧げられた……。

果たして九カ月後の一六三八年九月五日、アンヌ・ドートリッシュは男児を産んだ。子供はルイ・デュードネ（「神に与えられし者ルイ」の意）と名付けられた。未来のルイ一四世である。九月五日はくしくも、この奇跡を予言したトマソ・カンパネッラの七〇歳の誕生日でもあった。盛大な祝賀や感謝の祈りのただ中で、喜びと感謝の気持ちで一杯の王妃は、この魔術師を招き、息子（既にデュードネ、「神からの贈り物」と呼ばれていた）の誕生時のホロスコープを作ってほしいと頼んだ。カンパネッラは少なくとも二回、王妃の私室を訪れ、王妃が子供に乳を与える間も同席し、未来の王を腕に抱くという名誉まで与えられた(40)。カンパネッラは赤ん坊をじっくり観察した後で、ルイ一四世の御世は長く幸福で栄光に満ちたものになりましょうと、言葉少く宣言した(41)。

しかし、一六三九年に出版されたルイ一四世のためのラテン語の牧歌で、カンパネッラはより多くを語った(42)。救世主《メシア》の到来を予言したといわれるヴェルギリウスの牧歌第四篇（アウグストゥスの普遍的支配を予言した）にならったこの作品で、カンパネッラはフランス王家の未来や来るべきルイ一四世の治世についてはっきりと語っている。それは端的に言って、ルイは神から、ブルーノが夢見た「キリスト教的ヘルメス思想」による普遍的改革と、カンパネッラが提唱した「太陽の都」の建設を実現すべく運命づけられているというものだった(43)。

というわけで、そろそろこう問い掛けてもいいだろう……カンパネッラの頭にあったのは実際のところ、どんな計画だったのか？　彼の考えた「太陽の都」とはどんなものだったのか？　本物の都市なのか、それとも単にフランス王が実現するはずの、ユートピア的改革の象徴だったのか？

ヘルメスの痕跡

ここまで、かつてブルーノが失敗したヘルメス的使命に、カンパネッラは成功したことを見た。ブルーノはフランスのアンリ三世からある程度の後押しを得たし、ヘルメス思想や古代エジプトの宗教に基づいた普遍的改革のビジョンをパリやオックスフォードの学者に語る機会も持った。だが、結局はローマのカンポ・デ・フィオリで一山の灰と化した。一方カンパネッラは老獪さと、複雑な人間関係に対処する能力を持っていたことが幸いし、今やフランス国王夫妻や実力者の宰相リシュリューの支持を取り付けた。既に晩年にさしかかってはいたものの、これで彼は、改革構想の種をフランス王家の心臓部に蒔く、信じられないほどのチャンスをつかんだことになる。フランセス・イエイツはこう問い掛ける。カンパネッラはかつて、「目にするだけですべての科学を身に付けることができるような、素晴らしい都市を建設する」と豪語したのではなかったか(44)? そして今、彼はついに、この誓いを果たすことのできる立場に立ったのだ。

イエイツは、カンパネッラの中に「より成功したブルーノ」(45)を見て、「ブルーノからカンパネッラにたいまつが渡されたという気が強くする」と書いている(46)。彼女はまた、このミステリーの別の側面も指摘する。それはあまりにもかすかで漠然としているので、彼女が指摘するまで誰も気づかなかったようだ。イエイツの見るところ、カンパネッラの太陽の都の「おおもとはエジプトにある」というのだ。

新たな黄金時代に普遍的な帝国が復活するというローマの理想や、哲学者が統治する国家というプラトンの理想に、カンパネッラがもう一つ、第三の理想を加えたことは今や明らかだ。それは、神官の魔術によって、損なわれることなく永遠に続くエジプト的国家である。太陽の都を支配する太陽王は、王であると同時に神官であり、霊性においても俗事においても卓越している。つまり彼は神官と哲学者と王を兼ねた存在であるヘルメス・トリスメギストスなのだ。ということは、カンパネッラはいかなる意味でもリベラルな革命家などではなかった。彼の理想は古代エジプトのような、科学的魔術で天体の力を制御し、それを通じて一国の国民全体の人生をコントロールするほど強力な神権政治だった。科学的探究や発明を奨励しているので一見リベラルに見える……が、この高等な太陽の科学は至高の神官階級の手中にあり、彼らによってコントロールされることになる……古代エジプトのように。(47)

カンパネッラのユートピアが持つ「リベラルで革命的な」側面である、真理・正義・友愛の原則や、言論の自由、女性の同権、保健の充実、すべての子供に対する教育といった特徴(48)が、何百年も前のオクシタニアで、既に実現しはじめていたことは偶然ではないと思う(49)。こうしたことがヴォルテールやルソーといった一八世紀の先端的な思想家の作品と結びついて、一七八九年のフランス革命の哲学的・知的底流として登場するのも、やはり偶然とは思えない。だが、カンパネッラの計画で一番目を引く奇妙な側面は、イエイツが特に注意を喚起しているとおり、そのエジプト主義にある。カンパネッラは頭のいいことに、これを未来のルイ一四世というかたちでフランス王家に接ぎ木した。エジプト主義がヨーロッパの既存の体制に確実に受け入れられるようにという配慮だ。とはいえ、カンパネッラの最終的な目標が、太陽王に仕える賢明で善良な科学者兼神官階級が国を治める、古代エジプトの「黄金時代」の復活にあったことは間違いない。

このような思想を突き詰めていけば論理的帰結として、ルイ一四世がフランスの景観の中に、何らかのかたちでヘルメス思想の痕跡を残したことが予想できる。つまり、カンパネッラがラテン語の牧歌で予言したように、ルイ一四世が太陽の都を建設したか、少なくとも建設を試みたのではないかという推測が成り立つ。

隠された魔法の泉

もちろん、「太陽の都」とは石を積んで造る本物の都市ではなく理想社会の比喩にすぎない、という可能性もないではない。だがカンパネッラの計画を見ても、ヘルメス思想を考えても、そうではないと思わせる要素が多い。その筆頭は、カンパネッラのモデルが徹頭徹尾「天体」に拠っていることであり、まさにヘルメス文書で説明されているように、一貫して空と地上、上界と下界の間を密接に結ぶフィードバック・メカニズムとして機能していることだ。

カンパネッラが名著『太陽の都』で描いた太陽の都市は、大まかに言うとコペルニクスの太陽系図のような構造になっている。中心に丘があり、その上に完全な円形の巨大な神殿（太陽を表す）が建つ。神殿は、背の高い柱が円屋根を支えるという造りになっている。この神殿を中心に、七つの区画（それぞれ、当時知られていた七つの惑星を表す）が同心円状に並んでいる。各区画は壁で隔てられ、東西南北の門でつながっている。二本の道が、片方は正確に南北に、もう片方は正確に東西に走り、中央で交差している（50）。

この完璧な幾何学形をした都市の中央の巨大な「太陽神殿」には祭壇が設けられている。カンパネッラのテキストによると、その上には二個の大きな球だけが乗っており、一つの球は「全天」を、もう一つの球は「全地」を表している（51）。円屋根の天井には「天の大いなる星がすべて、名前と、それが下界のものに及ぼす働きとともに」描かれている。この絵は祭壇の二つの球と呼応している。神殿には、それぞれに惑星の名前がついた七つの灯明が吊り下げられ、常に灯がともっている。神殿の外壁には「あらゆる恒星が順番に」描かれている（52）。

同心円状の七枚の壁には、内側にも外側にも絵や文章が書かれている。これらは主に、市民の教育と、創造的刺激を与えることが目的だ。世界地図やさまざまな民族の文化地理、実在の海や川、動植物や鉱物に関する知識、そして、さまざまな「科学や法の発明者たち」……ヘルメス・トリスメギストス（ローマ風にメルクリウスの姿で）、ユピテル（アレクサンドリアのギリシャ・エジプト神話ではゼウス＝アムン）、預言者ムハンマド（マホメット）、イエス・キリストと十二使徒、そしてオシリスの姿もある（53）。

フランセス・イエイツによれば、カンパネッラが望み、ルイ一四世が建設することを予言した都市は、簡単に言えば「星々に依存し自然魔術の法に支配された完璧な世界を映したもの」になるはずだった(54)。それは「すべての幸福、健康、美徳の源」である「星々と正しい関係」になるよう、注意深く配置しなくてはならない(55)。その支配者は神官であり「霊性にかかわることであれ世俗にかかわることであれ、あらゆることで先頭に立つ」(56)。統治は、自然魔術を理解し使いこなすことのできる偉大な人物たちに任される。「発明家、倫理を教える教師、奇跡を行うもの、宗教指導者、つまり一言で言えば魔術師《マギ》である」(57)。彼らを選ぶ基準は、マルシリオ・フィチーノの言葉を借りれば、人類全体の利益のために「天の活力を引き下ろす」(58)能力だ。

カンパネッラは、トマス・モアの『ユートピア』を知っていたかもしれない。だが、彼の壮大なアイデアの知的源泉をそうした同時代や近年の作品に求めるべきではないと、イエイツは言う。「大もとである源泉を探すなら、より深く掘って、ルネサンスの魔法の源流である隠された魔法の泉を見つけなくてはならない」 彼女が言うのはヘルメス文書、特に魔法都市アドセンティンの登場する『ピカトリクス』のことだ。イエイツはアドセンティンの描写を引いて、次のように述べている。

[アドセンティンの]城は四つの門を持ち、その上にはヘルメス・トリスメギストスが霊を込めた像がある。これを太陽の都の門や道路と比べてみてほしい。城の屋根には灯台が設けられ、街全体を七惑星の色で照らす。これを、太陽の都市で日夜燃え続ける七惑星のランプと比べてみてほしい……

『ピカトリクス』は、ヘルメス・トリスメギストスがアドセンティンに太陽を祀る神殿を建てたとも述べている。(59)

イエイツの結論はこうだ。「太陽の都に対する影響の最古の層はヘルメス思想だというのが私の考えだ。その最初のモデルは『ピカトリクス』に登場する魔法都市アドセンティンと、『アスクレピオス』で語られるエジプト人の宗教で、その上に後からさまざまな影響の層が付け加えられたと思う」(60)。

第七章で長文を引用した『アスクレピオス』の有名な「嘆き」には、エジプト人の魔術的な自然宗教が相容れない力で破壊される話や、この宗教が長い間いったん地上から姿を消すという話が出てくる。だが既に述べたとおり、『アスクレピオス』は、この弾圧された宗教はいつの日か「すべての良いものが再構成され、自然の最も敬虔にして、神聖なものが復旧される……」とも予言している。特に重要なのは、この再構成や復旧が、太陽と一線上に建てられた都市の建設をきっかけに起こるとされていることだ(61)。

ルイ一四世がカンパネッラに影響されて、このような思想から当然の論理的帰結に達し、フランスの建築にヘルメス思想の痕跡を残したのだろうか？　そうだとすれば老いた魔術師は、墓の下からルイに訴える手段を見つけたことになる。カンパネッラは未来の「太陽王」誕生から八カ月半後の一六三九年五月二一日にパリで没しているからだ。

だが、影響ということになると、これから見ていくとおり（また、ヘルメス文書が説くとおり）「不可能はない」（62）のだ。

＊注

第1章

1. Aubrey Burl, God's Heretics: The Albigensian Crusade, Sutton Publishing, Stroud, 2002, p. 9. 早くも1198年にはリールのアランが、悪質な反カタリ派運動の一部として、カタリ派の語源を“猫の尻cat's arse”とする説を広めようとした。悪魔が猫の姿で現れ、異端者がその尻にキスしたという主張だった。後年、テンプル騎士団に対しても似たような告発がなされている。第14章参照

2. 「ヨハネによる福音書」1章14節

3. F. L. Cross and E. A. Livingstone (eds.), The Oxford Dictionary of the Christian Church, Oxford University Press. Oxford, 1988, p. 1198.

4. St Augustine, City of God, Penguin, London, 1984, p. i (邦訳アウグスティヌス「神の国」)

5. Chas S. Clifton (ed.), Encyclopaedia of Heresies and Heretics, ABC-Clio Inc., Santa Barbara, 1992, p. 49 (C・S・クリフトン著「異端事典」田中雅志訳、三交社、1998)

6. 第4～6章参照

7. Malcolm Lambert, The Cathars, Blackwell, Oxford, 1998, p. 4.

8. Jonathan Sumption, The Albigensian Crusade, Faber and Faber, London, 1999, pp. 28～9およびArthur Guirdham, The Great Heresy: the History and Beliefs of the Cathars, C. W. Daniel Company Ltd., Salfron Walden, 1993, p. 23も参照

9. Joseph R. Strayer, The Albigensian Crusades, The University of Michigan Press, Ann Arbor, 1995, p. 1.

10. 同上、p. 3.

11. Gervase of Tilbury (Sumption, 前掲、p. 18に引用)

12. Sumption, 前掲、p. 18.

13. Zoe Oldenbourg, Massacre at Montsegur, Weidenfeld and Nicolson, London, 1997, p. 1.

14. Guirdham, 前掲、p. 15.

15. Lambert, 前掲、p. 62.

16. Guirdham, 前掲、p. 15; Lambert, 前掲、p. 62.

17. Oldenbourg, 前掲、p. 11.

18. Cited in Malcolm Barber, The Cathars: Dualist Heretics in Languedoc in the High Middle Ages, Longman, London, 2000, p. 51.

19. Lambert, 前掲、p. 62.

20. Guirdham, 前掲、p. 15.

21. 同上、p. 15.

22. Burl, 前掲、p. 21に引用

23. Barber, 前掲、pp. 65-6.

24. 同上、p. 66.

25. 同上、p. 25.

26. Malcolm Lambert, Medieval Heresy: Popular Movements from the Gregorian Reform to the Reformation, Blackwell, Oxford, 1992, p. 57.

27. Lambert, The Cathars, p. 39に引用

28. 同上、pp. 39-40に引用

29. Steven Runciman, The Medieval Manichee: A Study of Christian Dualist Heresy, Cambridge University Press, Cambridge, 1999, p. 121; Sumption, 前掲、p. 39.

30. 同上

31. Stephen O'Shea, The Perfect Heresy: The Life and Death of the Cathars, Profile Books, London, 2001, p. 20.

32. たとえばLambert, The Cathars, p. 155も参照

33. たとえばOldenbourg, 前掲、p. 49; Runciman, 前掲、p. 160も参照

34. Oldenbourg, 前掲、pp. 21-2.

35. Lambert. The Cathars, pp. 142-3に引用

36. Lambert, Medieval Heresy, p. 121.

37. Lambert, The Cathars, p. 75.

38. 同上、pp. 23 and 153; O'Shea, 前掲、p. 24も参照

39. Lambert, The Cathars, p. 75.
40. Runciman, 前掲書、 p. 160.
41. 同上、 p. 151.
42. 同上、 p. 160.
43. Lambert, Medieval Heresy, p. 120; Rion Klawinski, Chasing the Heretics: A Modern Journey through Medieval Languedoc, Ruminator Books, Saint Paul, Minnesota, 2000, p. 68; Runciman. 前掲書、 pp. 159-60.
44. Lambert, Medieval Heresy, p. 124, citing Guiraud. Sumption, 前掲書、 p. 50も参照
45. ピュイローランの女が異端審問で行った証言。 Sumption, 前掲書、 p. 52に引用
46. Lambert, Medieval Heresy, p. 109.
47. Runciman, 前掲書、 p. 158.
48. 同上、 p. 158.
49. Lambert, Medieval Heresy, p. 108.
50. Lambert, The Cathars, pp. 240 and 242.
51. 同上、 p. 242.
52. 同上、 p. 139に引用
53. たとえばStrayer, 前掲書、 p. 247を参照
54. Lambert, The Cathars, p. 139.
55. Guirdham, 前掲書、 p. 24.
56. Lambert, The Cathars, p. 160.
57. Guirdham, Op. cit., p. 23.
58. 同上、 p. 23.
59. O'Shea, 前掲書、 p. 8.
60. Guirdham, 前掲書、 p. 95.
61. たとえばOldenbourg, 前掲書、 pp. 283-4やLambert, The Cathars, p. 125を参照
62. Guirdham, 前掲書、 p. 95.
63. Barber, 前掲書、 pp. 203-25を参照
64. ヴェイユの言葉はすべて同上より引用。マーティン・バーバーは、ヴェイユの主張は「傲慢にも証拠を無視」し、アプローチが「根本的に非歴史的」で曖昧であるとして退けている。
65. 同上、 p. 206に引用
66. Oldenbourg, 前掲書、 p. 23.
67. 同上、 p. 24.
68. 同上、 P. 24.
69. Burl, 前掲書、 p. 19.
70. Sumption, 前掲書、 p. 90参照; O'Shea, 前掲書、 p. 20.
71. Geoffrey Wigoder (ed.), The Encyclopaedia of Judaism, The Jerusalem Publishing House, 1989, p. 514.
72. umption, 前掲書、 p. 90に引用された, トゥデーラのベンジャミンの言葉。 S
73. Sumption, 前掲書、 p. 90に引用
74. Encyclopaedia Britannica, 15th edn, London, 1991, Micropaedia, 11: 946-7.
75. 同上、 3: 686-7.
76. 同上、 11: 946-7; 3: 686-7.
77. Sumption, 前掲書、 pp. 29-30.
78. Oldenbourg, 前掲書、 p. 26.
79. 同上、 p. 230-31.
80. たとえばSumption, 前掲書、 p. 30; Lambert, Medieval Heresy, p. 83を参照
81. Guirdham. 前掲書、 p. 96.
82. Lambert, The Cathars, p. 149.
83. Oldenbourg, 前掲書、 p. 61.
84. O'Shea, 前掲書、 p. 41.
85. Oldenbourg, 前掲書、 p. 61.
86. Guirdham, 前掲書、 p. 16.
87. Barber, 前掲書、 p. 216.
88. Oldenbourg, 前掲書、 p. 51.
89. 同上、 p. 51.

90. 同上、p. 69.
91. 同上、p. 70.
92. Lambert, The Cathars, p. 160.
93. 建前としては、アルビジョワ十字軍は1229年のパリ条約で終結した。だがフランスの占領軍はその後15年間ラングドックで聖戦を続け、それは1244年の、カタリ派最後の牙城モンセギュールの攻囲と虐殺で最高潮に達した。詳しくは第6章を参照
94. Oldenbourg, 前掲、p. 56.
95. 同上、p. 310.

第1章

1. Zoe Oldenbourg, Massacre at Montsegur, Weidenfeld and Nicolson, London, 1997, Appendix C, p. 376に引用
2. F. L. Cross and E. A. Livingstone (eds.), The Oxford Dictionary of the Christian Church, Oxford University Press, 1988, pp. 339 and 993.
3. たとえばMalcolm Lambert, Medieval Heresy: Popular Movements from the Gregorian Reform to the Reformation, Blackwell, Oxford, 1992, P. 395を参照「異教のローマ帝国でも古代世界全体でも、正しい信仰を推し進めるのは支配者の義務と考えられていた。東方のキリスト教会は西方教会と同じくこの考えを受け継ぎ、指導者たちは、多少は躊躇しながらも、その考えに基づいて行動するようになった……ビザンティンの教会人も異端を恐れており、皇帝は異端者の追跡に直接参加した。ビザンティン教会もまた、改悛の情を示さない者には火あぶりの刑を科した。ボゴミール派の指導者バシレイオスのコンスタンティノープルにおける火刑について、アンナ・コムネナの生々しい描写が残っている」
4. たとえばOldenbourg, 前掲、pp. 30-31; Malcolm Lambert, The Cathars, Blackwell, Oxford, 1998, p. 23; Stephen 0' Shea, The Perfect Heresy: The Life and Death of the Cathars, Profile Books, London, 2001, P. 22-3; Aubrey Burl, God's Heretics: The Albigensian Crusade, Sutton Publishing, Stroud, 2002, p. 9; Steven Runciman, The Medieval Manichee: A Study of Christian Dualist Heresy, Cambridge University Press, Cambridge, 1999, p. 67; Lambert, Medieval Heresy, p. 55-6を参照
5. Runciman, 前掲、p. 68; Lambert, The Cathars, p. 23; Malcolm Barbar, The Cathers: Dualist Heretics in Languedoc in the High Middle Ages, Longman, London, 2000, p. 16
6. Runciman, 前掲、p. 67.
7. これより前に、933-56年のコンスタンティノープル総主教テオフュラクトス・レカペノスが、この異端に言及しているが、不思議なことにボゴミール自身には触れていない。Janet Hamilton and Bernard Hamilton, Christian Dualist Heresies in the Byzantine World c.650-c.1405, Manchester University Press, Manchester, 1998, pp. 98-101を参照
8. Runciman, 前掲、p. 68.
9. 同上、p. 67に引用
10. 同上、p. 68.
11. Oldenbourg, 前掲、p. 31.
12. Runciman, 前掲、pp. 69-70.
13. Hamilton and Hamilton, 前掲、p. 32.
14. 同上、p. 36.
15. 同上、p.37; Runciman, 前掲、pp. 70-71.
16. 同上、pp. 70-71; Hamilton and Hamilton, 前掲、p. 38.
17. Hamilton and Hamilton, 前掲、p. 39; Runciman, 前掲、pp. 70-71.
18. Hamilton and Hamilton, op. Cit., p. 40; Runciman, op. cit, p. 71.
19. Runciman, 前掲、p. 72.
20. Barber, 前掲、p. 21.
21. 同上、p. 21; Lambert, The Cathars, pp. 46-9も参照
22. Barber, 前掲、p. 22.
23. たとえばRunciman, op. Cit., p.170; Hamilton and Hamilton, 前掲、pp. 43-4.
24. Lambert, The Cathars, pp. 35 and 37を参照
25. Barber, 前掲、p. 71.

26. Lambert, The Cathars, p. 48.
27. 当時の正教会やカトリックの聖職者や修道士の見解。東ではエウテュミオス・ジガベヌスが異端指導者バシレイオスを尋問し、明らかに陰謀を疑った。Hamilton and Hamilton, 前掲、p. 32を参照。他の例については、同上、p. 266 and Lambert, The Cathars, pp. 22, 31を参照
28. Barber, 前掲、p. 16; HamiltonおよびHamilton, 前掲、p. 28に引用
29. Dimitur Anguelou, Barber, 前掲、p. 16に引用
30. Obolensky, 同上、p. 16に引用
31. Lambert, Medieval Heresy, p. 116.
32. Lambert, The Cathars, p. 203に引用
33. Lambert, Medieval Heresy, p. 118参照
34. ジガベヌス, Hamilton and Hamilton, 前掲、pp. 39 and 204に引用
35. Lambert, The Cathars, p. 248.
36. Lambert, Medieval Heresy, p. 118.
37. 同上、p. 118.
38. 同上
39. 同上
40. Runciman, 前掲、p. 171.
41. Barber, 前掲、p. 73.
42. Oldenbourg, 前掲、p. 31.
43. 同上
44. Hamilton and Hamilton, Op. cit., pp. 43-4.
45. Lambert, The Cathars, p. 33:「カタリ派のコンソラメントゥムの儀式は、ボゴミール派の熟達者の参入儀礼から来ている」
46. カタリ派から改宗して異端審問官となったライネリウス・サッコーニの言葉。同上、p. 204に引用
47. サッコーニ、同上、p. 204に引用。サッコーニは、大半が協調的な中の例外としてアルビとコンコレッツォの分派をあげ、彼らは「非難し合っていた」と述べている。

48. Oxford Dictionary of the Christian Church, p. 1292.
49. 同上
50. 同上
51. カタリ派ピエール・オーティエの言葉。Lambert, The Cathars, p. 251に引用
52. 同上、p. 253.
53. 同上:「動物の体は輪廻の鎖の一部をなすが、動物は口をきけないので、魂は……そこに捕われている間は救済に至ることができない……これは、神を理解する、人間の肉体に至って救われるまで続く……悔悛の過程だった」
54. 同上
55. 同上
56. Oxford Dictionary of the Christian Church, p. 997.
57. Hamilton and Hamilton, 前掲、p. 27.
58. Lambert, Medieval Heresy, pp. 121ffの議論を参照
59. Lambert, The Cathars, p. 204.
60. エウテュミオス・ジガベヌスがボゴミール派のバシレイオスから聞き出した話。Barber, 前掲、p. 19に引用
61. Lambert, The Cathars, p. 162に引用
62. Oldenbourg, 前掲、p. 35.
63. 同上
64. Pierre Autier, Lambert, The Cathars, pp. 250-51に引用
65. たとえばRunciman, 前掲、p. 148; Barber, 前掲、p. 84を参照
66. Autier, Lambert, The Cathars, p. 251より
67. 同上
68. たとえばRunciman, 前掲、p. 76を参照
69. Oldenbourg, Op. cit., p.35; Lambert, The Cathars, p. 25も参照
70. カタリ派の祈りの言葉。Oldenbourg, 前掲、Appendix C, p. 376に引用
71. Runciman, Op. cit., p. 75.
72. 同上、p. 150「生命が純粋ならば、それに付随する魂は、そのように完成した者の上に降

りてきた神聖な霊につかまって。解放を得ることができるであろうと考えられた」
73. Robert Bauval and Adrian Gilbert, The Orion Mystery, Heinemann, London, 1994（ロバート・ボーヴァル、エイドリアン・ギルバート著『オリオン・ミステリー：大ピラミッドと星信仰の謎』近藤隆文訳、日本放送出版協会、1995）; Robert Bauval and Graham Hancock, Keeper of Genesis (in the US: Message of the Sphinx), Heinemann, London, 1996（グラハム・ハンコック、ロバート・ボーヴァル著『創世の守護神』大地舜訳、翔泳社、1996）; Graham Hancock and Santha Faiia, Heaven's Mirror, Michael Joseph, London, 1998（グラハム・ハンコック著、サンサ・ファイーア写真『天の鏡：失われた文明を求めて』大地舜訳、翔泳社、1999）。
74. E. A. Wallis Budge, The Egyptian Heaven and Hell (Book of What is in the Duat), Martin Hopkinson Co., London, 1925, pp. 240, 258.
75. 同上、p. 240.
76. 同上、p. 258.
77. 上記の注73を参照
78. Runciman, 前掲、p. 75に引用
79. Barber, 前掲、p. 97.
80. 同上
81. 同上、p. 98.
82. Lambert, The Cathars, p. 197.
83. 同上
84. Barber, 前掲、p. 86.
85. 同上、p. 87.
86. Hamilton and Hamilton, 前掲、p. 28.
87. Oldenbourg, 前掲、p. 36.
88. 同上、pp. 36-7.
89. Lambert, Medieval Heresy, p. 119.
90. Runciman, 前掲、p. 164.
91. 同上、p. 173.
92. 同上、p. 164.
93. 同上、p. 171
94. 同上
95. 同上、p. 172.
96. 同上、p. 171.
97. 同上、p. 172.
98. Barber, 前掲、p. 11に引用
99. 同上
100. Joseph R. Strayer, The Albigensian Crusades, The University of Michigan Press, Ann Arbor, 1995, pp. 183-4.
101. Lambert, The Cathars, p. 23.
102. Hamilton and Hamilton, 前掲、pp. 98-101.
103. シュタインフェルトのエーヴェルウィン、Lambert, The Cathars, p.22に引用
104. 同上
105. エーヴェルウィン、Barber, 前掲、p. 24に引用
106. エーヴェルウィン、Lambert, The Cathars, p. 22に引用
107. Lambert, Medieval Heresy, p. 119.
108. Oxford Dictionary of the Christian Church, pp. 285-6.
109. Lambert, The Cathars, p. 25.
110. Everwin, Barber, 前掲、p. 24に引用

第三章

1. Johannes Van Oort, writing in Roelof van den Broek and Wouter Hanegraff (eds.), Gnosis and Hermetism from Antiquity to Modern Times, State University of New York Press, Albany, 1998, p. 37に掲載
2. E. L. Cross and E. A. Livingstone (eds.), The Oxford Dictionary of the Christian Church, Oxford University Press, Oxford, 1988, pp. 357-8.
3. 「創世記」1章1～30節

4.「創世記」1章28節
5. たとえばマルコム・ランバートやマーティン・バーバー。彼らのカタリ派や中世の異端についての著作は、前章までに頻繁に引用した
6. Steven Runciman, The Medieval Manichee: A Study of Christian Dualist Heresy, Cambridge University Press, Cambridge, 1999, p. 88.
7. Janet Hamilton and Bernard Hamilton, Christian Dualist Heresies in the Byzantine World c.650-c.1405, Manchester University Press, Manchester, 1998, p. 6.
8. 同上、pp. 7-8.
9. 同上、p. 8.
10. 同上、p. 9.
11. 同上
12. 同上
13. Runciman, 前掲、p. 50.
14. Hamilton and Hamilton, 前掲、p. 9.
15. 同上
16. 同上
17. 同上、p.12.
18. 同上
19. Malcolm Barber, The Cathars: Dualist Heretics in Languedoc in the High Middle Ages, Longman, London, 2000, p. 12の議論を参照
20. Hamilton and Hamilton, 前掲、p. 9.
21. 同上、pp. 12-13.
22. 同上、p. 13.
23. Runciman, 前掲、pp. 32-3.
24. 同上
25. Hamilton and Hamilton, 前掲、p. 19.
26. Runciman, 前掲、p. 40.
27. Hamilton and Hamilton, 前掲、Pp. 21-2.
28. 同上、p. 23.
29. Hamilton and Hamilton, 前掲、pp. 6-7に引用
30. 同上、p. 8.
31. 同上、p. 10.
32. 同上
33. Runciman, 前掲 p. 21.
34. 同上「マッシリア派の起源はグノーシス派だが、彼らは知的な思索には、さほど興味を持たなかった」
35. Hamilton and Hamilton, 前掲、p. 30.
36. Runciman, 前掲、p. 90.
37. 同上、p. 93.
38. 同上
39. 同上、pp. 91-2.
40. Hamilton and Hamilton, 前掲、p. 30.
41. Runciman, 前掲、pp. 21-2.
42. 同上、Francis Legge, Forerunners and Rivals of Christianity from 330 BC to 330 AD, University Books, New York, 1965, vol. II, p. 313を参照「ヴァレンティヌス［2世紀］は、他の多くのグノーシス派と同じく、キリスト教徒を霊者と心者の二階級に分けた。前者は来世において、後者より優れた地位を享受するとされた」
43. Runciman, 前掲、p. 22.
44. 同上
45. 同上
46. 同上
47. 同上、Hamilton and Hamilton, op. Cit., p. 30.
48. Runciman, 前掲、p. 22; Hamilton and Hamilton, 前掲、p. 30.
49. Runciman, 前掲、p. 22.
50. 同上、p. 23.

51. 同上。マッシリア派は、改宗を望んでいるふりをして彼らの教義を探り出したアンティオキアのフラウィアノスによって糾弾された。フラウィアノスは自分の知ったことに衝撃を受け、新たにキリスト教化した国家の全力をもって、彼らを弾圧しはじめた」
52. Chas S. Clifton (ed.), Encyclopaedia of Heresies and Heretics, ABC-Clio, Santa Barbara, 1992, p. 87 (C・S・クリフトン著「異端事典」田中雅志訳、三交社、1998)
53. Jonathan Sumption, The Albigensian Crusade, Faber and Faber, London, 1999, p. 34; Legge, 前掲 vol. II, p. 318.
54. Andrew Welburn, Mani, the Angel and the Column of Glory: An Anthology of Manichean Texts, Floris Books, Edinburgh, 1998, p. 36.
55. 同上 p. 25.
56. 同上 p. 24.
57. 同上に引用
58. Runciman, 前掲 p. 12.
59. Legge, 前掲 p. 279.
60. 同上 p. 280.
61. Encyclopaedia of Heresies and Heretics, p. 87.
62. Welburn, 前掲 pp. 12, 51, 86.
63. John R. Hinnels (ed.), The Penguin Dictionary of Religions, Penguin, London, 1988, p. 200 (ジョン・R・ヒネルズ編「世界宗教事典」佐藤正英監訳、青土社、1991)
64. Welburn, 前掲 p. 87.
65. 同上 p. 12.
66. 同上
67. Legge, 前掲 pp. 285-6; Welburn, 前掲 pp. 8off.
68. ケルンのマニ写本, Welburn, 前掲 p. 83に引用
69. 同上 pp. 83-4.
70. Encyclopaedia of Heresies and Heretics, p. 87.
71. Legge, 前掲 p. 279.
72. たとえばWelburn, 前掲 pp. 14-15, 17.
73. ケルンのマニ写本, Welburn, 前掲 p. 13に引用
74. 同上 pp. 12-13に引用
75. 同上 p. 11
76. ケルンのマニ写本, 同上 p. 16に引用
77. Legge, 前掲 pp. 280-81.
78. Encyclopaedia of Heresies and Heretics, p. 87.
79. ケルンのマニ写本, Welburn, 前掲 p. 15に引用
80. 同上 p. 15.
81. 同上 p. 18.
82. 同上 p. 15.
83. Oxford Dictionary of the Christian Church, p. 864.
84. 同上
85. 同上
86. Welburn, 前掲 p. 67.
87. 同上
88. Encyclopaedia of Heresies and Heretics, p. 87.
89. Oxford Dictionary of the Christian Church, p. 864; Legge, 前掲 p. 281.
90. Legge, 前掲 p. 281; Welburn, 前掲 pp. 67-8.
91. Encyclopaedia of Heresies and Heretics, p. 87; Penguin Dictionary of Religions, p. 201; Oxford Dictionary of the Christian Church, p. 864; Welburn, 前掲 p.108; Runciman 前掲 pp. 6-17; Legge, 前掲 p. 281.
92. Legge, 前掲 P. 282.
93. Welburn, 前掲 p. 68.
94. St Augustine, City of God, Penguin, London, 1984, p. i (聖アウグスティヌス「神の国」)
95. Legge, 前掲 p. 287.
96. 同上
97. 同上 pp. 291-2.

98. Runciman, Op. cit., pp. 12-13.
99. Legge, 前掲 p. 292.
100. Aubrey Burl, God's Heretics: The Albigensian Crusade, Sutton Publishing, Stroud, 2002, pp. 8-9.
101. Yuri Stoyanov, The Other God, Yale University Press, New Haven and London, 2000, p. 108.
102. 同上
103. 同上、pp. 108-9.
104. 同上、p. 109.
105. 同上
106. 同上、p. 110; Runciman, 前掲、p. 14.
107. Stoyanov, 前掲、p. 110.
108. 同上
109. 同上、pp. 117-18.
110. 同上、p. 111.
111. Runciman, 前掲、p. 13; Barber, The Cathars, 前掲、p. 10.
112. Welburn, 前掲、p. 149.
113. Malcolm Lambert, The Cathars, Blackwell, Oxford, 1998, p. 21.
114. See Legge, 前掲、pp. 221-2, 317.
115. Runciman, 前掲、p. 15.
116. 同上、pp. 15-16.
117. Hamilton and Hamilton, 前掲、p. 29.
118. Burl, 前掲 pp. 8-9.
119. Legge, 前掲、p. 318; Runciman, 前掲、p. 14.
120. Legge, 前掲、p. 320.
121. 同上、pp. 278, 337-8.
122. 転生に関するカタリ派とボゴミール派の信条については、第1章・第2章で詳述した。マニ教の転生に関する信条については、Legge, 前掲、p. 340を参照
123. マニ教についてはLegge, 前掲、p. 278。これに関するカタリ派とボゴミール派の教義は、第1章・第2章で紹介した。
124. Legge, 前掲、p. 278.
125. 同上、p. 315に引用
126. Welburn, 前掲、p. 51に引用

第四章

1. Timothy Freke and Peter Gandy, The Jesus Mysteries, Thorsons-Element, London, 2000, p. 266.
2. たとえばアレクサンドリアのキュネギウス知事の行動。H. A. Drake, Constantine and the Bishops: The Politics of Intolerance, Johns Hopkins University Press, Baltimore and London, 2000, pp. 403-4, 416を参照
3. 同上、p. 408.
4. 同上、p. 416.
5. Elaine Pagels, The Gnostic Gospels, Penguin, London, 1990, pp. 13-15. (エレーヌ・ペイゲルス著『ナグ・ハマディ写本：初期キリスト教の正統と異端』荒井献、湯本和子訳、白水社、1996)
6. 同上、p. 16.
7. 同上
8. Pagels, 前掲、p.16に引用
9. 同上、p. 16.
10. James M. Robinson (ed.), The Nag Hammadi Library, E. J. Brill, Leiden and New York, 1988, pp. 73-89. 注）ここで言及されているのが秘密結社という意味での"組織"であると認める学者ばかりではないだろう。だがこの言葉が繰り返し使われていることと文脈は、それを強く示唆している。
11. 同上、p. 85.
12. 同上、pp. 121-2.
13. 同上、p. 119.

14. 同上、p. 387.
15. 同上、p. 159.
16. Kurt Rudolph, Gnosis: The Nature and History of Gnosticism, Harper, San Francisco, 1987, p. 116. 【原文Kurt Rudophですが、Rudolphの誤りと思われる】
17. Robinson, 前掲、p. 194. Compare Paul, Ephesians 6:12.
18. Francis Legge, Forerunners and Rivals of Christianity from 330 BC to 330 AD, University Books, New York, 1965, vol. II, p. 21の議論を参照
19. Normandi Ellis, Awakening Osiris: The Egyptian Book of the Dead, Phanes Press, Grand Rapids, 1988, p. 84.
20. Chas S. Clifton (ed.), Encyclopaedia of Heresies and Heretics, ABC-Clio, Santa Barbara, 1992, p. 50 (C・S・クリフトン著『異端事典』田中雅志訳、三交社、1998)
21. Robinson, 前掲、pp. 184, 165.
22. 同上、p. 185.
23. 同上、p. 166.
24. 同上、p. 352.
25. 同上、p. 165.
26. 同上、p. 340.
27. Joscelyn Godwin, Mystery Religions in the Ancient World, Thames and Hudson, London, 1981, p. 84 (ジョスリン・ゴドウィン著『図説古代密儀宗教』吉村正和訳、平凡社, 1995)
28. 同上、p. 84.
29. Steven Runciman, The Medieval Manichee: A Study of Christian Dualist Heresy, Cambridge University Press, Cambridge, 1999, p. 173.
30. 同上、p. 164.
31. 同上、p. 173:「どの二元論教会も持っている特徴が一つある。人間は、肉体の汚れから逃れるために、できる限り霊的であるよう務めねばならないということだ。これはグノーシス…普通は参入儀礼で得られる経験…によってなされる。初期キリスト教徒にとって、洗礼は一種の参入儀礼であり、しばしば晩年まで先送りにされた。参入儀礼としての機能は正統教会においては衰え、堅信礼の重要性が増した……だがグノーシス派の教団は、グノーシスの重視によって、古来の習慣を維持した」
32. Encyclopaedia of Heresies and Heretics, pp. 101-2.
33. Roelof van den Broeck, writing in Roelof van den Broek and Wouter Hanegraff (eds.), Gnosis and Hermetism from Antiquity to Modern Times, State University of New York Press, Albany, 1998, p. 96.
34. Janet Hamilton and Bernard Hamilton, Christian Dualist Heresies in the Byzantine World c.650-c.1405, Manchester University Press, Manchester, 1998, p. 2.
35. Gnosis and Hermetism, p. 102.
36. Runciman, 前掲、p. 7.
37. Legge, 前掲、p. 313; Runciman, 前掲、p. 7.
38. Legge, 前掲、p. 221.
39. 同上、p. 207.
40. Drake, 前掲、p. 91; F. L. Cross and E. A. Livingstone (eds.), The Oxford Dictionary of the Christian Church, Oxford University Press, Oxford, 1988, p. 1108.
41. Freke and Gandy, 前掲、p. 277.
42. 同上
43. タキトゥス『年代記』15巻44章2-8節, Ken Curtis and Carsten Peter Thiede (eds.), From Christ to Constantine: The Trial and Testimony of the Early Church, Christian History Institute, Worcester, Pennsylvania, 1991, p. 50に引用
44. Freke and Gandy, 前掲、p. 278.
45. Drake, 前掲、p. 142; p. 164も参照
46. Diocletian, Drake, 前掲、p. 142に引用
47. Freke and Gandy, 前掲、p. 278.
48. エウセビウス, From Christ to Constantine, p. 60より
49. Oxford Dictionary of the Christian Church, p. 338.
50. Drake, 前掲、p. 403.

51. 同上. さらに392年の立法によって、キリスト教以外の信仰は、ローマ古来の神々も含めて全面的に禁止された。また別の法律によって、旧神官階級は公的な手当や特権を剥奪された。
52. 同上、p. 237.
53. 同上
54. In Eusebius, Life of Constantine, (エウセビウス「コンスタンティヌスの生涯」)より、Drake, 前掲 p. 389に引用
55. 「ノヴァティアヌス派」がカタリつまり「清浄な者」とも呼ばれていたのは興味深いが、おそらくそれ以上の意味はないだろう。Eusebius, Life of Constantine, Clarendon Press, Oxford, 1999, Commentary on Book III, p. 307 (エウセビオス著「コンスタンティヌスの生涯」秦剛平訳、京都大学学術出版会 2004)を参照【原本がこの英語版かどうか不明】
56. 同上、Book III, pp. 151-3.
57. Drake, 前掲 p. 349.
58. 同上、p. 349.
59. 同上、p. 403.
60. 同上、p. 420.
61. 同上
62. 同上、p. 483.
64. グラティアヌス帝 (367-83) が返上した。Drake, 前掲 p. 403参照
65. Drake, 前掲 pp. 402-3; Oxford Dictionary of the Christian Church, p. 1108.
66. エイレナイオス, Pagels, 前掲 p. 68に引用
67. Freke and Candy, 前掲 pp. 299-300.
68. Second Treatise of the Great Seth, in Robinson, 前掲 pp. 366-7.
69. Drake, 前掲 pp. 347-8.
70. 同上、p. 350.
71. 同上、pp. 402-3.
72. Freke and Gandy, 前掲 p. 300.
73. Drake, 前掲 p. 404.
74. Legge, 前掲 vol. II, p. 21.
75. Encyclopaedia Britannica, 15th edn, London, 1991, Micropaedia, 10:447.
76. Drake, 前掲 pp. 401, 404.
77. E. M. Forster, Alexandria: A History and a Guide, Peter Smith, Gloucester, Mass., 1968, pp. 55 and 160 (E・M・フォースター著「アレクサンドリア」中野康司訳、晶文社 1988［抄訳］)
78. 同上、pp. 55 and 160.
79. Drake, 前掲 p. 404.
80. 同上
81. Freke and Gandy, 前掲 p. 299.
82. The Nag Hammadi Library, Introduction, p. 20.
83. 同上、p. 20.
84. 同上
85. Socrates Scholasticus, Ecclesiastical History, http://cosmopolis.com/Alexandria/hypatia-bio-socrates.html.
86. 同上
87. 同上
88. ニキウ司教ヨハネスより、同上
89. Pagels, 前掲 p. 93.
90. Runciman, 前掲 p. 18:「マニのグノーシス主義は二元論の名声が最高潮に達し……マニ教はグノーシス主義の大衆の大部分を吸収した」
91. Hamilton and Hamilton, 前掲 p. 2; Malcolm Barber, The Cathars: Dualist Heretics in Languedoc in the High Middle Ages, Longman, London, 2000, p. 12.
92. Hamilton and Hamilton, 前掲 p. 4; Barber, 前掲 p. 12.
93. Andrew Welburn, Mani, the Angel and the Column of Glory: An Anthology of Manichean Texts, Floris Books, Edinburgh, 1998, p. 35.
94. Legge, 前掲 vol. II, p. 356.

95. 同上
96. 異端審問所については第6章で詳しく述べる

第五章

1. Cited in Aubrey Burl, God's Heretics: The Albigensian Crusade, Sutton Publishing, Stroud, 2002, p. 66に引用
2. Second Treatise of the Great Seth, in James M. Robinson (ed.), The Nag Hammadi Library, F. J. Brill, Leiden and New York, 1988, p. 367 (ナグ・ハマディ文書「大いなるセツの第二の教え」)
Roger A. Bollard and Joseph A. Gibbons, p. 362の議論も参照
3. 同上, p. 367. Roger A. Bullard and Joseph A. Gibbons, p. 362の議論も参照
4. 同上, p. 367. oger A. Bullard and Joseph A. Gibbons, p. 362の議論も参照
5. 同上, pp. 366-7, 362.
6. 第1章・第2章のカタリ派とボゴミール派の信条についての議論を参照
7. Robinson, 前掲, p. 365.
8. 同上, p. 362.
9. たとえばHenry Chadwick, The Early Church, Penguin, London, 1993.
10. 同上, p. 43.
11. 同上
12. 同上
13. 同上
14. 同上, p. 42.
15. 同上, p. 43.
16. 同上
17. 同上, p. 42.
18. 同上, p. 45.
19. Zoe Oldenbourg, Massacre at Montsegur, Weidenfeld and Nicolson, London, 1997, pp. 199-200に引用
20. 同上, p. 4.
21. 同上, pp. 4-5.
22. 同上, p. 5.
23. Malcolm Barber, The Cathars: Dualist Heretics in Languedoc in the High Middle Ages, Longman, London, 2000, p. 107; Oldenbourg, 前掲, p. 1に引用
24. 「十字軍の歌」, Oldenbourg, 前掲, p. 6に引用
25. 同上, p. 8.
26. 同上, pp. 11-12.
27. 同上, pp. 12, 102-9.
28. 同上, p. 104; Burl, 前掲, p. 35; Stephen O'Shea, The Perfect Heresy: The Life and Death of the Cathars, Profile Books, London, 2001, p. 71.
29. Oldenbourg, 前掲, p. 107;
30. Burl, 前掲, p. 36; Oldenbourg, 前掲, p. 106; O'Shea, 前掲, pp. 71-2.
31. Oldenbourg, 前掲, p. 106.
32. Burl, 前掲, p. 36; O'Shea, 前掲, p. 71.
33. Burl, 前掲, p. 34.
34. Elaine Pagels, The Gnostic Gospels, Penguin, London, 1990, pp. 15, 50-51 (エレーヌ・ペイゲルス著『ナグ・ハマディ写本：初期キリスト教の正統と異端』荒井献、湯本和子訳、白水社, 1996) の議論を参照
35. F. L. Cross and F. A. Livingstone (eds.), The Oxford Dictionary of the Christian Church, Oxford University Press, Oxford, 1988, p. 884.
36. O'Shea, 前掲, p. 80; Oxford Dictionary of the Christian Church, p. 884.
37. O'Shea, 前掲, p. 80.
38. Oldenbourg, 前掲, p. 111.
39. 同上
40. 同上, pp. 111-12.
41. O'Shea, 前掲, p. 83に引用
42. Oldenbourg, 前掲, p. 114に引用

43. Burl, 前掲書、p. 44に引用
44. Oldenbourg, 前掲書、p. 116; O'Shea, 前掲書、p. 84; Burl, 前掲書、p. 44.
45. Burl, 前掲書、pp. 42-6; O'Shea, 前掲書、p. 85; Oldenbourg, 前掲書、pp. 115-16.
46. O'Shea, 前掲書、p. 86.
47. Burl, 前掲書、p. 46に引用
48. O'Shea, 前掲書、p. 85; Burl, 前掲書、pp. 44-5.
49. Burl, 前掲書、p. 45に引用
50. O'Shea, 前掲書、p. 87に引用
51. Oldenbourg, 前掲書、p. 119.
52. Burl, 前掲書、p. 4に引用

第六章

1. Arthur Guirdham, The Great Heresy: the History and Beliefs of the Cathars, C. W Daniel Company Ltd., Saffron Walden, 1993, p. 71.
2. Malcolm Barber, The Cathars: Dualist Heretics in Languedoc in the High Middle Ages, Longman, London, 2000, p. 3; Zoe Oldenbourg, Massacre at Montsegur, Weidenfeld and Nicolson, London, 1997, pp: 128-9.
3. Stephen O'Shea, The Perfect Heresy: The Life and Death of the Cathars, Profile Books, London, 2001, p. 109.
4. Oldenbourg, 前掲書、p. 136.
5. Jonathan Sumption, The Albigensian Crusade, Faber and Faber, London, 1999, p. 227.
6. Oldenbourg, 前掲書、p. 138に引用
7. O'Shea, 前掲書、p. 115に引用
8. 同上、p. 116.
9. Oldenbourg, 前掲書、p. 141に引用
10. 同上、p. 149; O'Shea, 前掲書、p. 131.
11. 「十字軍の歌」, Oldenbourg, 前掲書、p. 149に引用
12. 同上、O'Shea, 前掲書、p. 131.
13. Oldenbourg, 前掲書、p. 149.
14. 同上、pp. 166-7; Barber, 前掲書、p. 3.
15. Oldenbourg, 前掲書、pp. 166-9.
16. Barber, 前掲書、pp. 130-31; Oldenbourg, 前掲書、p. 198.
17. 「十字軍の歌」, Oldenbourg, 前掲書、p. 198に引用
18. 同上、p. 202.
19. 同上に引用
20. 同上、pp. 204-7参照
21. 同上、p. 233.
22. 同上、p. 234.
23. O'Shea, 前掲書、p. 178.
24. 同上、pp. 176-7.
25. 同上、p. 181.
26. 同上. pp. 184-5.
27. 同上、pp. 185-7.
28. 同上、p. 187.
29. Oldenbourg, 前掲書、pp. 251, 267.
30. Barber, 前掲書、p. 142.
31. Oldenbourg, 前掲書、p. 234.
32. 同上、p. 237に引用
33. 同上、p. 236.
34. 同上、pp. 237-8.
35. 同上、p. 239.
36. 同上、p. 246.
37. Barber, 前掲書、p. 143に引用
38. 同上
39. 同上

40. 法令はすべて、ゾーエ・オルデンブールの翻訳による。Zoe Oldenbourg, 前掲書、pp. 269-71 and Appendix D: Repressive measures and decrees promulgated against the Cathars by Councils between1179 and 1246.
41. 同上、p. 269.
42. O'Shea, 前掲書、p. 151.
43. Rene Weis, The Yellow Cross: The Story of the Last Cathars, 1290-1329, Alfred A. Knopf, New York, 2001, p. 12に引用
44. 同上、p. 12.
45. Oldenbourg, 前掲書、p. 278.
46. Barber, 前掲書、p. 146.
47. 同上、p. 147.
48. 同上
49. 同上
50. Oldenbourg, 前掲書、p. 284.
51. Malcolm Lambert, The Cathars, Blackwell, Oxford, 1998, p. 139.
52. Aubrey Burl, God's Heretics: The Albigensian Crusade, Sutton Publishing, Stroud, 2002, p. 187.
53. Lambert, 前掲書、p. 139.
54. 同上に引用
55. Oldenbourg, 前掲書、p. 291に引用
56. 同上
57. 同上に引用
58. Joseph R. Strayer, The Albigensian Crusades, The University of Michigan Press, Ann Arbor, 1995, p. 149.
59. Oldenbourg, 前掲書、p. 291.
60. O'Shea, 前掲書、p. 192.
61. Lambert, 前掲書、p. 138; Oldenbourg, 前掲書、p. 291に引用
62. Lambert, 前掲書、p. 139.
63. Burl, 前掲書、p. 188に引用
64. Oldenbourg, 前掲書、p. 286.
65. Barber, 前掲書、p. 148.
66. 同上、p. 149に引用
67. 同上に引用
68. 同上
69. 同上
70. Oldenbourg, 前掲書、p. 300.
71. 同上
72. 同上、pp. 302-3.
73. 同上
74. Lambert, 前掲書、p. 127.
75. Oldenbourg, 前掲書、p. 306.
76. 同上、p. 286.
77. 同上、p. 290.
78. Sumption, 前掲書、p. 230; Oldenbourg, 前掲書、p. 290; Barber, 前掲書、p. 149.
79. Cited in Barber, 前掲書、p. 149.
80. Oldenbourg, 前掲書、pp. 289-90.
81. 同上、p. 289.
82. 同上、p. 292.
83. 同上、p. 290.
84. Strayer, 前掲書、p. 156.
85. Oldenbourg, 前掲書、p. 295.
86. Sumption, 前掲書、p. 232.
87. Barber, 前掲書、p. 154.
88. 同上に引用
89. Oldenbourg, 前掲書、p. 363に引用
90. Burl, 前掲書、p. 207に引用

91. Sumption, 前掲、p. 232.
92. Barber, 前掲、pp. 169-70.
93. Strayer, 前掲、p. 158.
94. 同上
95. 同上
96. O'Shea, 前掲、pp. 239-46.
97. Sumption, 前掲、p. 235.
98. Barber, 前掲、p. 167.
99. Janet Hamilton and Bernard Hamilton, Christian Dualist Heresies in the Byzantine World c.650-c.1405, Manchester University Press, Manchester, 1998, pp. 276-7.
100. 同上、p. 47.
101. 同上、p. 265.
102. 同上
103. 同上、pp. 54-5.
104. Steven Runciman, The Medieval Manichee: A Study of Christian Dualist Heresy, Cambridge University Press, Cambridge, 1999, p. 114.
105. 同上、p. 115.
106. Hamilton and Hamilton, 前掲、p. 29.

第七章

1. James M. Robinson (ed.), The Nag Hammadi Library, E. J. Brill, Leiden and New York, 1988, Asclepius, pp. 330ffを参照
2. F. L. Cross and E. A. Livingstone (eds.), The Oxford Dictionary of the Christian Church, Oxford University Press, Oxford, 1988, p. 1100.
3. W. K. C. Guthrie, A History of Greek Philosophy IV: Plato: The Man and his Dialogues, Earlier Period, Cambridge University Press, Cambridge, 1998, p. 22.
4. 同上、p. 23.
5. Francis Legge, Forerunners and Rivals of Christianity from 330 BC to 330 AD, University Books, New York, 1965, vol. II, pp. 92-3.
6. Timothy Freke and Peter Gandy, The Jesus Mysteries, Thorsons-Element, London, 2000, p. 141に言及
7. Elaine Pagels, The Gnostic Gospels, Penguin, London, 1990, p. 62 (エレーヌ・ペイゲルス著『ナグ・ハマディ写本：初期キリスト教の正統と異端』荒井献、湯本和子訳、白水社、1996)
8. E. M. Forster, Alexandria: A History and a Guide, Peter Smith, Gloucester, Mass., 1968, p. 68 E・M・フォースター著『アレクサンドリア』中野康司訳、晶文社、1988 [抄訳])
9. Freke and Gandy, 前掲、p. 155.
10. 第1章、第6章参照
11. Margaret Starbird, The Woman with the Alabaster Jar: Mary Magdalen and the Holy Grail, Bear and Company, Rochester, Vermont, 1993, p. 75.
12. 第1章、第6章、第6章参照. See also Zoe Oldenbourg, Massacre at Montsegur, Weidenfeld and Nicolson, London, 1997, pp. 269-71 およびAppendix D: Repressive measures and decrees promulgated against the Cathars by Councils between 1179 and 1246を参照
13. Christopher Hibbert, The House of Medici: Its Rise and Fall, Morrow Quill, New York, 1980, pp. 35-6 (クリストファー・ヒバート著『メディチ家の盛衰』遠藤利国訳、東洋書林、2000)
14. 同上、p. 63.
15. 同上
16. 同上、p. 68.
17. R. A. Schwaller de Lubicz, Sacred Science, Inner Traditions, New York, 1982, p. 274.
18. Plato, Timaeus, 22 A (プラトン『ティマイオス』)
19. Lubicz, 前掲、pp. 279-86.

20. Frances Yates, Giordano Bruno and the Hermetic Tradition, University of Chicago Press, Chicago and London, 1991, p. 12.
21. 同上、p. 13.
22. ドイツのヨハネス・グーテンベルクが1450年ごろ発明
23. Yates, 前掲、p. 3.
24. Roelof van den Broek and Cis van Heertum (eds.), From Poimandres to Jacob Bohme, In de Pelikaan Press, Amsterdam, 2000, p. 372.
25. 東西を問わず、オカルティズムや神秘主義においては、エジプトのトト、ギリシャのヘルメス、ローマのメルクリウス、聖書のエノク、キリスト教の聖ミカエル、イスラム教のイドリスといった「神聖な使者」は、同じ神の生まれ変わりだと信じられている。Frances Yates, 前掲、p. 48.や, Freke and Gandy, 前掲、p. 222ならびにchap. 9, n. 46を参照。エノクがイドリスやヘルメスと同化した過程については、Jean Daresse, The Secret Books of the Egyptian Gnostics, Inner Tradition, Vermont, 1986, p. 315を参照のこと
26. From Poimandres to Jacob Bohme, p. 373.
27. 同上、p. 374.
28. St Augustine, City of God, XVIII, 19 (聖アウグスティヌス著「神の国」)
29. From Poimandres to Jacob Bohme, p. 377.
30. Yates, 前掲、p. 42.
31. 同上、p. 43.
32. 同上
33. 同上
34. 同上、p. 39.
35. 同上、p. 37, fn. 5.
36. 同上、p. 86.
37. 同上、p. 88.
38. 同上、p. 89.
39. 同上、P. 94
40. 同上、p. 95.
41. Frances Yates, The Occult Philosophy in the Elizabethan Age, Routledge & Kegan Paul, London, 1979, p. 22 (フランセス・イエイツ著「魔術的ルネサンス：エリザベス朝のオカルト哲学」内藤健二訳、晶文社、1984)
42. Christopher McIntosh, The Rosicrucians, Samuel Weiser, York Beach, 1997 edn, p. 7.
43. Yates, Giordano Bruno, p. 112.
44. 同上、p. 114.
45. Erik Iversen, The Myth of Egypt and its Hieroglyphs in European Tradition, GEC GAD Publishers, Copenhagen, 1961, p. 62.
46. 同上
47. 同上、p. 63.
48. 同上
49. Yates, Giordano Bruno, p. 115.
50. 同上、p. 49.
51. 同上、pp. 49-50.
52. 詳しくはRobert Bauval, Secret Chamber, Arrow, 2000, p. 163ffを参照
53. Attallah translation, Oourboros Press, 2002; Pingree translation as informed by Elizabeth Witchall, the Warburg Insititute, August 2001.
54. Yates, Giordano Bruno, p. 49.
55. Bauval, 前掲、pp. 168-9.
56. Selim Hassan, Excavations at Giza vol. VI-Part I, Government Press, Cairo, 1946, p. 45; ハサンはYakut El Hamwiの地理辞典'Moagam el Buldan', vol. VIII (Cairo Edition), p. 457から、以下の文章を引用している「サベ人は(二つのピラミッドの)の両方に巡礼した」
57. Frances Yates, Giordano Bruno, pp. 211-14.
58. Brian P. Copenhaver (trans.), Hermetica: The Greek Corpus Hermeticum and the Latin Asciepius in a New English Translation with Notes and Introduction, Cambridge University Press, Cambridge, 1997, pp. 81-2.

59. 同上
60. Yates, Giordano Bruno, pp. 55-6.
61. 同上、p. 52.
62. 同上、p. 56.
63. Sir Walter Scott (trans.), Hermetica: The Ancient Greek and Latin Writings Which Contain Religious or Philosophic Teachings Ascribed to Hermes Trismegistus, Shambala, Boston, 1993, excerpt xxiv, pp. 501-3.
64. Picatrix, lib. IV, cap. 3; See also Yates, Giordano Bruno, p. 54.
65. Yates, Giordano Bruno, p. 55.
66. 同上、p. 128.
67. 同上、p. 54, fn. 1.
68. Jaromir Malek and John Baines, Cultural Atlas of the World: Ancient Egypt, Stonehenge Press, Alexandria, Virginia, 1991, p. 127 (ジョン・ベインズ、ジャロミール・マレック著「古代のエジプト」吉村作治訳、朝倉書店、1983)

第八章

1. E. A. Wallis Budge, The Book of the Dead, Arkana, London and New York, 1985, p. 318 (ウォリス・バッジ編「世界最古の原典・エジプト死者の書：古代エジプト絵文字が物語る6000年前の死後の世界」今村光一編訳、たま出版、1994)
2. 同上、p. 628.
3. 同上、pp. 492-3.
4. Tobias Churton, The Hermetic Philosophy: A Primer, Sabiot Truchon Books, London, 1998, p. 7.
5. Sir Walter Scott (trans.), Hermetica: The Ancient Greek and Latin Writings Which Contain Religious or Philosophic Teachings Ascribed to Hermes Trismegistus, Shambala, Boston, 1993, p. 43.
6. Brian P. Copenhaver (trans), Hermetica: The Greek Corpus Hermeticum and the Latin Asciepius in a New English Translation with Notes and Introduction, Cambridge University Press, Cambridge, 1997, p. lix.
7. 同上、pp. lviii-lixの論を参照
8. Churton, 前掲書、p. 7.
9. 第4章、第7章参照
10. Frances Yates, Giordano Bruno and the Hermetic Tradition, University of Chicago Press, Chicago and London, 1991, pp. 55-6に引用
11. R. 0. Faulkner (ed.), The Ancient Egyptian Book of the Dead, British Museum Publications, London, 1989, p. 184.
12. R. O. Faulkner (ed.), The Ancient Egyptian Pyramid Texts, Oxford University Press, Oxford, 1969 (Aris and Phillips reprint), p. 101.
13. Yates, 前掲書、p. 394に引用
14. Faulkner, Pyramid Texts, pp. 240-41.
15. The Emerald Tablet of Hermes Trismegistus, Evanescent Press, Layton, California, 1988, p. 4.
16. Faulkner, Book of the Dead, p. 166.
17. 同上、p. 44.
18. Faulkner, Pyramid Texts, pp. 67-8.
19. 同上、p. 138.
20. 同上、p. 227.
21. R. O. Faulkner (ed.), The Ancient Egyptian Coffin Texts, Aris and Phillips, Warminster, 1994, vol. I, p. 220.
22. Scott, 前掲書、p. 181.
23. 同上、p. 337.
24. 同上、pp. 197-9.
25. 同上、p. 241.
26. 同上、p. 249.
27. たとえばFaulkner, Pyramid Texts, line 748, p. 138を参照
28. Thomas George Allen (trans.), The Book of the Dead or Going Forth by Day, The

Oriental Institute of the University of Chicago, Chicago, 1974, p. 155.
29. Scott, 前掲、p. 123.
30. 同上、p. 299.
31. 同上、p. 301.
32. 同上
33. 同上、p. 337.
34. 同上、p. 305.
35. 同上、p. 129.
36. 同上、p. 193.
37. 同上、p. 335.
38. 同上
39. Faulkner, Coffin Texts, vol. I, p. 31, fn 4; Allan W. Shorter, The Egyptian Gods: A Handbook, Routledge & Kegan Paul, London, 1981, pp. 85 and 139も参照
40. Faulkner, Coffin Texts, vol. I, p. 186.
41. 同上、vol. I, p. 30.
42. 同上、vol. II, p. 254.
43. E. A. Wallis Budge, The Egyptian Heaven and Hell (Book of What is in the Duat), Martin Hopkinson Co., London, 1925, vol. III, p. 125.
44. Wallis Budge, The Book of the Dead, p. 298.
45. Faulkner, Pyramid Texts, p. 294.
46. 引用部分はFrances Yates, 前掲、p. 55より
47. Scott, 前掲、p. 117.
48. 同上、p. 327.
49. 同上、p. 351.
50. 同上、p. 433.
51. 同上、p. 457.
52. Copenhaver, 前掲、p. 81.
53. Scott, 前掲、p. 429.
54. 同上、p. 383.
55. Malcolm Barber, The Cathars: Dualist Heretics in Languedoc in the High Middle Ages, Longman, London, 2000, p. 87で言及された「イザヤの幻視」
56. 詳しい議論と参考文献については, Robert Bauval and Graham Hancock, Keeper of Genesis (in the US: Message of the Sphinx), Heinemann, London, 1996, pp. 134ff (グラハム・ハンコック、ロバート・ボーヴァル著「創世の守護神」大地舜訳、翔泳社 1996) を参照
57. E. A. Wallis Budge, The Egyptian Heaven and Hell, vol. I, p. 258.
58. 同上、vol. I, p. 240.
59. 同上、vol. I, p. 258.
60. 同上、vol. II, p. 21.
61. 同上、vol. II, p. 39.
62. 同上、vol. II, pp. 38-9.
63. Scott, 前掲、p. 419.
64. 同上、p. 307.
65. 同上、pp. 303-5.
66. 同上、p. 295.
67. 同上、pp. 301-3.
68. 同上、p. 305.
69. 「マアト」の概念についての詳しい議論は、Graham Hancock and Santha Faiia, Heaven's Mirror, Michael Joseph, London, 1998, Chapter 4, pp. 68ff (グラハム・ハンコック著　サンサ・ファイーア写真「天の鏡：失われた文明を求めて」大地舜訳、翔泳社, 1999) を参照
70. E. A. E. Reymond, The Mythological Origin of the Egyptian Temple, Manchester University Press, Manchester, 1969, p. 309で言及

第九章

1. Joan Wynne-Thomas, Proud-Voiced Macedonia, Springwood Books, London,

1979, p. 34.
2. Herodotus, The Histories, II, 55-6 (ヘロドトス『歴史』)
3. Wynne-Thomas, 前掲書、p. 80.
4. Herodotus, 前掲書、II, 42. アレキサンダーは遠征中、ヘロドトスの『歴史』を手元に置いていたことがわかっている。
5. E. A. Wallis Budge, The Mummy: Funereal Rites and Customs in Ancient Egypt, Senate, London, 1995 edn, p. 64.
6. Ahmed Fakhry, Siwa Oasis, American University Press, Cairo, 1982 edn, p. 167.
7. Budge, 前掲書、p. 64.
8. Diodorus, Biblioteca Historica, book I, sections xviii and xx (ディオドロス『歴史叢書』)
9. Robert G. Bauval, 'Investigations on the Origin of the Benben Stone: Was it an Iron Meteorite?' in Discussions in Egyptology, vol. 14, 1989, pp. 5-16.
10. Plutarch, Lives. Alexander. (プルタルコス (プルターク)『英雄伝』)
11. Plutarch, Iside et Osiride. (プルタルコス (プルターク)『イシスとオシリス』)
12. Jean-Michel Augebert, Les Mystiques du soleil, Robert Laffont, Paris, 1971, p. 144.
13. 同上、p. 161.
14. Sydney H. Aufere, 'La Couronne d'Isis-Sothis, les Reines du Phare et la Lointaine', in Egypte, Afrique et Orient, 6, Avignon, September 1997, pp. 15-18.
15. Plutarch, Lives. Lysander. (プルタルコス (プルターク)『英雄伝』)
16. Ahmed Fakhry, 前掲書、p. 146.
17. Paul Faure, Alexandre, Fayard, Paris, 1985, p. 146.
18. Aristotle, Politics, III, 1283b. (アリストテレス『政治学』)
19. Faure, 前掲書、pp. 9, 34. Alexandrie IIIe siecle avant J.C., Editions Autrement, Paris, Serie Memoires, 19, p. 17より抜粋
20. Homer, The Odyssey, Book IV. (ホメロス『オデュッセイア』)
21. Herodotus, 前掲書、II, 111-19.
22. 同上
23. 同上、42.
24. E. O. James, Le Culte de la Deesse-Mere, Le Mail, 1989, p. 196 (translated as The Cult of the Mother-Goddess, Thames and Hudson, London, 1960).
25. Sir James Frazer, The Golden Bough, Wandsworth Editions, Ware, 1993 edn pp. 383-4. (ジェームズ・フレイザー著『金枝篇』)
26. Julia Samson, Nefertiti and Cleopatra, Rubicon Press, London, 1985. p. 127.
27. Bernard Mathieu, 'Le Phare d'Alexandrie', in Egypte, Afrique et Orient, 6, Avignon, September 1997, pp. 9-14.
28. E. M. Antoniadi, L'Astronomie egyptienne, Gauthier Villars, Paris, 1934, p. 77.
29. Aufere, 前掲書、pp. 15-18.
30. 同上
31. 同上
32. 同上
33. 同上
34. Jurgis Baltrusaitis, La Quete d'Isis, Flammarion, Paris, 1985, p. 79 (ユルギス・バルトルシャイティス著『イシス探求：ある神話の伝承をめぐる試論』有田忠郎訳、国書刊行会, 1992)
35. 同上
36. Faure, 前掲書、p. 479.
37. Andre Bernard, Alexandrie la Grande, Hachette, Paris, 1998, p. 66.
38. Alexandrie IIIe siecle avant J.C., p.44.
39. George Hart, A Dictionary of Egyptian Gods and Goddesses, Routledge & Kegan Paul, London, 1988, p. 28.
40. Herodotus, 前掲書、III, 28.
41. Hart, 前掲書、p. 30.
42. 同上、p. 29.
43. Lewis Spence, Myths and Legends: Egypt, Bracken Books, London, 1985, p. 285

から引用
44. Faure, 前掲, p. 128.
45. 同上, pp. 139-40.
46. Herodotus, 前掲, II, 42.
47. Auguste Mariette, Le Serapeum de Memphis, Paris, 1858.
48. Alexandrie IIIe siecle avant J.C., p. 45.
49. Robert Bauval, Secret Chamber, Arrow, 2000, p. 47.
50. Patrick Boylan, Thoth, the Hermes of Egypt, Oxford University Press, Oxford, 1922, p.124.
51. 同上, p. 94.
52. Bauval, 前掲
53. Christian Jacq, Magic and Mystery in Ancient Egypt, Souvenir Press, London, 1998, p. 19.
54. 同上, p. 15.
55. Frances Yates, Giordano Bruno and the Hermetic Tradition, University of Chicago Press, Chicago and London, 1991, p. 60.
56. Jill Kamil, Coptic Egypt, American University Press, Cairo, 1993, p. 15.
57. 同上, p. 16.
58. See Alan K. Bowman, Egypt After the Pharaohs, British Museum Press, London, 1986.
59. 同上
60. ハドリアヌスが134年に義兄の執政官セルウィアヌスに宛てた手紙。このテーマについてはAhmed Osmanの名著Out of Egypt, Century Books, London, 1999も参照のこと。
61. Kamil, 前掲, p. 7.
62. 同上, p. 8.
63. 同上

第10章
1. Frances Yates, Astraea: The Imperial Theme in the Sixteenth Century, Routledge & Kegan Paul, London, 1975, p. 184.（フランシス・A・イエイツ著『星の処女神エリザベス女王：十六世紀における帝国の主題』『星の処女神とガリアのヘラクレス：十六世紀における帝国の主題』西澤龍生、正木晃訳、東海大学出版会、1982・1983）
2. 同上, p. 83.
3. バグダッド（現イラク）やハラン（現トルコ）のサバ人は、西方からヘルメス文書が消えていた長い年月の間、これらのテキストを保存し孵化させる役を務めた。第7章を参照のこと。Tobias ChurtonはThe Hermetic Philosophy: A Primer, Sabiot Truchon Books, London, 1998, p. 31で、次のように指摘している。「サバ人がバグダッドから姿を消したちょうどその時期に、われわれがヘルメス選集として知っている文書が500年ぶりにコンスタンティノープルに現れたのは、いかにも奇妙なことだ」
4. Giordano Bruno, The Expulsion of the Triumphant Beast, translated with introduction and notes by Arthur D. Imerti, Bison Books, University of Nebraska Press, Lincoln and London, 1992, p. 4.
5. 同上, p. 5.
6. 同上, pp. 5-6.
7. 同上, p. 6.
8. 同上
9. Frances Yates, The Art of Memory, Pimlico Press, London, 1996, p. 197（フランセス・イエイツ著『記憶術』青木信義ほか訳、水声社、1993）
10. 同上, p. 198.
11. Frances Yates, Giordano Bruno and the Hermetic Tradition, University of Chicago Press, Chicago and London, 1991, p. 203.
12. 同上
13. Yates, Art of Memory, pp. 212-20; Yates, Giordano Bruno, pp. 197-9も参照
14. Hermann Kesten, Copernicus and His World, Roy Publishers, New York, p. 330.
15. Yates, Giordano Bruno, p. 204.

16. 同上
17. 同上
18. Giordano Bruno, La Cena de le ceneri, 1584, dial. 4; Yates, Giordano Bruno, p.207も参照
19. Bruno, 前掲, dial. 5.
20. Yates, Giordano Bruno, p. 209.
21. 同上, p. 219で言及.
22. 同上, p. 215.
23. 同上
24. 同上
25. Giordano Bruno, Spaccio della Bestia Trionfante (1584), dial. 3; Yates, Giordano Bruno, p. 213も参照
26. Yates, Giordano Bruno, p. 223.
27. 同上, p. 215.
28. 同上
29. 同上, p. 216.
30. Kore Kosmou, 48; Sir Walter Scott (trans.), Hermetica: The Ancient Greek and Latin Writings Which Contain Religious or Philosophic Teachings Ascribed to Hermes Trismegistus, Shambala, Boston, 1993, p. 485も参照
31. Bruno, Spaccio, dial. 1; Yates, Giordano Bruno, pp. 231-2.
32. Yates, Giordano Bruno, p. 232.
33. The Corpus Hermeticum, Asclepius, 27. Scott, 前掲, p. 361およびBrian P. Copenhaver, Hermetica: The Greek Corpus Hermeticum and the Latin Asclepius in a New English Translation with Notes and Introduction, Cambridge University Press, Cambridge, 1997, p. 83も参照のこと
34. Documenti della via di Giordano Bruno, a curia di Vincenzo Spamanato, Florence, p. 44; Yates, Giordano Bruno, p. 233も参照
35. Dorothea Waley Singer, Giordano Bruno, His Life and Thoughts, Henry Schuman, New York, 1950, chap. 7.
36. Giordano Bruno, De Monade Numero e Figura, Frankfurt, 1591.
37. Yates, Giordano Bruno, pp. 273-4.
38. 同上, p. 360.

第二章

1. John M. Headley, Tommaso Campanella and the Transformation of the World, Princeton University Press, Princeton, 1997, p. 26.
2. 同上, p. 29.
3. 同上, p. 30.
4. 同上, pp. 30-32.
5. 当時はスペインの支配下にあったので、事は余計に複雑だった
6. Headley, 前掲, pp. 34-5で言及
7. 同上, p. 40で言及
8. 同上, p. 36.
9. 同上
10. 同上, p. 38.
11. 同上, p. 3:「新たな時代の先触れとして、理想国家を建設する試み。その理想国家とは、民主主義／神権政治の共和国だった」
12. 第一章参照
13. Headley, 前掲, p. 39で言及。強調は筆者
14. 同上, p. 37.
15. 同上, p. 38.
16. 同上, pp. 38-9.
17. 同上, pp. 45-7.
18. 同上, p. 47.
19. 同上, p. 3.
20. 同上, pp. 47-8.

21. 同上、p. 3.
22. 同上、pp. 47-8.
23. 同上、p. 53.
24. 同上
25. 同上、pp. 114-17.
26. Frances Yates, Giordano Bruno and the Hermetic Tradition, University of Chicago Press, Chicago and London, 1991, p. 342.
27. Jean Duche, L'Histoire de France racontee a Juliette, Presses Pocket, Paris, 1954, p. 66.
28. 同上
29. 同上、p. 76.
30. Grand Larousse, 1960 edn, II, p. 598; Jean Meyer, La Naissance de Louis XIV, Editions Complexe, 1989, pp. 12-13も参照。近年、一部の歴史学者はメロヴィング朝にメシア的起源を付与しようと試みた。この説は、フランク族の伝説的王ファラモンド(420年ごろ)、マグダラのマリア、「聖杯」およびレンヌ=ル=シャトーという小さな町に関係した、複雑な神秘主義的つながりを根拠としている。(M. Baigent, H. Lincoln and R. Leigh, The Holy Blood and the Holy Grail, Corgi, London, 1983(マイケル・ベイジェント、リチャード・リー、ヘンリー・リンカーン著『レンヌ=ル=シャトーの謎：イエスの血脈と聖杯伝説』林和彦訳、柏書房、1997)およびL. Gardner, Bloodline of the Holy Grail, Element Books, Shaftesbury, 1996を参照のこと
31. Ian Shaw and Paul Nicholson, British Museum Dictionary of Ancient Egypt, Book Club Associates, London, 1995, pp. 51, 247(イアン・ショー、ポール・ニコルソン著『大英博物館古代エジプト百科事典』内田杉彦訳、原書房、1997)
32. Jurgis Baltrusaitis, La Quete d'Isis, Flammarion, Paris, 1985, pp. 86-93(ユルギス・バルトルシャイティス著『イシス探求：ある神話の伝承をめぐる試論』有田忠郎訳、国書刊行会、1992)
33. Duche, 前掲、p. 77.
34. Meyer, 前掲、p. 108.
35. Yates, 前掲、p. 390.
36. Meyer, 前掲、p. 103.
37. Frances Yates, 'Considerations de Bruno et de Campanella sur la monarchic francaise', Actes du Congres Leonardo de Vinci, Etudes d'Art, 8, 9 and 10, Paris-Alger, 1954, p. 12.
38. Francois Bluche, Louis XIV, Fayard, Paris, 1986, p. 29; also Duche, 前掲、p. 90.
39. 当時王妃の住まいがあった場所については、はっきりしない点もある。1637年の時点では、王はサン=モールに住んでいた。ルーヴル宮には王の部屋もあったが、家具はサン=モールに移されていたはずなので、ルーヴル宮に泊まるのなら、アンヌ・ドートリッシュの部屋で眠ることになる可能性があった。もちろん部屋は他にもたくさんあったが、1637年12月5日の夜に王が王妃の部屋で王妃と眠ったことは、はっきり記録されている。その部屋が東翼(1551-3年にアンリ2世の下でピエール・ラスコが建設)にあったのか、「小回廊」(1566-7年にシャンビージュがカトリーヌ・ド・メディシスのために建設)の1階にあったのかは、はっきりしない。「小回廊」1階にはアンヌ・ドートリッシュの「夏の」住まいがあったが、これが用意されたのは1655年のことだった。息子のルイ14世が建築家ル・ヴォー(ヴェルサイユの設計者)に命じて、室内を装飾させたのである。(出典：ルーヴル公式サイトおよびGrand Larousse, 1962, pp. 881-4.)
40. Meyer, 前掲、p. 112.
41. Headley, 前掲、p. 130.
42. 同上
43. 同上、pp. 130-31.
44. L. Firpo, Rivista di Philosofia, 1947, pp. 213-29; Yates, Giordano Bruno, p. 394, fn.1も参照
45. Yates, Giordano Bruno, p. 390.
46. 同上、p.366.
47. 同上、p. 387.
48. 同上、p.369.
49. 第1章参照

50. Yates, Giordano Bruno, p. 367.
51. 同上、pp. 367-8.
52. 同上、p. 368.
53. 同上
54. 同上、p. 369.
55. 同上、p. 370.
56. 同上、p. 369.
57. 同上
58. 同上、p. 370.
59. 同上
60. 同上、p. 371.
61. 第7章およびYates, Giordano Bruno, pp. 55-6の『アスクレピオス』への言及を参照。「地上を支配した神々はいつの日か、エジプトの一番端にある都市に復活する。夕陽に向かって築かれるその都市に、限りある命の人間は、みな陸路海路で急ぐだろう……」
62. Sir Walter Scott (trans.), Hermetica: The Ancient Greek and Latin Writings Which Contain Religious or Philosophic Teachings Ascribed to Hermes Trismegistus, Shambala, Boston, 1993, pp. 221-2.

グラハム・ハンコック

1950年英国エジンバラ生まれ。「エコノミスト」誌の東アフリカ特派員を経て、調査旅行と執筆に明け暮れる生活に入る。著書に、世界中でベストセラーになった『神々の指紋』（小学館文庫）、『神々の世界』（小学館）などがある。

ロバート・ボーヴァル

1948年エジプト、アレクサンドリア生まれ。土木建築技師として人生の大半をエジプトや中近東で過ごすうちに、ピラミッドと星の相関関係に興味を抱くようになる。

著書に『オリオン・ミステリー』（NHK出版）、グラハム・ハンコックとの共著に『創世の守護神』（小学館文庫）がある。

大地　舜（だいち　しゅん）

青山学院大学卒。米国オピニオン誌「ニューパースペクティブ・クオータリー」&「グローバル　ビューポイント」（ロサンゼルス・タイムス・シンジケート）東京駐在員。主な訳書に『神々の指紋』『創世の守護神』(小学館文庫)、『神々の世界』(小学館)、『不沈タイタニック』（実業之日本社）、『魔法の糸』（実務教育出版）、『苦悩の散歩道』（小池書院）、『夢をかなえる一番よい方法』(PHP研究所)、『モノポリーで学ぶお金持ちの法則』(ダイヤモンド社) など多数。著書に『沈黙の神殿』(PHP研究所) 他がある。
インターネット同人雑誌「ウイークリー黄トンボ」を主宰
HP：www.kitombo.com

タリズマン（上）
秘められた知識の系譜

平成17年6月9日初版発行

著　者　グラハム・ハンコック
　　　　ロバート・ボーヴァル
訳　者　大地舜

発行人　高橋一平
発行所　株式会社竹書房
〒102-0072東京都千代田区飯田橋2-7-3
電　話　編集 03-3234-6208
　　　　代表 03-3264-1576
http://www.takeshobo.co.jp
振替00170-2-179210
印刷所　凸版印刷株式会社

定価はカバーに印刷してあります。
乱丁・落丁の場合には当社にてお取り替えいたします。

ISBN4-8124-2193-4　C0097

Printed　in Japan 2005